名师工作室成果文库

贫瘠土地上的春天

PINJI TUDI SHANG DE CHUNTIAN

汪 平 著

光明日报出版社

图书在版编目（CIP）数据

贫瘠土地上的春天／汪平著．--北京：光明日报
出版社，2019.11
ISBN 978-7-5194-5479-1

Ⅰ．①贫… Ⅱ．①汪… Ⅲ．①中学语文课—教学研究
—高中②中学—学校管理—研究 Ⅳ．①G633.302
②G637

中国版本图书馆 CIP 数据核字（2019）第 179671 号

贫瘠土地上的春天
PINJI TUDI SHANG DE CHUNTIAN

著　者：汪　平

责任编辑：李月娥　　　　　责任校对：赵鸣鸣
封面设计：中联学林　　　　责任印制：曹　净

出版发行：光明日报出版社
地　　址：北京市西城区永安路 106 号，100050
电　　话：010-63139890（咨询），63131930（邮购）
传　　真：010-63131930
网　　址：http://book.gmw.cn
E - mail：liyuee@gmw.cn
法律顾问：北京德恒律师事务所龚柳方律师

印　　刷：三河市华东印刷有限公司
装　　订：三河市华东印刷有限公司

本书如有破损、缺页、装订错误，请与本社联系调换，电话：010-63131930

开　　本：170mm×240mm
字　　数：305 千字　　　　　印　张：17
版　　次：2019 年 11 月第 1 版　印　次：2019 年 11 月第 1 次印刷
书　　号：ISBN 978-7-5194-5479-1
定　　价：68.00 元

自　序

　　大量地阅读教育书籍，给了我很多教育实践中曾经历过，却未细细揣摩的教学真谛，我久久地徜徉在这片书海中，深深地懂得教书育人的不易。我们得时时反省自己，时时反思自己，才能将工作更落到实处。

　　一生读书。好教师的知识结构应当由三块组成，即精深的专业知识、开阔的人文视野、深厚的教育理论功底。古典文学修养和哲学修养的不足，决定了我要以为学生生命奠基为追求，必须靠读书学习进行自身的弥补和进修，要像永不干硬的海绵一样不断地吸收和纳取。

　　激情不老。只要生命在，激情就在。教师的激情就是要点燃学生的情绪，照亮学生的心灵。对教育的激情，应该从现在的外在表象化为内在的精神气质。不因年龄的增长，环境的改变，地位的升降而改变。

　　宁静致远。一个好教师不全是靠培训成长起来的，更不是靠检查、评比造就的。教师工作很苦很累，各类名目繁多的学历进修，课改通识培训，市级的、省级的甚至国家级的教学比赛。教师自由发展的空间已被剥夺殆尽——整天忙着读别人的"书"，自己的"书"却没有读。这种过重的外在负担将导致"肤浅后遗症"。因此，与其忙忙碌碌，不如围绕自己的特色钻研下去，深化、细化，创造属于自己的心灵财富，在浮躁的现实中寻求一份属于自己的宁静心境，并置身其中，朝着理想的目标默默地努力，静静地成长。

　　以写促思。写作不仅是积累经验的一种方式，更是逼迫自己勤于阅读和思考的强劲动力。因懂得这些，虽工作辛劳，文笔稚嫩，但我仍坚持用文字记录自己的教育生活，让忙碌的我不断与宁静的我进行对话，让冲动的我不断接受理智的我的批判，让实践的我不断接受理论的我的提升。

　　慎独养身。个人独处，他人不知，能严格按照慎独去做，没有其他杂念，实实在在按照道德准则去做。面对荣誉，要拿得起，放得下。不要在乎别人的毁誉，而要自信自醒，打击你的力量就是前进的力量。但问耕耘，莫问收获，竭尽全力，就是胜利。可以说，慎独是最好的善待自己。

伸展个性。教师不能没有独特的风格，不能没有鲜明的个性。随波逐流、循规蹈矩是自己成长的最大敌人。"独立之思想，自由之精神"也应成为我们为师的座右铭。我想对自己说的是，人云亦云的尽量不云，老生常谈的尽量不谈，要学会独立思考，而不是跟着"风"跑。对自己的教学，不要考虑完美，要考虑最有特色。

海纳百川。无论是现在还是过去，谁走在我的前面，谁就是我的老师，包括学生。尤其是那些老教师——敬业、博学、钻研、激情、严谨、刻苦等教育传家宝，已经成为我们"通向现在和未来美好教育境界的阶梯"，把我们引领到当今课程改革的风口浪尖上。我心中永远铭记着他们，并在今后的工作中时时记得向周围的教师学习。

海星角色。教育，不变的永远不会变，改变的必将会改变。创新不是推倒历史，更不是在沙漠上建设大厦。回顾过去是有益处的，如果我们对前人视而不见的话，我们身上的独创性不会很好地保存下来并取得快速发展。教师要成为一名真正的审视者、反思者、继承者，但应当永远把自己定位在教育海洋中微不足道的一颗海星的角色——也许这是一种理想状态。

虽然从教25年，但前程漫漫，我将一如既往地跋涉下去。成长的路上，为自己的生命奠基，为学生的生命奠基，仍需要同事的关怀，书籍的引领——这将是我前进的动力。

一路走来，感慨良多。拙笔简绘，些许小文，有的蒙方家看好而发表，有的侥幸获奖，有的因年久遗失，但都不敢示人，恐贻笑大方。今幸得光明日报出版社厚爱，谨辑部分为册，以让仍奋战在边远地区之三尺讲台的同仁相信，贫瘠的土地上也有春天。

汪　平

2019 年 3 月

目 录
CONTENTS

01

和谐的师生关系

国贫县的样板教育　大山区的省市状元

——平凡世界的不平凡人生

　　二十三年前，宜宾师专中文系一个血气方刚、朝气蓬勃的小伙子只身远离故乡，来到横断山麓、金沙江畔的一个小镇——国贫县屏山县新市镇。刚到新市中学的日子里，他被险峻的大山、汹涌的江涛、贫瘠的土地、麻木的乡民包围着……心灰意冷的他，整天想着的是逃离……然而，一双双清澈、朴实、纯真、渴望的孩子们的眼神震撼了他，让他滋生了不离不弃的念头，为此，他写了一篇文章《我的老师》，谈了自己的学生如何教育自己，成了自己人生的"老师"。该文在《宜宾日报》发表后，引起轰动。后来，成都东方双语学校、宜宾四中等省市名校皆抛来橄榄枝，他却婉拒了。当记者再次采访他的时候，他淡淡地说："贫瘠的大山里有志不穷的魅力！"从此，他投身山区教育，一干就是十一年。

　　位于县城的屏山中学有着悠久的历史，培育了许许多多"金凤凰"。其中，2002 年的省状元杨良松，2006 年的市状元刘年华，就是代表。屏中的老师们非常敬业，是外界无法想象的。

　　被调入屏山中学后，他和许多同事一样，在繁重的管理工作下，也坚持到一线教学，一干又是十二年。

　　酷爱文学的他，十分佩服路遥先生，尤其对其三年扎根黄土高原后作为生命结晶的长篇小说《平凡的世界》爱不释手。当屏山中学校刊《屏中人》责任编辑彭亚丹老师采访他后，随即在校刊发表人物采访记《平凡的世界，不平凡的人生》，记录了他从教二十三年的历程。当《华西都市报》记者采访时，他笑笑说："屏中人中，比我优秀的太多了！他（她）们才像路遥先生那样，为了信念，扎根黄土，唱出平凡人生的不平凡之歌！"

　　——引自《屏中人》《躬耕杏园　育桃李　平凡世界谱人生》一文。

伏案回眸，二十三年的一线教育工作取得了一定成绩，现向各位领导、专家作如下汇报。

一、基本简况

本人汪平，中共党员，1971 年出生于宜宾县，1994 年宜宾高等师范专科学校汉语言文学系毕业，2000 年加入中国共产党，2002 年省教育学院汉语言文学系毕业，2003 年 9—11 月参加宜宾市教育局组织的校长岗位培训班成绩优秀，且被评为优秀学员，2005—2006 年参加清华大学"教育扶贫研究生核心课程"进修并结业。从事专业技术工作经历：1994 年 7 月—2005 年 1 月在新市中学任教语文，先后担任班主任、年级组长、教务主任、校长助理、副校长（分管后勤、教学），其中，2001 年 9 月被评为中学一级教师；2005 年 2 月—2006 年 7 月在金江中学任教语文，担任副校长（分管德育）；2006 年 8 月至今，在屏山中学任教高中语文，2016 年 12 月 16 日，被评为中学正高级教师，先后担任办公室主任、副校长（2007—2013 年分管教学）、党委书记。

我一直战斗在教育工作的第一线，忠诚人民的教育事业，模范履行教师职责，遵纪守法，为人师表，具有良好的职业道德，待人友善，践行优秀共产党员的标准，具有较强的教研能力，对所教学科具有扎实的基础理论和专业知识；23 年来，我时刻以工作为重，以教学为主，一心扑在教学上，以校为家，爱生如子，从不考虑个人得失，潜心钻研业务，深入研究教法，不断更新知识层次，积极投身教学改革，精心锤炼育人艺术；23 年来，我凭着一腔热血、一颗红心、一种执着、一股干劲儿，兢兢业业地工作着、耕耘着、收获着，创造成绩的艰难，自我超越的困惑，无不在时刻鞭策着我，激励着我……特别是自 2010 年被晋升为中学高级教师且担任分管教学副校长以来，更是让青春流逝在三尺讲台、让粉笔染白自己的双鬓、让岁月写下自己奉献的足迹。

二、政治素质与师德师风

具有崇高的职业理想和坚定的职业信念，模范遵守教师职业道德规范。

（一）加强政治学习，颇有大局观

拥护党的领导，热爱祖国，热爱人民，遵守宪法和法律，贯彻落实党和国家的教育方针政策，忠诚人民的教育事业。认真学习十九大精神，积极投入到群众教育活动、"两学一做"活动，遵守中央的"八项规定"，积极投身于和谐社会的建设，始终以优秀共产党标准来衡量、要求自己。

（二）加强师德修养，教书育人

"富润家，德润身"，我始终坚守"身正为范"的教师信条。孔子曰："其身正，不令而行；其身不正，虽令不从。"对领导来说，以身作则、为人师表就显得尤为重要。所以，我总是要求自己"以德立教""以德育德"。

一位教育家曾说："教师的职业是爱的事业，是春泥护花的事业。"为了践行这句格言，我不断地学习《四川省教师职业道德规范》《四川省教师职业道德行为准则》《四川省教师职业行为"八不准"》等教师职业道德规范制度，文明执教，克己奉公。始终认为作为一名教师，应把"师德"放在一个教师立身之本的位置上。"学高为师，身正为范"，为了给自己的学生一个好的表率，同时也使自己陶冶情操，加强修养，不断提高自己水平，我坚持学习《教育法》《教师法》，按照新的《中小学教师职业道德规范》严格要求自己，始终保持良好、平和的心境，精神饱满地投入工作。爱岗敬业，热爱每一名学生，尊重、理解、信任学生。尊重学生的人格，理解学生的要求和想法，理解他们的幼稚和天真；信任他们的潜在能力，放手让学生在实践中锻炼，在磨炼中成长。在教育教学过程中，我不断丰富自身学识，严格执行师德规范，有高度的事业心、责任心。为人师表，教书育人，坚持"一切为了学生，为了学生的一切"，树立正确的人才观，重视对每个学生的全面素质和良好个性的培养，不用学习成绩作为唯一标准来衡量学生，与每一个学生建立平等、和谐、融洽、相互尊重的关系，关心每一个学生，尊重每一个学生的人格，努力发现和开发每一个学生的潜在优秀品质。

三、扎实的管理能力，较强的教育科研能力

（一）扎实的管理能力

1. 提升自身修养，整合教学力量，加强教学管理

（1）树立目标，争创优质。作为分管教学的副校长，在上级的正确领导下，有效组织和实施学校教育教学管理活动，每学年教学质量以不低于同期水平为目标，并以此展开相关工作。

（2）学习理论，指导管理。我在工作中比较注重自身的学习与提高，尽管学校教育、教学和管理工作千头万绪，但也不忘忙中抽闲翻阅报刊，了解时事；学习理论，指导工作；参加学习，自我完善；不断实践，提升水平。努力提高"依法办学、依法治教"的能力，积极倡导现代教育技术的推广，保证教学方向与党的方针政策保持一致；确保办学理念与时俱进，顺应时代的潮流。

2. 依法管理,依法治校

"依法管理,依法执教"是我一贯坚持并贯彻的原则。坚决执行上级部门制定的各项规定,在行风建设、规范办学行为和教育收费、廉政自律等方面按规定和要求正确行使自己的权力,无违规操作行为。努力做到用严谨的治校态度去影响教师,用高尚的人格魅力凝聚教师,勤为先、廉为本。

3. 重视队伍建设,形成合力

作为分管领导,我积极做到团结协作,相互理解、相互支持、相互配合,使班子人员能心情愉悦地工作;涉及教职工切身利益的方案,坚持做到反复酝酿、多方听取意见,配合默契、创新求实,心往一处想、话往一处讲,劲往一处使;倡导领导班子成员多让利于教工,如年度考核评分出来后,我本人多年就主动谦让。

4. 以情感人,人本管理

不论是年终考核、还是评优工作,我和班子成员坚持做到计划设计周密、问题分析详尽、操作流程精细,只信唯才是举,不搞任人唯亲,事情放在桌面上,不搞小动作,用真心、诚心感染人。由于坚持了考核看实绩、用人看本事、办事要公开、处事要公平、看人要公正,不把人看死、不把事做死的原则,所以在广大教职员工中树立了威信,赢得了口碑,为开展工作奠定了群众基础。善待教师,实事实抓,着力解决教师的后顾之忧,想方设法为教师排忧解难。

5. 转变教育观念,积极引领教改

推进素质教育,实施课改的关键是第一线的老师,而老师的关键是教育观念的转变。为了加快教师教育理念的转变,我们采用"走出去学习,请进来辅导"的方法来加以强化,通过课堂实践帮助教师理解教改理念的内涵。经过理论的学习和实践的尝试,课改的理念已深入人心。在教学平台实践活动中,信息技术的运用,探究型、拓展型教学内容的设计已成"家常便饭"、屡见不鲜。作为分管校长的我,在课改的浪潮中一马当先,平时学得的理论是我开展教学管理工作的支撑点,平时的教研活动是我与老师们探讨新教法的平台,平时的课堂是我和老师们探究新模式的舞台,平时从听课中发现的成功案例是我挖掘校本培训最好的资源。在实践中摸索,在摸索中积累,在积累中走向成熟是我和老师践行课改理念的重要途径。

6. 重视青年教师培养,促进新鲜血液的补充

发现与培植了大批青年骨干教师,营造了有序竞争、人人争先、百家争鸣的良好教学氛围,成为学校教学管理中的一个显著亮点。

7. 常规管理务求规范

教师方面：务实教学，追求质量。有效开展了教学"六认真"的督导、检查、考核、总结表彰，兑现了学月奖惩。实施了教学质量目标分解到人头、学科，兑现到期末奖惩上。平时积极组织教师开展说课、评课活动，认真履行教学"六认真"。同时积极投身教改，把提高课堂效益和培养学生的创新精神、实践能力，作为始终不渝的追求目标。我自觉更新教学观念，在学科教法上不断进行改革探索。研究和运用探究教学法、实验教学法，不断改进和完善科学教学模式，并在教学中尝试运用。带领教师们外出听课学习，领会新课程理念。

8. 重视教科研管理

积极倡导校本研修，开发校本教学资源；积极开展、参与各级各类课题研究，个人以身作则，主持了中央教科所（现为中国教育科学研究院）规划的国家级课题《传统文化与语文教学》子课题研究，同时指导青年教师积极开展课题研究活动。

9. 吃苦在前，以身作则

2011 年 8 月 26 日，是一个难忘的日子。向家坝电站移民搬迁开始，校长和我带着部分管理人员及教师作为全县第一批搬入新县城的单位，开始了艰苦的征程。我负责教学、德育管理，还要上一个班的语文课。当时，县城正在修建中，配套设施没跟上，校园也只是有几栋建筑物而已，地面满是黄泥，学生寝室充斥着建渣，我们挤在学生寝室，无水、无食堂，蚊子、苍蝇满天飞……推迟 20 天开学后，学生们的条件也很差。特别是安全问题，没有围墙，老师们轮流守在各楼道，通宵值守，白天还要上课……吃肉是奢侈，每当有同事回老城区，都会请他带肥肉，就是年轻的女教师们，也盼望着打打牙祭。这样的日子将近过了一年……我对全体 2011 级的师生们说："这样的日子我们都挺过来了，还有什么困难能阻挡我们呢？"这一年，是我人生收获最多的一年。

老师们看在眼里，暖在心里，在工作中也埋头苦干，大家都无怨言，争抢重担，学校也形成了积极进取、团结拼搏的氛围。

10. 积极开展党务工作

以邓小平理论和"三个代表"重要思想为指导，深入学习贯彻落实科学发展观活动，认真学习宣传十八届六中全会精神，以创建和谐校园为主线，以党章为准则，以教育教学活动为中心，坚持有效作业、有效课堂的落实，全面提高教育质量，提升教育文化建设，建立现代化学校管理制度。以深入开展保持共产党员先进教育活动的长效机制为抓手，继续壮大党员队伍，坚持"三会一课"制度，加强党的基层组织建设，不断提高我校党员素质，进一步发挥党委的战斗堡垒作用。

（二）用勤劳踏实，铸造高超的教学能力

我一直认为教书育人是教师的天职。23年来，我每天早来晚走、周六周日也难得休息，每天在校工作时间平均在十个小时以上，每天的辛勤耕耘，终于从量变到质变，逐渐形成自己的教学特色。

（1）在知识结构上，具有比较精深和渊博的专业知识和教育科学的理论知识。苏联教育家马卡连柯深刻地指出："学生可以原谅老师的严厉、刻板，甚至吹毛求疵，但是不能原谅他不学无术。"知识是师生交流思想感情，探讨真理的桥梁，知识的传授是教师塑造人才的主要手段。在我的学生时代，当我选择教师作为自己的职业时，我就很注意构建自己最佳的知识结构。以扎实的专业知识为基础，广泛摄取各方面的知识，并努力做到专与博的有机结合。在大学学习以及教学过程中，我努力掌握专业知识体系，透彻理解教学大纲、教科书的内涵，而且时刻注意掌握本学科的最新研究成果和发展趋势。正因为掌握了知识的内在规律，我在课堂上才能融会贯通，灵活运用，驾驭自如。当今社会是信息时代，我时刻提醒自己，要永远像海绵一样从各方面吸取知识，成为掌握现代知识的新时代的老师，并以自己的顽强学习的精神给学生以生动的教育影响。

（2）在能力结构上，我比较注重探索新的教学方法，具有开拓创新能力。新时代需要创新型人才，教育需要培养创新型学生，作为教师，善于从实践中发现新知识，解决新问题，形成新观念，才能把学生培养成创新型人才。面对当代社会科学技术的迅速发展，通过书籍、报刊、电视广播以及计算机网络，发现、确认新信息，提高自己选择、摘要、简化、分析、分类、处理、保存、应用新知识和新技术的能力。语言表达用语准确，情感丰富，逻辑严谨，板书精当。教育组织能力强，充分发挥各方面优势，创设最佳教育环境，有效地控制、组织集体活动，完成既定的教育任务。在课堂上注重培养学生健康的审美能力，培养学生的爱国精神。

（3）爱心，换取学生真心。教育是一门技术，更是一门艺术。教育作为一门艺术，必须塑造美——学生的语言美和心灵美，进而使学生具有自我塑造美的能力。美的最高原则是和谐——人内心的和谐，个人与社会的和谐。我注重与学生建立和谐民主平等的师生关系，深入学生的心灵，用我的真诚换取学生的真心，并有针对性地对学生进行人文教育。在这开放和竞争的社会中，我们培养的学生不仅能够适应生存，更主要的是能够积极生存。教育作为一门艺术，是爱的艺术。爱，意味着责任。教学应该给人一种艺术的享受，让学生在一种愉悦的氛围中不知不觉接受教育。在课堂上，我旁征博引，经常穿插与教学内容密切相关的笑话、典故、时事新闻、名言警句等，还经常介绍自然科学和社会科学方面最新的理论信息，使课堂既充满和谐的气氛，又有审美的享受，让学生领悟到"语文教学中的美无处不在"！为适应新世纪的教学要求，近两年积极投身研究性学习的教学改革中去，并取得了较好的成绩。

我深深意识到，教育的过程是创造性很强，又极富挑战性的过程。只懂教书不会育人，不是一个合格的教师。我谨记陶行知先生的一句话："捧着一颗心来，不带半根草去。"全身心地投入到教育教学工作中，对待学生坦诚而不鲁莽、关心而不骄纵、信任而不包庇，因而在学生当中树立了良好的师长形象，使学生"敬而亲之"。长期的班主任工作，使我在德育管理方面形成了一些独特的方法，管理水平也不断提高，取得了较好的成绩，连续多年被评为学校的优秀班主任。"勤奋努力，奉献爱心"是我当班主任的信条。不管是担任班主任还是科任教师，我能够坚持正面教育，大胆从心理素质方面探索德育的触发点，关心学生，爱护学生，言传身教。在此期间，我几乎每晚都下班后辅导，与学生谈心。对一些思想上具有不够成熟、自律性较差、孤僻自卑或自大狂妄等缺点的同学，我进行了细致地了解，从各方面关心他们，使学生觉得老师既是一个值得尊敬的师长，又是一个可以与他们谈心的朋友。然后再介绍一些有针对性的书籍给他们看，教会他们如何交友和处理好人际关系，帮助他们树立正确的人生观和学习正确的思维方法，鼓励他们发挥特长，向他们分析知识素养与成才的关系，引导他们关心集体，确立他们在集体中的进步作用，等等，做过细的思想工作。无论在课堂上，还是在课外，我都一直奉行一个准则，就是在鼓励优秀生的同时更多地偏爱后进生，给他们以各种捕捉成功与欢乐的机会。因此，在转化后进生、扭转班级学风上我做出了突出的成绩，德育工作受到上级的肯定。2010 年我所带的是一个整体素质普遍较差，学风懒散、成绩偏低、纪律涣散的班级。接到这样的班，我并没有灰心，而是深入了解学生个性，发掘同学的优点，充分调动班干部的积极性，狠抓学风班风，经过大家共同努力，这一班的学生脱胎换骨，学风有了质的改变，该班被评为学校和县优秀班集体。尽管基础很差，但同学们学习都非常刻苦，在毕业会考中最终成为学校合格率达到 100% 的班集体之一，在高考中也创佳绩，获得"市教学二等奖"。作为教师，我常常为没有教育好每一个学生而自责，又为转化了一名后进生而高兴。我对学生说："如果因为我的努力而使你一生变得辉煌，我将感到自豪。"爱，是一种力量。一名学生对我说："在过去的三年中，您始终如一的微笑，给了我很大的帮助，给了我很大的力量。每当我遇到挫折、困难和不幸的事后，想到您的微笑，我就找到了前进的力量和目标。"以积极、深厚、持久的感情，勇敢担负教师应该承担的社会责任和义务，做好教育工作。在教师工作中"把我的真心放到你的手心"，因此我每天带给学生的感受都是："在汪老师的心中，每个同学都是天使。"

（4）教学特色已经形成。课堂教学风趣幽默，谈诗斗词。风趣幽默的课堂，纵横古今，谈天说地。豪放大气的李白、苏轼，时而让女生哈哈大笑；婉约柔情的柳三变、李清照，时而让男生泪流满面。他和大家一起低吟浅唱《阳关三叠》（即《送元二使安西》）、《虞美人》，又和大伙引吭高歌《满江红》《赤壁怀古》。师生品读路遥的《平凡的世界》，唤醒了不计胜数的欲辍学弟子。"平哥"，是他们对我的昵称。在不知不觉中，教师融进了知识，完成了教学任务；学生也在享受过程中，学到了许多本领，在考试中驾轻就熟。多年以前的学生，在班级群中常常说，昨晚似乎又回到了语文课堂上……

（三）积极开展教育科研，引领年轻教师快速成长

（1）我特别注重教育科研，参与挖掘我校 2002 年培养的省状元杨良松、2006 年市状元刘年华经验，编写了校本教材《天道酬勤》，获得市、县领导表扬和专家肯定，总结的"培优经验"在市里被树为典范，同时也被市教育局聘为"专家库成员"。

（2）参与了由毛杰、杨明春主编的教育专著《成长的阶梯》的部分编写工作，提供了一些较好的建议和素材，使这部书中经验在全市中小学得到积极推广。

（3）及时总结教育教学中的经验，撰写专业论文多篇，在专业期刊、报刊发表。

（4）积极从事多项国家、市、县级课题的研究。

第一，作为中央教科所（现为中国教育科学研究院）《传统文化与语文教学》课题的子课题《高中新课改语文教学中的传统文化文化教育》之主持人、课题组长，我带领十余位老师积极开展申报、过程研究等工作。到新安镇、新市镇、中都镇、马边河等地实地考察、采访，查阅大量史料，收集诸葛亮南征时的野史、传说，挖掘三国文化，加以整理，形成材料，融入语文教学中，激发学爱家乡，爱祖国的热情。同时，收集屏山独特的茶叶——炒青的资料，研究茶文化。

第二，积极参与我校独立申报的市级课题《欠发达地区普通高中学法指导研究》研究。作为主研，我从 2008 年开始，用了年级两个轮回，即六年，结合学校实际，挖掘、整理、实验了大量针对学期、学年的各科学习方法。

第三，主持、指导数项县级课题，多数正在过程研究中。

（5）积极指导青年教师。2010年以来，采用面谈、网络交流等方式，不间断地指导我校王艳、余安国、王英、李丽、赵娜、周勇等教师从事教育教学工作，并结对帮扶，经学校考核，被指导者教学业务水平、技能提升快，多数获各类竞赛、教学成果奖，现已成为县、市教学骨干，其中余安国老师已评为中学高级教师，其余都被评为中学一级教师，周勇老师的个人县级课题已立项并积极开展过程研究。

（四）主抓学校党委工作，成效显著

（1）重视师德建设。从事学校党委工作以来，十分重视师德教育，每学期不间断为教师们开展师德讲座，引导教师加强师德修养，严格遵守新的师德标准。

（2）讲政治，顾全大局，密切联系群众，加强党风廉政建设，积极开展"两学一做"活动，加强队伍建设，稳定队伍，和行政密切配合，学校教育质量不断提高。

（3）学校党委多次被县委表彰，获得市优秀党务工作者、县先进党组织荣誉，同时我被县委聘为"两学一做"讲师，被县委宣传部聘为"两学一做"宣讲团成员。

（4）积极参加精准扶贫工作。学校负责福延镇中坝村40余户贫困户的扶贫工作，我抽出时间，到贫困户家中调查第一手资料，结合该家实际情况，有针对性地提出一些增加收入的建议，并助其落实。节假日上门慰问，同时为其解决产品销路问题。

四、坚持出勤，爱岗敬业

（1）从参加工作以来，本人坚持出勤。从不迟到、旷课、早退。在教学工作中，兢兢业业、勤勤恳恳、任劳任怨，认真履行自己的职责，做好本职工作，不管活有多累，人有多困，都坚持出勤。教学中，我坚决贯彻因材施教的原则，始终把学生的"学"放在教学的核心位置上，把学生的个性体验放在阅读教学的核心位置上。相信每个学生都有各自的兴趣、特长和实际情况，其理解、分析、体验、感悟的能力也不同。

（2）热爱自己的本职工作，全力搞好教学。在教学内容和目标的实施上，不强求"齐头并进"，而是正视事实，追求"差异发展"。在教学方法的设计上，我切实激发学生的主体意识，激发学生的求知欲望。每一节课都要设计学生参与的问题，以此来引导和训练学生学习语文知识。开展形式多样的"课前三分钟语文活动"，如"成语故事""诗歌赏析""时事评述"等，极大地刺激了学生的表现欲，在活动之中锻炼了学生的语言表达能力，起了很好的导向作用。

五、累累硕果，业绩骄人

虽身处基础薄弱、条件落后的国贫县，我没有自暴自弃、怨天尤人，而是加倍努力工作，辛勤耕耘，终于喜获丰收。

（一）管理方面

（1）2012年，主持学校教学工作、体育工作，高质量通过首批四川省阳光体育示范学校的验收工作。

（2）2015年，学校党委被屏山县委评为县先进党组织。

（3）我分管教学工作，不断提高学校的教学质量。2007—2013年，促使学校高考上本科人数逐年上升。

（二）个人获得的荣誉、表彰、奖励

（1）2015年荣获中共宜宾市教育局委员会和宜宾市教育体育局授予的"宜宾市优秀教育工作者"称号；2011年荣获宜宾市教育局颁发的"高考突出贡献奖"；2014年荣获屏山县委、屏山县政府授予的"第七批拔尖人才"称号，2011年被县委表彰为年度先进个人。

（2）教学质量管理奖：2010年荣获宜宾市教育局颁发的市二等奖，2012年荣获宜宾市教育局颁发的市二等奖，2011年荣获宜宾市教育局颁发的市三等奖，2008年、2009年荣获宜宾市教育局颁发的市三等奖。

（3）个人学科教学成果奖：2011年荣获宜宾市教育局颁发的"高考突出贡献奖"，2011年荣获宜宾市教育局颁发的市一等奖，2009年荣获宜宾市教育体育局颁发的市二等奖，2010年荣获宜宾市教育体育局颁发的市二等奖，2012年荣获宜宾市教育局颁发的市二等奖，2014年荣获宜宾市教育体育局颁发的市二等奖，2015年荣获宜宾市教育体育局颁发的市三等奖。

（4）指导奖：2013年指导优质课（李丽）《让情绪凝练于笔端》获国家教育科研成果指导奖一等奖；2012年指导学生龙双参加全国语文知识竞赛本人获高二年级指导奖全国一等奖；2012年指导张婷同学参加全国语文知识竞赛本人获高二年级指导奖全国三等奖；2015年指导学生王镭参加全国语文知识竞赛本人获高三年级指导奖全国三等奖。

（5）教学示范：2014年4月16日市级示范课《文学作品阅读技巧》，深受与会专家和同行及学生的一致好评；2015年10月23日市级研究课《故都的秋》，深受与会专家和同行及学生的一致好评。

（三）科研方面

1. 论文

2016 年 10 月论文《新考纲后的高三语文复习备考建议》在《小品文选刊》（ISSN1672－5832，CN14－1318/I，22－707）发表；2012 年 10 月论文《如何更好地做到"近朱者赤"》在由河北省教厅主管、河北师范大学主办、中国中语会协办的《语文周报》（国内统一连续出版物号：CN13－0702/（F），国内邮发代号：17－191）高中版发表；2015 年 1 月在《语文周报》发表论文《新课改下如何优化高中语文课堂结构》；2016 年 2 月在《语文周报》发表论文《近三年全国课表 II 卷语文试题研究》；2010 年 11 月论文《浅谈新课改中师生角色的变化对教师的要求》获宜宾市人民政府优秀奖；2016 年 11 月于《教育》（科技部西南信息中心主管，国家级，CN50－9328/G，国际刊号：ISSN1671－5861，中国科技经济新闻数据库）发表论文《古代诗歌语言中的想象美》；2017 年 6 月在《小品文选刊》（省级，CN14－1318/I，ISSN 1672－5832 中国学术期刊综合评价数据库及来源期刊）发表论文《论少数民族县高中生特长的培养》。另有多篇论文获省、市、县级奖励。

2. 课题

2011 年 7 月中央教科所（现为中国教育科学研究院，下同）《传统文化与语文教学》课题阶段性研究成果《中国传统地域文化与高中语文教学》荣获中央教育科学研究所科研管理处、《传统文化与语文教学》课题组颁发的"国家教育科研成果一等奖"；2013 年 7 月中央教育科学研究所重点科研课题《传统文化与语文教学》的子课题《高中新课改语文教学中的传统文化教育》，经评审委员会专家的评估鉴定，成绩优秀，准予结题；2014 年 10 月市级课题《欠发达地区普通高中学法指导研究》经宜宾市教育科学规划领导小组办公室监测和鉴定，同意结题；2016 年参与"寻找学科美"校本教材编写，参与主研的市教体局重点课题《构建"以社会主义核心价值观为核心的特色学校文化"的实践研究》子课题《以美育活动为载体，培育和践行社会主义核心价值观》立项。

（四）文学小文，练笔怡情

《我的老师》《德育为先续写辉煌》《金沙江畔拂春风，捐资助学暖人心》等都发表在《宜宾晚报》。另有多篇文章在《屏山教研》发表，十余篇文章在《教科论坛》《三江新论》《金沙》《屏中人》发表，如《凄美的风》等。

六、廉洁从教

认真践行师德新标准，严格遵守中央的"八项规定"，遵守党规党纪，反对"四风"，从不有偿补课，从不要求学生订参考书刊。在党风廉政活动中严格要求自己，工作中不谋私利。

在本职工作岗位上，能维护大局，注重团结，以诚待人。平时工作中任劳任怨，扎实细致。牢固树立共产主义的世界观、人生观、价值观，从思想上、政治上、行动上始终与党中央及各级党组织保持高度一致。在廉政建设中始终对自己高标准、严要求，以身作则，时刻做到自重、自醒、自警、自励。通过加强自身的建设，进一步坚定了全心全意为人民服务的宗旨观念，把廉政建设变成自觉行动，贯穿于日常工作始终，坚决做到立党为公，执政为民，自觉抑制不正之风和腐败现象的侵蚀，养成奉公守法，以清廉为荣的作风，做到拒腐蚀永不沾。

在过去的 23 年，正是自己的勤奋努力，不断进取的 23 年，我的工作也得到了领导和老师们的充分肯定，年度考核中多次被评为优秀（有时主动谦让，放弃已评的优秀）。

综上所述，本人晋升高级中学教师以来的表现和业绩为：

（1）具有崇高的职业理想和坚定的职业信念，模范遵守教师职业道德规范，长期工作在教育教学第一线，出色地完成学生思想政治教育工作任务，教书育人成果突出，从教以来从事学生思想政治教育工作 22 年，任现职以来获得 2 次以上市级奖励，年度考核"优秀" 3 次（按照《四川省中小学教师专业技术水平评价标准条件》"第九章·附则"之规定"第三十九条中小学教师按规定获得与教育教学或教师职业直接相关的县级以上荣誉称号或奖励的，当年的年度考核视为优秀"，本人 2012 年 12 月获宜宾市教育局学科教学"二等奖"，2013—2014 学年获宜宾市教学成果奖"二等奖"，2014—2015 学年获宜宾市教学成果奖"三等奖"）。

（2）深入系统地掌握语文学科课程体系和专业知识，教育教学业绩卓著，在本市同类学校同学科中处于前列；教学艺术精湛，形成了自己的教学风格，承担 2 次市级示范课、研究课。

（3）具有主持和指导教育教学研究的能力，在教育思想、课程改革、教学方法等方面取得创造性成果，并广泛运用于教学实践，任现职以来已有 4 项获市级二等以上奖励，完成 1 项国家级教研课题，在公开发行的学术期刊发表本专业高水平论文 7 篇。

（4）在实施素质教育中，发挥了引领示范作用；指导、培养高级、一级、二级、三级教师做出突出贡献，在本学科领域享有较高的知名度，是同行公认的教育教学专家。

（5）具有大学本科毕业学历，并在高级教师岗位任教 6 年以上。

（6）1994 年 7 月便到"四大片区"的初中和高中工作。

由此可知，本人扎根国贫县 23 年（其中在农村中学从教 11 年），克服常人难以承受的困难，顶住诱惑，在教育教学工作中做出了不平凡的业绩，完全符合特级教师的条件。

其实，作为国贫县的教师，我只是其中一个平凡的代表而已。其他老师来自四面八方，也和我一样，都是为了山区的教育，扎根于此，付出了自己的青春年华，在平凡的岗位上创造了一个又一个不平凡的辉煌！也许，未来的高考省市状元之花，还将在这块贫瘠的土地上次第开放！正如省教育厅一位厅级领导到屏中检查工作时做出的评价：屏山县办的是国贫县的样板教育！

2017 年 6 月 12 日

读圣贤经典　修君子品德

学校通过开展序列化的《论语》《弟子规》诵读、默写比赛、"诵中华经典，塑少年君子"文艺演出等活动，在潜移默化中渗入优秀传统文化教育，提高学生学习优秀传统文化的兴趣，让民族文化的精髓从陌生到亲近直至融入学生的血液里。从而陶冶学生高雅情趣，使学生敦厚好学、通达事理、胸襟开阔、人格健全、明理诚信、孝敬父母，养成积极向上和不断进取的人生态度。

一、读圣贤经典

选择经、史、子、集中公认的、优秀的国学经典作为教材，鼓励学生熟读成诵。让学生从小就在中华文化的古典宝藏中悠游探取，耳濡目染先哲圣贤的智慧思想，厚积底蕴，开阔心胸、澄明性灵。正如人文学者商友敬所说："名家的诗文背得多了，如同在他的话语世界——心灵世界里漫游，最后，'不分彼此'，你自己的声腔口吻都登上了一个台阶，话语再带动你的思想，胸襟境界也能登上一个台阶。"

国学经典是中华民族智慧的结晶，是我国学术思想的渊源，国人修身经业之道，价值永恒，历久弥新。为了帮助学生提高人文素养，我们通过以下途径引导学生学国学，读经典。

（一）特色活动之"经典诵读活动"

1. 经典诵读有校本教材，活动序列化

我校以《弟子规》《千字文》《增广贤文》和《论语》等内容编撰了校本教材供学生诵读。

同时为学生开列国学经典篇目，让学生在假期开展读书活动。我校针对高中生的实际，从经、史、子、集等国学经典中精选一批篇目，如《论语》《孟子》《红楼梦》《三国演义》《水浒传》《唐诗》《宋词》等，推荐给学生阅读。

初中毕业到高中新生开学那段时间，是学生没有其他作业、读书时间集中的时段，学校抓住这一有利时机，在寄发新生录取通知时，为学生开列读书建议清单，新生入学教育期间，班级开展假期读书活动的交流。在校学生每年寒暑假时，结合语文假期作业，为学生指定读书篇目，要求学生每人写读后感。

2. 经典诵读有课时，活动制度化

诵读经典时间每天保证20分钟（每天上午、晚自习课前各10分钟），让学生反复诵读经典章节。每学期进行检测，并对优秀学生和班级给予奖励。在今年五月份，共有200名学生默写比赛获一等奖（满分）。

同时开展名篇朗诵比赛。学校每年开展朗诵比赛活动，比赛活动从班级比赛开始，挑选选手参加全校比赛。

3. 通过文学社团，引导学生学国学、读经典

学校在学生中成立了"锦屏风"文学社，办有文学校刊《屏中人》，学校以之为阵地，开展经典读书征文活动，刊登优秀文章。

（1）学生习作：

立 志
——高二（8）班 吴 勇

吾人之年，方近弱冠。将及太学之士，已非懵懂之岁。宜博学而求知，须笃志以立业。虽行孝、为善、求学，莫不为大；然齐家、立业、治国，焉可不计？承继之时，当以谨思。终年少之稚幼，启成人之大志。

若已略有小成，切忌自满；但亦暂无功分，万勿轻弃。立以苍天之志，乘风破浪；成以东岳之伟，临绝览众。

行 孝
——高二（8）班 邹志翔

怀株三百日，往来多少情。得子念秋云，育儿苦思心。哺孩提，亲抚心，束发直总角，顽劣亲几辛。至龆年，入堂学，师教母言经。十五而立志，女侍逢待年。及弱冠，又天命，远游觅何如？总念家室繁，双亲顾远疏，亲然古稀雾。尘落尘，土归土，满墓谁知孰为孰。勉思以立志，勤学以孝行。尽吾力，柔吾情，闲年奉双亲。

（2）学生格言：

我们最大的光荣，不在于一次也不失败，而在于每次倒下都能够站起来。

——高二（22）班 熊小英

也许我们不是飞得最高，但我们一定要在低处飞得更美。

——高二（16）班 邓学松

掌纹刻画着命运，而它却掌握在你的手中。

——高二（13）班　梁孙伟

习于识，修于行，严于已，律于人，德才全，成大业。

——高二（4）班　刘艳

屏中，启航的今天；梦想，共勉的明天。

——高二（21）班　李璐

一点一滴可穿石，一针一线可穿衣，一朝一夕可成日，一阅一书可成章。

——高二（12）班　万康

人生就是一盘棋，我们只有下棋的资格，却没有悔棋的权力。

——高二（16）班　陈兰洁

拼一载春秋，搏一生无悔。

——高一（1）班　吴远洪

太阳落下了，你还拥有月亮；青春挥霍了，你将一无所有。

——高二（22）班　邓敏

（二）特色活动之"屏中文化艺术节"

我校已成功举办了"诵中华经典，塑少年君子"文艺演出，并作为弘扬传统文化的特色活动，保留下来。

本次演出主要目的是在全校师生诵读经典的基础上，通过文艺演出的形式，弘扬儒家"修身齐家治国平天下"的思想，进一步加强学生的品德修养，让莘莘学子做一个"敢担当、有责任、懂感恩"的当代青年，在校做个好学生，在家做个好子女，在社会做个好公民。

节目共分三个乐章：

第一乐章：感悟经典。第一乐章由三部分组成：人·独善其身、家·和谐齐家、国·兼济天下。

第二乐章：感恩的心。

第三乐章：十八而志成人加冠礼。

（三）特色活动之以文化人

校园是引导学生传承中华优秀文化、弘扬中华传统美德的重要环境。我们着力在校园文化、班级文化、寝室文化的建设上体现传播中华传统文化的功能。

我校的校园文化、班级文化有以下两个。

（1）张贴儒家经典语录。

子曰：见贤思齐焉，见不贤而内自省也。

——高二（5）班

子曰：博学之，审问之，慎思之，明辨之，笃行之。

——高二（4）班

子曰：夫仁者已欲立而立人，己欲达而达人。能近取譬，可谓仁之方也已。

——高二（3）班

子曰：有德者必有言，有言者不必有德；仁者必有勇，勇者不必有仁。

——高二（2）班

子曰：弟子入则孝，出则弟，谨而信，泛爱众而亲仁。

——高二（1）班

（2）张贴《二十四孝图》。

二、修君子品德

青少年是一个国家或一个家庭的未来和希望，青少年有什么样的品德修养，未来就会有什么样社会面貌。因而，历代统治者都十分重视对青少年的教育和培养。十年树木，百年树人。因此我们不仅要加强青少年知识文化的传授，而且，还要必须加强君子人格的教育和培养，这是任重而道远的历史使命。

孔子在谈论个人品德修养时，用得最多的名词就是具有美好品德的君子人格。君子，是一个国家、一个地区、一个家庭兴旺所必需的人才，君子越多，社会就越安定、经济就越繁荣、社会文明程度就越高。因为君子与一般的人不同，他们不仅仅具有广博的知识，而且还具有高尚的品行。

我国著名青少年教育家孙云晓先生曾说："好习惯对孩子来说是命运的主宰，是成功的轨道，是终身的财富，是人生的格调。"因此，作为父母、老师，一定要在孩子的习惯培养上下大功夫。

我校围绕着"生活要从折被抓起，学习要从习惯抓起，文明要从说话抓起，品德要从孝敬抓起"四方面，结合中华传统美德，开展了一系养成教育活动，让学生养成良好的生活习惯、语言习惯、学习习惯。

（一）品德要从孝敬抓起

品德教育是所有教育的出发点和归宿点，古人非常重视人的品德教育，提出大丈夫当有"三立"，即"立德""立功""立言"，而"立德"是最为重要的。"圣人训，首孝悌，次谨信，而亲仁，有余力，则学文""百善孝为先"，由此可见，在人的品德中，"孝"是最为重要的。我校提出"成才先成人，成人德为先"，把"尊重老人，孝敬父母"作为全体学生思想道德教育的切入口和着力点，把中华民族"崇孝"的传统美德植入学生的大脑中，融于学校的德育教育中。

"父母之年，不可不知也。一则以喜，一则以惧。"孝敬父母，感恩父母，是做人的本分。我们中华民族历来崇尚受恩不忘，知恩必报，所以在我们传统文化的发展长河中，卷起无数的美丽浪花，留下许多孝亲感恩的动人传说。

教育之"教"是由"孝"和"文"二字组成，且"孝"在"文"之前，"孝"是我们教育非常重要的组织部分。基于此，我校开展了一系的活动：

（1）将"孝"融入语文教学中。

《出师表》 读《出师表》不下泪者，其人必不忠；

《陈情表》 读《陈情表》不下泪者，其人必不孝；

《祭十二郎文》 读《祭十二郎文》不下泪者，其人必不友。

（2）专家讲座。

邀请著名励志专家房善朝教授来校讲座。

（3）文艺演出。

演出《游子吟》《孩子，请听我说》。

（二）生活要从折被抓起

生活是人生第一课，也是最基本的课程，生活习惯的好坏，不仅影响学生的身心健康，而且也是学生综合素质的体现。良好的生活习惯对于一个人的健康成长起着十分重要的作用，是使人终身受益的品质。培养学生良好的生活习惯要注意引导他们在生活中身体力行，与生活实践相联系，切实从小事做起，从身边做起。正如古语云"一室之不治，何家国天下之为。""大丈夫当扫天下，而始于扫足下。"

生活习惯包括饮食、起居、卫生等习惯，做到按时睡眠、起床、安静睡眠并有正确的睡姿，不挑食、不偏食、细嚼慢咽，饭前便后正确洗手、早晚刷牙，饭后漱口等。正如《弟子规》中说道："冠必正，纽必结，袜与履，俱紧切。置冠服，有定位，勿乱顿，致污秽。衣贵洁，不贵华，上循分，下称家。对饮食，勿拣择，食适可，勿过则。"

学校进一步加强寝室管理，让学生有个舒适的住宿环境，努力把他们培养成"会学习，懂生活，讲文明"的好学生。

（三）文明要从说话抓起

抓好学生文明行为习惯的养成，文明行为习惯的培养应当作为学校教育的基础性工作，要加强中华民族传统美德教育、社会公德教育和诚信教育，引导学生增强礼仪、礼节、礼貌意识，不断提高自身道德修养。

我校制定了《屏中学生养成教育实施办法》，从"卫生习惯养成教育""文明礼仪养成教育""安全习惯养成教育""学习习惯养成教育"四个方面抓好学生的习惯养成。制定了《屏中学生每日"五省"》，要求学生从"今天，我见到老师问好了吗?""今天，我得到他人的帮助时说了谢谢吗?""今天，我乱扔过垃圾了吗?""今天，我说过脏话了吗?""今天，我在行走和活动中，遵守秩序、注意安全了吗?"五方面进行反省，全体学生从文明用语开始，养成良好的行为习惯。行走在屏中校园里，总能听到"您好""老师好""对不起""没关系"等文明用语，处处是文明之声。

通过以上一系列的教育活动，我们可以看到，传统文化在学生的养成教育上凸现了三个功能:

一是学生的行为发生了根本性的变化。学生举止文明，在家孝敬父母、热爱劳动，在校尊敬师长、团结同学。在学习上也变得更加积极主动。

二是丰富了学生的情感，培养了学生一颗感恩的心。学生在家感恩父母、在校感恩师长和同学，促进了亲子、师生、同学之间的和谐相处。

三是提升了学生的人文素养。传统文化与养成教育培养了学生的爱心，学会了包容和反思自己，更重要的是树立了远大的理想，养成积极向上和不断进取的人生态度。

我校以弘扬优秀文化、传承中华美德为目标，着力加强学校文化建设，进行了初步的探索。在今后的工作中，我校将更加自觉地坚持育人为本、德育为先，用社会主义核心价值体系武装师生头脑，大力弘扬中华文化，传承中华美德，努力提高学生的思想道德素质和文化科技素质，努力使学校成为先进文化、先进思想的传播源，成为中华传统美德、精神文明的辐射源。

> 子夏曰:"贤贤易色;事父母能竭其力;事君，能致其身;与朋友交，言而有信。虽曰未学，吾必谓之学。"
>
> 子曰:"生，事之以礼;死，葬之以礼，祭之以礼。"
>
> 子游问孝。子曰:"今之孝者，是谓能养。至于犬马，皆能有养;不敬，何以别乎?"
>
> 子曰:"事父母几谏，见志不从，又敬不违，劳而不怨。"
>
> 子曰:"父母在，不远游，游必有方。"

> 臣无祖母，无以至今日，祖母无臣，无以终余年，祖孙二人，更相为命，是以区区不能废远。臣密今年四十有四，祖母刘今年九十有六，是臣尽节于陛下之日长，报刘之日短也。乌鸟私情，愿乞终养。

受任于败军之际，奉命于危难之间。

鞠躬尽瘁、死而后已。

一在天之涯，一在地之角，生而影不与吾形相依，死而魂不与吾梦相接。

2011 年 12 月 17 日

读《中庸》后不"中庸"

近期，经过京师大学堂组织的国学学习后，我对《中庸》这本书有了更加深入的理解。在此，从"中庸"这个概念出发，略谈对中庸的认识和理解。

第一，中庸绝对不是老好人。老好人在孔子那里叫"乡原"，也写成"乡愿"。什么叫乡原？"非之无举也，刺之无刺也；同乎流俗，合乎污世；居之似忠信，行之似廉洁；众皆悦之，自以为是，而不可与入尧舜之道。（《孟子·尽心下》"这种人的性格特点表现为：第一，挑不出毛病。所谓"非之无举也，刺之无刺也"。第二，看起来很好，忠诚、诚信、廉洁（居之似忠信，行之似廉洁）。第三，大家都喜欢他（众皆悦之）。第四，他自己也很得意（自以为是）。但是，他在本质上，是同流合污（同乎流俗，合乎污世），不合正道（而不可与入尧舜之道）的。这样的人就叫作老好人，就叫作乡原。

《论语·阳货》曰："乡原，德之贼也。"贼，在古汉语里面是人身伤害。孔子对老好人，为什么如此深恶痛绝呢？孟子说，是因为孔子痛恨那些似是而非的东西（恶似而非者）。在孔子的眼里，老好人就好比稻田里的稗草。他长得和稻草很相似，但它不是稻子。田里面稗子如果多了，稻子就长不好。这就好比癌细胞。癌细胞也是细胞。它为什么不好？因为它"吃饭不干活"。癌细胞和正常细胞一样，也要吸收我们人体的营养，却又不承担细胞的功能，生长速度还特快。结果它占了一个地儿，正常细胞就不能生长不能工作了。全身都长满不干活的癌细胞呢？人就死了嘛！如果全社会都是老好人呢？这个社会就死了。所以老好人就是"德之贼"，中庸也不可能是老好人。

第二，中庸绝对不是和稀泥。据《论语·颜渊》记载，有一次，鲁国的执政者季康子，向孔子讨教"治盗问题"，子曰："苟子之不欲，虽赏之不窃。"就是说，如果您不贪图财物，即使奖励他们盗窃，他们也不会去做的。言下之意，民间盗窃盛行，是因为官方贪得无厌。这个话，就说得很重、很直，而且明摆着会得罪人，没有一点和稀泥的意思。实际上，孔子这个人，是实事求是、直言不讳的。据《论语·为政》记载，有一次，孔子对他的学生子路说："由！诲女（汝）知之乎？知之为知之，不知为不知，是知也。"意思是：仲由啊，让我来告诉你，什么叫作知识？什么叫作智慧？知道就是知道，不知道就是不知道，这就是智慧，这就是知识。所以，孔子是个实事求是的人，他不会主张和稀泥。

第三，中庸绝对不是没原则。孔子这个人是很讲究原则的。《论语·为政》中讲："君子周而不比，小人比而不周。"比和周，是相反的。周是什么呢？周是团结。比是什么呢？比是勾结。比方说，吃吃喝喝，拉拉扯扯，狐朋狗友，酒肉朋友。周呢？和衷共济，精诚团结。团结是要有原则的。无原则地在一起，那就是勾结，就是比。所以，君子之交淡如水，小人之交甜如蜜。小人勾结在一起是没有原则的。因此，作为"君子之交"，中庸就不可能是没原则。

实际上，在儒家这里，中庸不但是不讲原则，而且中庸本身就是原则，是最高的原则。《论语·雍也》中讲："中庸之为德也，其至矣乎！民鲜久矣。"这话什么意思？就是说，中庸作为一种道德，难道不是最高的原则吗？

那么，中庸究竟是什么呢？在日常生活中，我们又该如何把握中庸对我们生活的指导意义呢？

笔者认为，中庸可以总结理解为这样两句话："中"即不走极端，"庸"即不唱高调。

首先我们来看一下"中"字。

孟子讲，人当中有一种，叫作圣人。他们是"人伦之至"（《孟子·离娄上》），也就是道德品质最优秀、最高尚的人，如伯夷、伊尹、柳下惠、孔夫子。这四个，是圣人的代表。伯夷叫"圣之清者"，就是圣人当中最清高的。伊尹叫"圣之任者"，就是圣人当中最负责任的。柳下惠叫"圣之和者"，就是圣人当中最随和的。孔子呢？叫"圣之时者"，所谓"圣之时者"，就是圣人当中最识时务的。

在《孟子·公孙丑上》和《万章下》，孟子对伯夷的清高都有描述。大体上说，此人的特点和原则，是不好不道德的东西不看，叫作"目不识恶色"。不好不道德的言论不听，叫作"耳不听恶声"。不是合格的君主他不侍奉，叫作"非其君不侍"。不是合格的民众他不领导，叫作"非其民不使"。如果政府里面有坏人，他不去做官，羞与同列，叫作"不立于恶人之朝"。也不跟坏人说话，叫作"不与恶人言"。如果是某个人，他认为是个坏人，或者道德品质不好，或者有污点，不干净，哪怕是他的老乡，也躲得远远的，避之唯恐不及。

所以，伯夷是圣人当中最清高的。

柳下惠正好相反。哪怕君主是昏君、暴君，他也去做官，不以这样的领导为耻辱，叫作"不羞污君"。给他的官位再小，也去做，叫作"不卑小官"。和乡亲们一起，哪怕这些人都是道德品质低下的，都是有道德污点的，他也不离开，他跟你笑眯眯的（"与乡人处，由由然不忍去也"）。在柳下惠看来，他是他，我是我。他有毛病，不等于我也有啊！难道他的恶劣品质，会像麻风病一样传染到我吗？不会的。那我干吗不跟他们在一起？我跟谁都可以在一起，好人坏人我都来往，我就能"出淤泥而不染"。

孟子说，这两个人的影响力都很大。和伯夷在一起，贪婪的人会变得廉洁，懦弱的人会变得勇敢，叫作"顽夫廉，懦夫有立志"。柳下惠则能使狭隘的人变得宽容，刻薄的人变得敦厚，叫作"鄙夫宽，薄夫敦"。所以，这两个，都是圣人，都能起道德表率作用。

但是，孟子还是说"君子不由也"（《孟子·公孙丑上》）。君子不向他们学习。为什么？走极端。孟子说：伯夷的问题太清高了，柳下惠又太随和。他们的清高和随和，都过了头。由此可见，中庸是不走极端。

所谓不走极端，其实包括两个方面：既不缺位，也不越位；既不过头，也不掉队。据《论语·先进》记载，有一次，子贡问孔子，说："师与商也孰贤"。师，就是孔子的学生颛孙师，字子张；商，就是孔子的学生卜商，字子夏。子贡的意思是问子张和子夏这两个学生，老师觉得哪个更优秀一点？孔子回答说："师也过，商也不及"，意思是：子张这个人走过头，子夏这个人跟不上。于是子贡问孔子，那么，是不是子张比子夏强一点呢？孔子显然并不这么认为，他说了非常重要的四个字——过犹不及。

由此可见，一个人，太狭隘了不好；太随便了也不好；做不到不好，做过头了也不好；太质朴不好，太修饰了也不好。怎样才好？不偏不倚，恰如其分，最好。这就叫作"中"。

什么是"庸"呢？庸这个字，有"常"的意思，庸就是庸常，也叫平庸。平庸就是普普通通。另外，庸还有一层意思，就是"用"。一个庸常，一个使用，这两个意思加起来，就是"常用"。也就是说，经常用得到的这个普普通通的"道"，就是中庸之道。

既然是"常用"，那就不能唱高调。《论语·宪问》中孔子关于"以德报怨"与"以怨报怨"的批驳，对以直报怨的提出就体现了这一点。"以德报怨"，是道德目标，确实是很高的道德境界。但这不是大多数人能做到的，故不能作为一个标准提出来。"以直报怨"，其中"直"，就是原则。孔子的这个说法，很实在，也很高明，还很正确。为什么实在？因为不唱高调，谁都能做得到。为什么高明？因为有多种选择，并不拘泥于德或怨。为什么正确？因为既解决了问题，又坚持了原则。孔子的"中庸之道"，是不是很有道理？

可见，中庸之道一定是常人之道，一定是适中之道，一定是可行之道。

总之，真正做到"中庸"后，永远都不会"中庸"。

构建党建新平台　促进教育新发展

—— 屏山县中学思想政治教育工作初探

高中这方净土，正被转型时期社会带来的新现象与新问题冲击着。在新形势下的校园内，学生一方面感受着新生活、新知识、新文化的乐趣，另一方面面临着更大的矛盾与迷惘。学校思想政治工作面临着许多挑战，诸多问题促使我们不得不思考加强这方面的教育、引导。这就要求我们加强学校党建工作，争取以党建带团建，构建高中思想政治教育工作的新平台。

一、问题与挑战充斥着新时期高中党建工作

1. 挑战性

成长环境的复杂性与多元文化严重影响着学生的思想。我们的学生如今生活在一个五彩斑斓的世界，西方国家给他们带来了许多感官的享受与刺激，不可避免地受到西方世界价值观冲击；改革开放使他们衣食丰裕，但各种极端腐朽的拜金主义、享乐主义蚕食着他们的心灵；因特网使他们大开眼界，但他们难免受到"黄毒"的侵袭。这样学生道德观日趋世俗化了，学生人生观日趋功利化了，学生价值观日趋沙漠化了。这些，势必影响到社会主义接班人的茁壮成长。

2. 滞后性

应试教育的功利性与思想政治教育工作的软弱制约了教育的健康发展。毫不避讳地说，高中教育面临着二难选择：既要兼顾应试教育的实际，又要高举素质教育的大旗。但导致的结果是每个学校都面临着高考压力、社会评价压力、生存压力，在实践中校际竞争之间出现了重智轻德、重分数轻能力的现象，放松了对学生思想政治的教育，导致部分学生心理脆弱、理想淡薄、思想混乱。长此以往，必将不利学生的健康成长，不利于社会主义接班人的培养。

3. 缺失性

全球文化的丰富性与中国先进文化教育的缺失冲淡了学生信念。网络化时代的到来，使学生感受到不同国家地域文化的丰富多彩；同时，我们也看到缺乏对高中学生进行党的知识系统学习与教育，长此以往，势必影响到我党的执政能力。

解决上述问题的根本在于：应加强学校的党建工作，促进对学生的思想政治教育工作，为培养可靠、合格的接班人奠定坚实的政治基础。

二、构建多重覆盖的团员思想教育新平台

多重覆盖的含义。"多重覆盖"是指对于任何一个高中生的思想教育和管理来自多方面的。既有第一课堂的，也有第二课堂的；既有来自班级、宿舍的，也有来自课堂和社团的。它是多重思想教育的有效整合。

"团员"是思想教育平台的首选。因为团员是中国共产党领导的先进青年的群众组织，是中国共产党的助手和后备军。它在高中学生中占大多数，起主导地位。

建立开展思想政治工作平台的路径。学生在校园内的活动，主要是通过课堂、班级、宿舍、社团这四个渠道来进行的，抓住了这四个关键环节就抓住了根本。

1. 狠抓课堂平台

课堂是学生获得知识的主渠道，是态度、情感、价值观形成的前提，利用课堂教学，对他们进行耳濡目染的思想教育，必将达到最佳效果。利用课堂教学，从不同方面，对学生进行情感与价值观的教育，使他们树立正确的道德观、价值观、人生观，自觉抵制西方价值观的影响和极端腐朽思想对他们的侵蚀。还可以利用文科教学加强对党的基本知识和"三个代表"重要思想、科学发展观、习近平新时代中国特色社会主义思想的学习和领会。

2. 夯实班级平台

班级是学生思想教育的阵地、校风学风建设的阵地、共青团领导之下团结教育广大学生的有效载体。班级是学生的世界观、价值观、人生观形成的关键场所，班级文化建设必将对他们的成长起到催生的作用。班级文化建设必须做到：一要加强对班级干部的理论学习，增强班级建设的引领性和方向性；二要加强班级文化建设，利用各种主题班会，实施文化引领，筑造精神家园；三要开展丰富多彩的德育活动，搭建成才成人平台；四要落实行为规范，养成良好习惯。总之，班级建设要用智慧孕育成长，用真诚开启心灵，用希望放飞理想。

3. 盯紧宿舍平台

宿舍是学生良好行为习惯养成的重要阵地。抓好宿舍思想政治教育，就会消灭一切不良习气诞生的温床。因此，宿舍建设必须做到："窗明几净尽显文明之风，一颦一笑尽览雅士风范，一举一动但求温馨和睦。"在宿舍应加强管理，规范学生的日常行为，引导他们和睦相处、互谦互让、遵守公德、学会合作、学会处事，为走出校园走上社会打下坚实的基础。

4. 咬住社团平台

社团是学生素质拓展的阵地，是培养学生创新精神与创新能力、激发创新思维的平台。利用学生社团内聚性、从众性的特点，优化校园文化，达到学生自我教育、自我发展的目的。

三、开展"党建带团建"，团建促班级、宿舍、社团活动，保障高中思想政治教育全面开展

1. "党建带团建"

党建带团建是目前党建工作的一个重要环节，是加强党对青少年培养的重要途径，抓好了这一工作，必将巩固立国之本，强化党的执政地位的重要保证。党建带团建关键在"建"，核心在"带"。"带"要从以下几个方面着手：①思想上带，把握正确的政治方向。一要组织对党的基本知识和"三个代表"重要思想、科学发展观、习近平新时代中国特色社会主义思想的认真学习和领会，增强对广大共青团员爱国主义、集体主义、社会主义的教育，使他们树立民族自豪感和自信感。二要加强对广大青年树立正确的人生观、世界观、价值观教育，坚定社会主义信念。②从组织上带，激活团的活力。做到党团建设齐步抓、党团任务同步下、党团阵地同步建、党团教育同步抓。③从队伍上带，培养高素质团员队伍，做好"推优"工作，从文化建设上带，突出团组织的教育功能。

2. 开展"团建"进班级、宿舍、社团活动

只有"团建"深入班级、宿舍、社团，才能保证党建带团建的目标任务落在实处。这就要求在实际工作当中我们一是要加强团骨干分子理论学习、思想建设指导；二是开展丰富多彩的活动，增强团的凝聚力；三是增强服务意识，引导成员形成正确的人生观、世界观、价值观；四是具备创新意识，从实践出发，大胆实践，培养实践能力。

3. 做好"推优"与"接优"工作

学校要根据每个学生在初中的情况和入校后的表现，选拔品学兼优、政治上积极要求上进的学生进党校参加培训，做到"早选苗、早播种、早催化"；"高一选好苗子，抓好党的基础知识培训；高二选准苗子，抓好积极分子培养；高三选优苗子，抓好预备党员的培养"。做到有一个领导班子，有一支相对稳定的师资队伍，有一批党校的管理骨干，有一个固定的教育场所，对学生入党积极分子进行多种形式的培训、教育，形成"团校打基础，党校抓提高；团校重普及，党校抓骨干"的新格局。利用"一推""一接"激活思想政治工作的机制。

综上所述，以党建带团建，构建高中思想政治教育工作的新平台，开展学生党建工作，既是落实"两学一做"制度进课堂、进教材、进学生头脑，提高学生思想政治素质，培养合格的社会主义事业接班人的迫切需要，也是改善基层党员队伍结构，提高学校品位，优化校风、学风，促进教育质量的有效途径，更是一件组织满意、学校满意、师生满意、家长满意、社会满意的大好事。

永葆初心培党情　抛洒汗雨干教育

——学习市委五届六次全会精神心得体会

近日，学校党委组织教工学习市委五届六次全会精神，特别是深入学习了7月28号和29号刘中伯书记的讲话精神和六次全会通报精神，使我收获颇丰。

通过围绕深入学习习近平总书记视察四川重要讲话，我更加坚定了"不忘初心，牢记使命"的决心，在我省全面学习贯彻落实党的十九大精神、决胜全面建成小康社会、奋力开启现代化建设新征程的关键时期，习近平总书记不辞辛劳亲临四川视察指导，充分体现了习近平总书记和党中央对四川人民的深切关怀，体现了对四川工作的高度重视，给全省广大干部群众巨大鼓舞。习近平总书记在视察期间的重要讲话，总揽全局、指引方向，思想深邃、内涵丰富，饱含深情、情真意切，令人鼓舞、催人奋进，充分肯定了党的十八大以来我省经济建设、政治建设、文化建设、社会建设、生态文明建设和党的建设取得的成绩，对进一步做好四川工作、开启四川现代化建设新征程提出重要要求，是我们做好新形势下四川教育工作的根本遵循和行动指南。

作为一名基层教育工作者，内心特别激动和骄傲，热血沸腾，感受颇深。我深深地体会到祖国的日益强大带给我们的改变，我愿意永葆初心，更加热爱我们的党，并愿意为共产主义事业奉献我微薄的力量。

同时，我们要充分认识省委书记彭清华来宜宾视察调研的重大意义，切实把思想和行动统一到省委书记彭清华的重要指示精神上来。要深刻领会省委书记彭清华关于新时代宜宾工作的总体要求、关于新时代宜宾发展的重要使命、关于新时代宜宾发展的战略定位、关于新时代宜宾全面开放合作的主攻方向、关于新时代宜宾高质量发展的方法路径、关于新时代宜宾全面从严治党的主要任务，把学习好、贯彻好、落实好省委书记彭清华来宜宾视察调研重要指示精神作为当前和今后一个时期的重要政治任务，自觉把思想和行动统一到"六个深刻领会"的重要要求上来，切实把省委书记彭清华的殷殷嘱托、殷切期望转化为推动宜宾教育事业再上新台阶的具体行动，以实实在在的发展成效回报省委书记彭清华对宜宾的关心和厚爱。

我们教育者，要坚定以习近平总书记对四川工作重要指示精神和省委书记彭清华来宜宾视察调研重要指示精神为统揽，抢抓机遇，扎实抓好教育重点工作落地落实。要始终树牢绿色发展理念，加快建成长江上游绿色生态示范市；要大力实施"产业发展双轮驱动"战略，加快建设现代工业强市；要始终坚持开放合作，加快打造四川南向开放枢纽门户；要着力推进四川南向大通道建设，加快打造全国性综合交通枢纽；要扎实推进新型城镇化，加快建设长江上游区域中心大城市；要大力促进消费结构优化升级，加快建设长江上游现代服务业中心和全国重要物流节点城市；要大力培育经济发展新动能，加快建设区域性新经济新业态发展高地；要大力发展现代金融，加快建设区域性国际金融中心；要着力推进旅游文化全方位多产业融合发展，加快建设现代旅游强市；要着力推进农业供给侧结构性改革，加快发展酒、竹、茶等特色优势产业；要始终坚持改革创新，加快建设全面创新改革先行市；要加大科技教育医疗发展力度，加快建成川滇黔结合部教育科技医疗中心；要着力夯实底部基础，加快做大做强县域经济；要深入推进乡村振兴，坚决打赢脱贫攻坚硬仗；要着力加强民主政治建设，加快建设法治宜宾。

就教育系统来说，都要学习宣传贯彻好本次全会精神，要领会全会精神，并落实到自己的教育工作中去。

我们愿意挥洒汗雨，为宜宾教育贡献力量。

2018 年 8 月

02

专业的语文论文

语 文

专业的语文论文

语文教学优化和美化的途径

七月，有幸聆听韩先生的讲学，获益颇丰，真如醍醐灌顶，以前之疑虑明朗了许多。

韩先生说："语文课堂应该是美不胜收的课堂，语文教学应该有更多的亮点与出路，语文人应该学会自救并享受语文人生。追求语文之美，既是一种自救的出路，也是一种享受的境界。语文之美，美在字词句篇，美在听说读写，美在有情有理有趣有益。语文教学，无论作为一种追求还是作为一种实践，都应该紧紧围绕"语文美"的发现与创造，而坚持常规与个性并重，趣味和效益兼收。"

我思之良久，颇有感悟。制约语文教学优化和美化的三大因素是：教育者、教学内容、教学手段。实现语文教学优化和美化的三个有效途径是：提高教育者的素质、挖掘教学内容中的美、采用多种教学手段展示美。

当前的基础课程改革，对语文教学的一个重大贡献是进行了功能的开发。我们欣喜地发现：语文课程标准要求，在语言能力发展的同时，进步培养学生逐步形成正确的价值观和积极的人生态度，提高文化的品位、审美的情趣。而事实上每一堂语文课若离开了这些因素单纯地上成语言文字课，就会使丰富多彩的课堂成为枯燥乏味的"三味书屋"。下面我谈谈实现语文教学优化和美化的三个有效途径，企盼能引起同行们的共鸣。

（一）提高教育者的素质

教师，不是教书匠。语文教师，更应亲和学生，更应有示范美。

课堂是激发学生了解语文、亲近文学的首要阵地，只有首先充分利用了这一资源，才能挖掘出语文课自身吸引学生的内涵，再去论及其辐射、拓展作用。

首先是教育者自身的审美素养能唤起学生尚美的渴望。教者高尚的品德、得体的仪表、精彩的语言、精湛的教学艺术是最具魅力的美育资源。设想一下，教师爱憎分明的情感色彩、火热的生活激情、儒雅的知识修养怎能不对学生产生润物细无声的浸染？同样，教师端庄亲切的教态、游刃有余的教学机智和张弛适当的教学节奏，怎能不令学生亲其师信其道？再者，教师优美生动的阐释、独具魅力的见解、淋漓酣畅的情感和一石激起千层浪的言辞又怎能不使学生如沐春风而浮想联翩呢？

（二）挖掘教学内容中的美

教材，引领学生感受美。语文新教材中有许多选文充溢着人文关怀，凝贮着智慧豪情，折射出审美的想象力。教师可以引导学生在诵读的过程中感受渗透在字里行间的悠悠古韵，体会先人们流淌在血脉里的绵绵情怀，感受泱泱中华的博大精深。曹操的"日月之行，若出其中，星汉灿烂，若出其里，幸甚至哉，歌以咏志"的豪情壮志；王湾的"潮平两岸阔，风正一帆悬"山青水碧的壮丽景色。常建的"山光悦鸟性，潭影空人心"定会引起学生丰富而独特的联想。从而升起亲近自然、欣赏自然美的审美感受。刘禹锡的"晴空一鹤排云上，便引诗情到碧霄"鹤飞冲天的美妙意境，必能燃起学生的理想之炬、激励志趣。

又如《红楼梦》中写王熙凤"粉面含春威不露，丹唇未启笑先闻"的刁泼，写贾宝玉的"面如中秋之月，色如春晓之花"俊朗，无不给人以美感。

教师对于这些美文美诗的教学更要在引导学生在语言文字美上寻求突破口，点拨学生心灵深处感受美的顿悟。例如，教学朱自清的《春》第一节时，首先，教师启发学生：为什么作者开篇之初就叠用"盼望着"？要求学生紧扣课文体会，目的是为了让学生更好地理解作者"盼春"的心理。其次，老师要求学生抓住"东风来了"，让学生分析比较前后表达感情的变化。从分析比较中突出"东风"报信，宣告春天到来的无限喜悦之情。再次，通过学生自我分析比较引出拟人的修辞手法，并讨论这种表现手法的作用。最后，指导本段朗读要点、教师范读，学生朗读反复体会。这样就会将强烈的节奏和具有表现力的语言深深拨动读者的心弦，激起学生美感之共鸣。从朱自清的美文中读出了作者对自然、时令季节的心灵感受，同时也可以引导学生从沈从文的《端午日》、艾青的《我的思念是圆的》等篇章里感受对家园、对故乡浓化不开的情思和血浓于水的感情。教材中还有许多文选涵盖着充盈的人文养分，只要施教者善于引导、点拨，我们的语文课将会成为美育的光源，将辐射出令人瞩目的光芒。

（三）采用多种教学手段展示美

1. 多媒体，帮助学生欣赏美

语文新教材对学生施行审美教育中当运用多媒体教学手段，把信息资源、设备资源优化组合起来，制作学生喜闻乐见的课件，通过声光电的交互功能，形象化、动态化地呈现教学内容，丰富课堂信息容量，营造审美的情境，收到情感体验、美文欣赏、语言积累等立体化效果。

学习诗歌、散文可以配以相应的音画背景，引导学生在特设的情境氛围中诵读欣赏、拓展想象的空间；教学科普小品文可以通过相关的科技音像资料与文章内容相互补充，启发学生在理解的同时展示科学的无穷魅力；课外文学名著的阅读，可选配有关影视片断让学生观看、评论，既激发学生阅读的热情，又在同感共受中加深了情感的交流，使得师生心灵共振，其乐融融。

2. 活动，促进学生创造美

美国教育家华特·科勒理斯说："语文学习之外延等于生活的外延。"即我们生活既是生活的舞台，又是语文学习生动的教材。如果能将生活纳入语文学习范畴，那么将是怎样一个丰富的学习世界啊！

（1）带领学生走进自然，丰富自己的生活积累。

一个足不出户、孤陋寡闻、头脑闭塞的人是很难具有生动丰富的想象力的。生活是培育想象之花的沃土，有了丰富的生活经验，才能由此及彼，触类旁通，浮想联翩，创造出新的形象。

教师要尽可能地创造条件组织学生走进自然，俯首大地，看旷野苍山草木葱茏；仰望长天看风云变幻，朝暮明暝。引导学生在观察每一朵花艳嗅吸香味时，能否说出它娇美的花姿、花色、花形、花味；细究每株路边野草时，能说出它的生长季节、势头及有关生物知识。调动学生在观草木荣枯、花开花落时，去触景生情，触景移情顿悟出生活的道理、人间的沧桑。

（2）帮助学生针对对象，把握创造美的特征。

想象是自由自在的，是浮想联翩的。但是想象不管怎样的天马行空，神奇玄妙，总是要受到对象的制约。美诱发人们的想象，同时也为它规定一定的范围和方向。有人说：有一千个读者就有一千个哈姆雷特。但是总不能把哈姆雷特想象成同车作战的堂·吉诃德。虽然每个学生的家庭条件、生活方式、经济背景不同，但作为语文老师要尽可能地关照学生，结合自己个人的家庭生活、游历，无论是家乡的一草一木竹篱茅舍，还是他处的一喜一悲民情风俗，乃至宇宙长河都会根据各自的生活经历、思想感情、个性气质的不同，染上浓厚的主观色彩，但总还是要受到客观事物的制约。因此，只有正确地把握事物的特征，才能通过想象进入美的境界。

（3）指导学生增强形象记忆和情感体会的能力。

想象依托于记忆，记忆幻化为想象。创造美，想象主要依托于形象记忆和情感记忆：形象记忆越生动、越具体、越细腻，情感记忆越真切，创造美的想象也就越活跃。因此，教师无论是引导学生观看影视作品、参观游历，还是经历生活本身时，要试着记忆想象每一个细节。在写作时要反复再现情景、情节、情感的形象，运用阅读的方法反复体验当时的境况，然后选择确切的文字语言表述出来。生活是想象的基础，情感是想象的动力，记忆为想象提供了丰富的材料。为此，语文教师在教学中要尽可能地引导学生积累生活经历，丰富情感世界，增强形象记忆，以培养和提高学生创造美的能力。

（4）授以学生创造美的技能和技巧。

在学生审美创造过程中，学生头脑中积累的一些材料还属于认识的东西，还必须运用技能和技巧进行实际创造，以文字的形式表现出来。假若我们把美的创造比作是过河，那么，方法、技巧就是船和桥，有了它才能顺利到达彼岸。著名文学大师茅盾曾说过："摹仿是创造的第一步。"模仿是创造的船和桥的一种，创造是模仿的目的，模仿是深化美感的途径，教学中我们常常结合课文的学习进行某一形象的仿写，如原作的体裁、景物、描写方法、表现手法、语言风格等方面的摹写。学过了《我的空中楼阁》，不妨让学生摹写一篇《我的小屋》；读过了《庄周买水》，也可让学生写一篇《刘备卖席》。使学生能顺利地从仿写到半仿写，一半创造过渡到全创造的水平，从而培养学生创造美的能力。

总之，实现语文教学优化和美化，就实现了语文教学功能的根本转化：陶冶人的人文素养、审美情趣、创造美的渴望，将形成语文教学积极的价值观，愿所有的语文教学工作者能成为引导学生发现美、感受美、创造美的使者！

2008 年 10 月

语文教学与传统文化

摘要：中华民族有着丰富的传统文化资源，语文教育是传统文化的重要载体，传统文化相关教学工作的开展，我们要善于挖掘课本中的传统文化元素，以学生喜闻乐见的方式，联系生活实际，引导学生"取其精华，去其糟粕"，树立积极的人生价值观念，在中西文化交融中促进文化共识。

关键词：语文教学 传统文化

华夏几千年，在漫长的历史长河中，中华民族形成了丰富绚烂的文化，并在文化的涵养中阔步向前。源远流长的文化当是我们的无上荣耀，然而若论及对传统文化的了解和认同感，恐怕答案不免令人遗憾。有人说过："喜欢传统文化的几乎都是上岁数的人了，年轻人提到这些都不管不顾认为是过时了。"在全球化的大背景下，传统文化更是面临着前所未有的挑战。传统文化是先辈给我们留下来的丰厚遗产，蕴含了民族的观念、价值及各种风俗民情，有着民族共同的精神记忆。每一个华夏子孙，都有必要多了解我们自身的传统文化，继承、弘扬优秀文化，提升自身文化素养。

一个思想相对完整的人，既要有现代化的文明理念，也当有着优秀的传统文化素养，在积累传统文化过程中，培养人文精神，提升自身的思想修养和文化底蕴。语文教学中含有丰富的文化元素，是文化的重要载体，肩负着弘扬传统文化的责任和使命。在教学过程中，我们要积极引领学生感悟传统文化，并在辨别、反思中，形成文化认同感，形成民族认同感。传统文化在弘扬、累积、提升人文素质的同时，自然也会与语文教学形成良性互动，促进语文教学的良好开展。问题的症结在于：如何在语文教学过程中实现与传统文化的有机结合呢？

首先，我们要善于挖掘课本中的传统文化[1]。《廉颇蔺相如列传》中，蔺相如之所以能宽容廉颇，最终将相和，正是因为他具有崇高的爱国情怀。而辛弃疾之所以"书愤"，感叹"塞上长城空自许，镜中衰鬓已先斑"，杜甫哀吟"出师未捷身先死，长使英雄泪满襟"，大呼"安得广厦千万间，大庇天下寒士俱欢颜"，也正是因为对国家、对人民的沉重的爱恋。以孔子为先行者，屈原、杜甫、王勃、范仲淹是"经世致用"的儒派追随者。以庄子为先行者，陶渊明开辟了隐逸之风，其隐士生活为人生境遇提供了另外一种可能。甚至还有李白、苏轼受儒、释、道三家影响而形成的洒脱、旷达人生观。

但好的东西，不见得人人都会喜欢，传统文化也是如此。枯燥地宣扬屈原、杜甫的爱国精神，空泛地吹嘘李白、苏轼的洒脱，无端地拔高隐逸避世的高洁情怀，虚华地夸饰我们的传统文化，这样的传统文化是死的，学生学起来很痛苦，难以接受，甚至反感。只有活起来的传统文化，学生才会好学、乐学，才会有所收获。这就对我们老师提出了要求，要求我们语文教育工作者提高自身文化素养，善于选择恰当的文化传播方式方法，营造良好的文化教学氛围，起到弘扬传统文化的中坚作用，让学生学有所得，学有所乐。

兴趣是最好的老师。传统文化相关教学活动，要能激发学生的兴趣。老师需多方寻找途径，让传统文化相关知识丰富起来，使其具有可观可感的特色。《边城》里含有诸多传统节气文化元素，提得最多的是端午节。记得我第一次上相关课程时，我提了这样一个问题"阅读第一部分，请学生们提炼边城的端午节气特色"，同学的回应不太热烈。后来到另一个班级，我补充提问家乡端午的节气特色，并播放一些端午节日图片和课本里端午节日的一些剪辑视频，在音画兼之的氛围里让同学们谈今夕节日对比中的感悟，同学们反应较大，兴致较高，对传统文化有了较深的认识和反思。一堂传统文化课程，要有精心的设计，要有氛围的感召，要有生活的叠加，要有思维的跳动。

任何一种东西，要有实践的意义，才有学习的意义。学习传统文化，文化知识的学习不是我们最终的目的，重要的是我们当在扩充文化视野的基础上，构建积极的人生价值体系，寻求人生的途径和智慧。学习《烛之武退秦师》，要能感悟烛之武的国家意识、大局观念，还要学习他说服秦君的语言智慧。学习《归去来兮》，我们在歌颂陶渊明的高风亮节之时，也不妨联系时代背景和陶渊明自身性格，提炼陶渊明的处世哲学，结合现实引导学生合理定位自我，定位人生，构建和谐的内心世界，寻找幸福的真谛。只有当传统文化与生活相遇，才能迸发出鲜活的力量，给人智慧，点亮人生。在学习孔子之所谓"君子"时，不妨把"仁""智""勇"与钓鱼岛事件相联系，提醒学生理性爱国，把匹夫之勇抛开。

每个时代都有每个时代的思想局限，具有悠久的历史传统文化，必然或多或少带有历史局限的印记。《论语》涉及的仁义礼让，《离骚》《登高》相关的爱国爱民，《游褒禅山记》议论的谨慎为学，是我们应该弘扬与传承的优秀文化。而诸如《孔雀东南飞》里面涉及的婚姻包办制，忧国忧民的杜甫、感时伤世的屈原对君王的愚忠，《祝福》涉及的封建礼教、封建迷信、封建宿命论等思想则是应当摒弃和批判的观点。在这个价值多元化的时代，弘扬传统文化，须持"取其精华，去其糟粕"的态度，引导学生以辩证的态度吸纳有益的传统文化，完善自身人格，更好地融入现实人生。

同时，在面对纷繁复杂的传统文化之时，我们还要注意多种文化元素的调和，有原则的坚守，防止顾此失彼，矫枉过正，让传统文化的学习反而变成了思想的负担。譬如儒家的入世与道家处世的精神博弈，"公说公有理，婆说婆有理"，学习意义何在？用道家的出世思想来评价陶渊明，陶渊明是心性逍遥之人；用儒家的入世来评价陶渊明，陶渊明就是一个逃避者。在谈及这些问题的时候，如果我们能告诉学生无论哪一样选择，其实都是有所原则的坚守，这样就既能丰富学生的人生路径，也能坚定学生的人生态度，传统文化的学习将更有实效性。

此外，我们要承认这样一个事实，在经济全球化，地球一个村的时代大背景下，星巴克住进故宫，耐克受热捧，"苹果"走进千家万户的种种现象告诉我们，文化互动的趋势不可遏制，唯有顺遂潮流，以机遇意识沉着应对[2]，方能实现共建共赢。对学生们青睐情人节，漠视传统七夕节；对学生们圣诞节欢送苹果，而在端午节、中秋节却难得有互送粽子、月饼的现象，我们放在第一位的不应该是苛责，面对"走"进来的文化，作为语文教育工作者，应当做好其与传统文化的交融衔接，懂得"堵"不如"疏"的道理，捋顺学生心态，以学生喜闻乐见的方式重建传统文化共识。

参考文献：

[1] 蔡艳红. 高中语文教材中的传统文化内涵及其开发利用 [D]. 辽宁师范大学毕业研究生论文集，2005.

[2] 李涛. 中国传统文化的现状及保护 [J]. 中国传统文化概论，2010.

我看《赤壁赋》里的传统文化内涵

《赤壁赋》是人教版必修2第三单元里的一篇课文。它是苏轼在经历人生的重大苦痛之后产生的锥心泣血之作。这篇文章，无论是其写景的生动，由景生情、由情入理的表达方式，还是由作者情绪为线索形成文章的波澜的表现手法，都可谓是可圈可点的佳作。更重要的是，透过这篇文章，我们可以从中触摸到中国传统文化元素的神经，切身感受到传统文化的魅力。

"壬戌之秋，七月既望……"文章一开篇，就为我们展示了中国传统文化中一个很重要的元素，即天干地支。天干地支，简称"干支"，是夏历中用来编排年号和日期用的。它产生于炎黄时期。"辞源"里说，"干支"取义于树木的"干枝"。它主要包括十天干：甲、乙、丙、丁、戊、己、庚、辛、壬、癸和十二地支：子、丑、寅、卯、辰、巳、午、未、申、酉、戌、亥。十天干和十二支依次相配，可组成六十个基本单位，是谓"六十甲子"。在我们语文的很多课文中，随处都可以发现它的身影。例如，《兰亭集序》里，文章的第一句便是："永和九年，岁在癸丑……"作者在采用君王年号纪年的同时，还补充了天干地支纪年。

今时今日，虽然公元纪年法已经被广泛采用。但是，天干地支还在影响着我们的生活。其中，十二生肖和地支的联系最为紧密。十二生肖对应十二地支。即子鼠、丑牛、寅虎、卯兔、辰龙、巳蛇、午马、未羊、申猴、酉鸡、戌狗、亥猪。可以这样说，十二生肖其实就是十二地支的形象化。正因为如此，我们今天的人一旦谈到自己的年龄，都习惯性地摆出自己的属相。其实，这就是变相的干支纪年。

"……挟飞仙以遨游，抱明月而长终……"文章第三段，作者以客的身份，为我们引出了中国传统文化中一个很重要的思想派别对世人的影响，即道家学派。综合评价苏轼的人生，里面既有儒家的积极进取，即"达则兼济天下，穷则独善其身"，也有道家学派的顺应自然，即"天人合一"。

　　道家学说，其形成时期应该和儒家学说差不多。它以道为最高哲学范畴、道是世界的最高实体，道既是宇宙万物的本原，也是宇宙万物赖以生存的依据。众所周知，这一学说的代表人物主要有两位：老子和庄子。但是，真正把道家思想发挥到极致，成为今天也影响深远的一种传统文化思想，不能不归功于庄子。庄子思想的可贵之处，是具有朴素的唯物自然观和辩证法因素。他认为："天地者，形之大者也，阴阳者，气之大者也，道者为之公"（《庄子·则阳》）。气，即物质自然性，故其主观精神的道，是与客观自然的气分不开的。

　　《赤壁赋》中，客人想要成仙的愿望其实是道家学说后来衍生出来的一个副产品，即道教。它是由东汉张道陵创立的。南北朝时期，这种宗教形式逐渐完备。他们奉老子为教祖，尊称"太上老君"。以《道德经》（即《老子》）、《正一经》和《太平洞经》为主要经典。

　　"客亦知夫水与月乎？逝者如斯，而未尝往也；盈虚者如彼，而卒莫消长也。盖将自其变者而观之，而天地曾不能一瞬；自其不变者而观之，则物于我皆无尽也。而又何羡乎？"要论《赤壁赋》中的道家学说思想精髓，还在苏轼的答语部分。这个部分，苏轼将庄子思想中最可贵的因素发挥到了极致。

　　在苏轼看来，天地万事万物既有变的一面，也有不变的一面。从变的一面来看，天地间万事万物时刻都在变动，连一眨眼的工夫都不停止，就这点上看，古希腊哲学家赫拉克利特和苏轼可谓是知音。因为他的名言"人不能两次踏进同一条河流"和苏轼这番话的意思没有多大的差别，他们都看到了事物瞬息万变的特性。从不变的一面看，万物同我们一样都是永恒的。因为河里的水无论怎么流，终究那条河不会变。明月怎么盈怎么缺，月亮终归还是那轮月亮。

　　这段文字里面，体现了辩证法，即绝对的运动和相对的静止。苏东坡早在八百多年前就领悟到了，并通过一篇赋文用生动形象的文字替我们描写了出来。至此，我们不能不感叹苏轼的伟大。

　　"且夫天地之间，物各有主。苟非吾之所有，虽一毫而莫取。惟江上之清风，与山间之明月，耳得之而为声，目遇之而成色。取之无禁，用之不竭。是造物者之无尽藏也，而吾与子之所共适。"在《赤壁赋》中，如果仅有上述文字，此文对道家学说的传承显然还不够完整。可是，思想和艺术堪称全才的苏轼注定是要让我们惊艳的。在展现完其雄厚独到的辩证法后，他又将道家学说亲近自然、无为而治的思想进行了进一步的阐释。"……非吾所有，虽一毫而莫取……"这不正是道家思想主旨自然和谐，道法自然吗？

　　作为一名语文教师，在运用语文教材对学生进行教学的时候，我们除了进行必要的知识传授，还可以进行一番自我的解读与研究。传统文化作为文明演化而汇集成的一种反映民族特质和风貌的民族文化，是民族历史上各种思想文化、观念形态的总体表征。在语文教材中，处处可以捕捉到他们的影子。为此，我们可以做一个教学上的有心人，多多挖掘教材中传统文化的元素，让传统文化在语文课堂上绽放其光芒。这个过程，其实是非常幸福的过程。它更能让我们体会到一种发现的快乐、教学的趣味。

随风潜入夜　润物细无声

——浅谈对优生的培养

对于我校的生源来说，"量少质差"固然是最主要的特点，但是，过多的强调之，并视其为工作未干好的借口，这并非上策。帮扶、关爱他们，全力培养他们尽可能地成为优生，才是明智的选择。我校也一直是这样做的。

下面，就笔者的一些做法，谈点个人体会。

一、正确认识每一个学生

霍华德·加德纳的多元智能理论主要阐述人的智能是多元的，每个人同时拥有多种智能，如自我认识智能、人际交往智能、身体运动智能、视觉空间智能等，只是这多种智能在每个人身上以不同的方式、不同的程度组合存在，使得每个人的智能和个性各具特色。大脑功能定位决定了每个人的智能强项和弱项，每个人都有自己的智能优势。多元智能理论让我们重新审视传统的学生观：传统的单一以学习成绩评价学生的学生观只重视了学生的语言智能和数理逻辑智能，即所谓的智商。

其实每个学生都有自己的智能长项，应该树立"每个学生都是优秀生"的学生观。据此，教育者要善于运用教育策略，捕捉和发现每个学生的优势智能，应该调动和利用每个学生的优势智能，从而促进和带动每个学生弱势智能的发展，最终达到学生全面发展的终极目的。因此，班级里不应该有所谓的差生存在，每个学生都是独特的、出色的。

对于我们的每一个学生，我们尊重他们，承认他们的优点，不因为是国家级贫困县的学生，就比别人低一等。作为教师，鼓励他们、帮助他们树立信心，播下希望的种子，比其他东西重要。

案例（一）（注：所举案例涉及学生都是笔者承包的对象）

高 2009 级 11 班学生吴光群，家住农村，用她自己的话说，"IQ 总是低人一等"，自我感觉是弱势智能，经过老师耐心、细致地开导后，有所改观，但还不如人意。后来，我想了一个办法，分两步进行：首先，每节语文课前让她到黑板上抄写一首优美的诗或辞，并作简要的赏析，增大胆量和提高欣赏水平；其次，介绍读一本好书——《平凡的世界》，培养起勇于上进的冲劲和自强不息的雄心。

半年下来，终于见效果了，该同学的语文成绩在期末考试中成了市优生，现在，她的其余学科成绩也有起色，相信在今后的高考中，该生有上佳的表现！

二、沙里淘金选好优苗

好的生源，是我们的珍品，在屈指可数的学生中，寻求培养对象，确实需要许多工作要做。种子已发芽成苗，选苗则至关重要。

我个人认为要把握好三个环节，总结为三"关"。一是考察关。在培养优秀学生和树立典型时，要注意全面了解考察，做到心中有数。可以采取走访、座谈、谈心等方法，掌握第一手材料，力求一"准"字，不能把一些道听途说作为处理问题的依据，更不能凭一时一事的印象一锤定音。在弄清情况的基础上，研究管理教育的重点，树立过硬的典型。二是宣扬关。这个关把得好不好，直接关系到优秀生的质量。所以在宣扬他们的事迹时，要坚决反对和防止"假、大、空"，要实事求是，注意分寸，不夸大，不掺假，不任意拔高。哪方面突出就宣扬哪方面，不强拉硬凑，对待典型不能消极地"保"，要积极地"帮"，否则将适得其反。三是荣誉关。对待荣誉，绝大多数优秀学生是能够正确对待的。但也有部分优秀学生，当荣誉、赞扬的话接踵而来时，就像走进了一个五颜六色的万花筒，感到头晕目眩，由此沾沾自喜，飘飘然起来，使荣誉成了这些学生的沉重包袱。所以必须做好表彰以后的思想工作。要针对他们对荣誉的不同思想反映，积极帮助和引导他们树立正确的荣誉观，鼓励他们把荣誉作为学习进步的新起点，不断进取，向新的高度冲刺。

实际上，这就是所谓的学习品质的问题，"仲永"式的学生，我们是伤不起的！毕竟，国宝不多阿！

三、精心呵护立体培优

对苗子的培养，一定要细心、精心的呵护，全方位的立体培养。

（一）动之以情、晓之以理

思想关节的打通，对于学生的快速、健康成长十分重要。放下"师者"架子，与学生沟通，了解他们思想上的症结所在，寻找其心理防线的薄弱处，利用亲情、友情、师生情，击溃其防线，再辅之以为人之道，让他们自己明确：只有读书，读好书，才是唯一可走之路！

（二）关心他们的生活

俗话说"兵马未动，粮草先行"，可见后勤的重要性。我校学生，多数为贫困生，生活艰苦，学习压力又大，他们如干涸的土地，急需雨露的滋润。"结队帮扶"，就成了我校的传统做法。每个月从微薄的工资中，拿出几十上百元，帮助几名贫困学生，补贴生活，给点温暖，会起到意外的效果。

案例（二）

高 2009 级 11 班学生杨红，家虽住县城，但父亲早就病故，母亲没有工作，在街上擦皮鞋，小妹读初中，虽然每月有百来元钱低保，但一家人糊口都难。每当看见该生常常穿着一件洗得发白的衣服时，我的鼻子总是酸酸的。该生喜欢文学，多次沟通后，要强的她愿意接受我的帮助了，自去年 11 月开始，我每月资助该生 50 元人民币，并利用一切机会，为她争取一些社会捐助。

自此，她能全心投入学习了，而且取得了不菲的成绩。然而，令人更加心酸的是，杨红有时觉得腿部的骨头疼痛，多次见她痛得趴在桌上，当老师的却无能为力，只能暗叹自己无能了！（希望有能力之人能献出您的爱心！）

（三）挖掘资源，有效管理

动员学校、家庭、社会上的各种力量，组成立体式的监控，关注优生的健康成长。管理要适度，要正确地处理"严"与"爱"的关系。"严是爱，松是害"。对优秀学生的管理教育，要爱护其学习、上进的积极性，要从有利于健康成长出发，对他们严格要求，加强管理教育，做到严得合理，爱得真诚。爱要以严格要求为基础，体现在对他们真正的关心帮助上，做到放心不能放松，表扬不忘批评。既要防止超越客观实际和优秀生思想接受不了的要求的"严"，使他们感到无所适从，挫伤他们的积极性；又要反对放松管理，搞迁就姑息的所谓"爱"，助长他们一些不良思想的滋长。

（四）科学指导其学习

1. 保护优秀生的学习积极性

优秀生的基础较好，思维活跃，在课堂上表现出较高的学习热情，随着学习的深入，他们遇到的问题和困难比以前多了，有时也会出现一些错误。我经常给予鼓励和肯定。培养他们大胆实践，不怕出错，增强信心。

2. 鼓励学生质疑

牛顿曾指出，没有大胆的猜想，就做不出伟大的发现。爱因斯坦也说过，提出一个问题，往往比解决一个问题更重要。我要求优秀的学生在质疑的同时，能大胆地对问题提出不同的见解，不但培养他们发现问题的能力，而且也培养他们的创新能力。因此，积极引导学生分析整理提出的问题，从而学会或引导学生提出重难点问题，提出创造性问题。这样，经过训练后，学生敢于提问了，会提问了，乐于提问了，并且学会善于把问号变为句号，又从句号中产生新的问号……

有几个优秀的学生一下课就围着我提问题，由于课间时间有限，我教他们准备一个记录本，记录自己在课中提的和想要提的问题，记录在生活中碰到的问题，记录在预习课文和课外学习中发现的问题。我用自习课或放学后专门约定的时间答疑，如果他们所提的问题具有普遍性，我就在全班上课时讲解，并告诉学生这个问题是由谁提出，让大家向他学习。提出问题的学生得到了我的肯定，以后会更为积极。

现在优秀生有较好的学习基础和学习能力，根据这一个特点，我组织成绩好的学生在课外开展帮扶小组，让学生互相讨论，互相启发，我适当做一些指导。

这样一来，优生们的学习积极性和解题能力都提高了。

案例（三）

高2009级11班学生杨瑞雪，天资聪慧，悟性极高，基础扎实。但是学习不踏实，上课有时不带书本，有时不交作业，还常与同学摆龙门阵，成绩从年级前3名下滑到第7名，作为我的得意门生，语文科竟然才达到班平均分。

这完全是骄傲自满造成的。我经常找她谈话，并进行几次家访，与其父母沟通，交换意见，动员她的亲戚，联系部分领导，大家共同商量教育的办法，然后采取刚柔并济的措施，最终使她步入正轨，恢复了"霸气！

新课程背景下语文教学改革热点问题的探讨

新课改实施一段时间后，取得了较好的效果。课堂上，"民主性"逐步取代了"权威性"，愉悦、和谐的氛围充斥着教室，师生关系更加融洽、民主了。教师把读书、思考、探究的时间尽可能多地还给学生，学生在教师指导下，可以用自己喜欢的方式方法自主学习。同时，教学更加开放，走出课堂和书本，重视对教学资源的开发和利用。"课前搜集，课中交流，课后拓展"等这些对教学资源的利用形式已越来越多地被教师所重视，"翻转课堂、慕课、走班制"等教学方式让人眼花缭乱。但是，我们也看到，在实施新课程的过程中，还存在一些问题需要我们反思。

热点问题一：现代教育技术手段的大量运用，知识容量暴增；书写表达能力下降，视力下降。

翻转课堂、慕课等先进的教育方式进行得热火朝天，平板电脑的使用更拓宽了学生的阅读面，也方便了教师的快速统计；走班制激发了师生的激情……这些都是积极的，但是我们学生的书写表达能力却逐渐下降，辐射影响，视力下降，还有"低头族"的潜在危害……当然，其中有个"度"的问题。但是，语文课优良传统教学方式的继承与先进的教育手段似乎配合得并不那么默契。也许，芝麻是捡了许多颗，但是，西瓜该不该丢呢？或者，如何才能不丢呢？

热点问题二："个性张扬"得到高度重视，学习行为的规范养成却被忽略。

课堂上不再是教师"一言堂"，开放、自主的"群言堂"使得学生有了"动"感。学生想问就问，想怎么说就怎么说，甚至想摆出什么姿势、手舞足蹈也随心所欲。有些教师误以为对学生提出要求，会束缚学生的个性张扬，于是便不对学生做任何的要求和约束，任学生尽情地张扬，没有任何秩序和规范，这种"自由发挥"带来的只是表面上的课堂氛围的活跃，而导致的却是教学效率的低下。如何做到"活而有序"，还需要我们下一番大功夫。

热点问题三：课堂评价得到许多教师重视，评价的语言也更趋向于激励，但对课堂评价还应有更清醒的认识。

课题评价是什么？评价应该是"欣赏"，是"激励"，还应是"导向"。教学改革使得教师确实放下了"架子"，改"呵斥"为"呵护"了，教学氛围也的确使学生身心感到愉悦了。但是，在课堂评价中以下几种情况应值得我们反思：一是部分教师还不会评价学生，把握不好评价的时机，不会从学生的表现和语言之中挖掘出评价因素，评价语言平泛，语调平直，缺乏情感；二是教师的评价语言往往缺少个性和价值，总是"你说得真好！""你说得太好了！"等这样既空又泛的放之四海皆管用的一路赞歌式的评价，长时间的这种缺乏个性的评价方式使得学生也逐渐变得不以为然，连精神上的慰藉也没有了；三是评价方式单一，缺少多元的互动式的评价。

科学的课堂评价应该包括教师对学生的评价、学生对学生的评价、学生对教师的评价这三个方面。但我们现在看到的还主要是教师对学生的评价，而学生间的互评、学生对教师的评价则很少有。学生间的互动评价即便有，也更多的是"挑刺"，而缺少"赏识"和改进性的建议，并且对评价的认识水平也极其有限。一堂课中，对学生的表现评价得体，就能达到很好激励效果，学生的学习情绪就会更好，积极性就会更高。每位教师都应把学会评价学生、善于评价学生作为自己教学的一项基本功来钻研。

热点问题四：学生自主学习方式的转变已被越来越多的教师所关注，但应该如何关注，如何求得实效，还需我们合理把握。

致力于学生学习方式的转变是目前教学改革的重点内容之一，努力倡导"自主、互助、学习型"的学习方式也正是课堂教学改革所努力的方向。把学生分成若干小组学习，是合作学习的一种主要形式，被教师广为使用。但在授课中也发现，自主、合作学习的形式多，实效少。不少教师僵化地理解合作学习，片面地追求所谓小组学习的形式。有的教师把问题一提出没有让学生经过独立思考就直接进行合作讨论；有的问题则只需要学生经过独立思考就可以解决也去让学生进行合作讨论；有的合作讨论的目标方向不明确或范围太空太大，学生不知道该去合作什么，讨论什么；有的合作讨论则根本没有时间的保证，几个学生凑到一起还没说几句话时间就被终止了；有的小组学习，几个学生各自将答案一对便完事了，根本没有了合作，没有了讨论，结果你还是你，我还是我；有的小组学习中，有发言权的依然是那些学习好的，学习差的则只是旁听；有的小组合作因缺乏有效的组织和对学生良好习惯的培养而变成了学生说笑或玩耍的机会……诸如此类的问题在课堂上都有不同程度的表现。

笔者认为，组织小组式的合作学习要遵循合作学习的原则。首先，合作学习要建立在独立思考的基础之上；其次，要选择好合作学习的时机，当学生的确遇到疑难时、意见不统一时去合作才会是有意义的学习；再次，合作讨论时要有明确的问题、内容、方向、范围，合作气氛要民主，要各抒己见，诚心参与，并且要有时间保证。我们在引导学生进行合作学习的时候，必须根据这些原则进行指导或者把这些原则作为我们选择教学形式的决策依据。我们要准确把握运用小组合作学习的时机，绝不能把小组合作学习当作我们课堂教学的"调味品"或"商标"。

总之，新课改的实施是教育事业的一次革命，每一名新时代的教师都应该掌握现代化的教学理念，并且在实践中不断探索与创新，改进教学中存在的问题与不足，使每一个学生真正地能在轻松愉快的教学环境中掌握更多的知识！教师要培养学生创新精神和实践能力，使学生热爱语文，会学语文，为学生健康地终身学习打下坚实的基础。

中国文化的传承，需要语文人的努力，更需要国民清醒的继承。

也让传统文化教育回归课本

为弘扬传统文化，越来越多的语文高考试题已加入传统文化元素，如 2012 山东语文试卷材料选用《围棋与国家》、《吴松道中二首（其二）》、散文《被时间决定的讲述》，2013 四川语文卷材料选用《明代花鸟画》等，因此开展传统文化教育已成当务之急。

于是，教师们四处寻找传统文化教材，对学生进行传统文化教育。但是只要我们认真留意就会发现，其实在我们的高中语文必修和选修课本中就展现了各地的风土人情、人文地理、民风民情和民居，以及方言俗语。充分利用课本资源进行传统文化教育不失为进行传统文化教育的一条有效途径。

了解家乡的风土人情、地理环境、人文资源是认识家乡的基础。必修课本为我们提供了学习的例子。沈从文的《边城》为我们展现了如诗如画的湘西风光，李白的《梦游天姥吟留别》为我们展现了东南名山天姥山的雄伟神奇，杜甫的《登岳阳楼》让我们重回江南名楼岳阳楼，姜夔的《扬州慢》给我们留下了扬州二十四桥动人的故事。我国地大物博，各地的风土人情有较大的差别，我们在传授语文知识的同时，完全可以联系当地的人文地理对学生进行传统文化的教育。

在众多的传统文化中，民俗民风是一道亮丽的风景线。教材也为我们提供了这方面的参考。在鲁迅的《祝福》中我们可以依稀听到祝福的爆炸声，以及杀鸡、宰鹅、买猪肉等一派热闹的景象，这是鲁镇人过年的情景。端午的赛龙舟、河边的吊脚楼、情侣的月夜对情歌，这是湘西凤凰人们的生活习俗。优秀的民俗民风是中华民族的宝贵财富，我们在讲到这些地方的时候，结合当地的实际情况对学生进行传统文化教育。

除了必修教材外，我们的选修教材也给我们的传统文化教学提供了广阔的天地。中国的民居是我国传统建筑中的一个重要类型，是我国古代建筑中民间建筑体系的重要组成内容。它分布广、数量多，并且与各族人民的生活密切相关，因此具有明显的地方特色和浓郁的民族色彩。选修课本中，邓云乡的《老北京的四合院》向我们介绍了北京四合院的有关情况，如四合院的四季、建筑的方位、数量、大小，等等。以及生活在四合院的人们过节的习俗、生活习惯、饮食习惯等。其实，我国传统的民居种类可以说数不胜数，有陕北的窑洞、西南的民居、福建的土楼、蒙古族的蒙古包、云南傣族的竹楼以及朝鲜族人的大屋顶民居等。只要能够联系当地民居特点的，教师都可以用生动的语言介绍给学生。

中国传统节日凝聚了中国几千年的传统文化，在选修课本中老舍的《北京的春节》给我们介绍了腊八节、腊八粥、泡腊八蒜、腊月十九、儿童买杂拌儿、买爆竹、买玩艺儿。腊月二十三过小年，送灶王爷上天，要用糖粘住灶王的嘴。除夕"家家赶做年菜""男女老少都穿起新衣""在外边做事的人，除非万不得已，必定赶回家来吃团圆饭"，还有"除了很小的孩子，没有什么人睡觉"，足以看出人们差不多全都在庆祝除夕。"到处是酒肉的香味""红红的对联""各色的年画""家家灯火通宵""鞭炮声日夜不绝"。初一与除夕"截然不同"，全城都在休息，多数铺户要到初六才开张。人们的活动，人们在午前到亲戚家、朋友家拜年。女人们在家中接待客人。小贩们在寺庙外边摆摊，小孩子们则爱逛庙会，还有很多人参加赛马赛骆驼的比赛呢！元宵，街面灯展、放花盒、大人观灯、小孩放炮、吃汤圆。我们可以根据北京的春节特点，再结合当地的春节给学生介绍春节的民俗文化。

五千年中华文明史，某种意义上也可以说是一部汉语言艺术波澜壮阔的发展史，汉语闪耀着中国古老文化的魅力。在高中语文选修《语言文字应用》中给我们介绍了汉语是当今世界上作为母语使用人数最多的语言，是一门极为科学的语言，是最古老却又最为稳定延续的语言，是一门富有哲理性的语言。同样的一句话，汉语可以用最少的词来表达，无须赘言。汉语是一门艺术性很强的语言。甲骨文的古朴，金文的高雅，篆书的委婉，隶书的端庄，楷书的方正，行书的潇洒，草书的飞动，无不显示出汉字的灵性与飘逸。我们可以充分利用汉语进行传统文化教育弘扬爱国精神，让学生热爱我们的文字，热爱我们的语言，热爱我们的民族，热爱我们的祖国。

利用课本资源开展传统文化教育，不仅可以对学生进行传统文化意识的渗透，熟悉家乡的风土人情，而且也增加了语文教学的内涵，使两者相互促进，相得益彰。

理性对待现代信息技术与语文教学

——浅论现代信息技术与高中语文课程整合的探索与思考

摘要：现代信息技术与学科教学的整合，就是充分利用信息技术资源，优化课堂教学，真正实现学生自主学习，使学生建构自身知识体系。新课程改革精神已经深入教育教学，实现信息技术与高中语文教学的整合，可以激发学生的学习兴趣，培养学生收集、分析、综合信息的能力，自主学习的意识和能力，加深学生对知识的理解，提高教学效率，培养学生的创新精神和动手能力，推动教学改革。但也存在诸多问题，应当理性对待。

关键词：信息技术　高中语文教学　课程整合　理性对待

新课程改革是在知识经济迅速发展的时代背景下，为适应经济发展而进行的教育改革。知识经济是以信息为基础的经济，是信息经济。信息技术的开发和传播是知识经济的关键因素。在知识经济时代，信息技术在社会生活和生产中起着越来越重要的作用。在多媒体教学日益成熟与网络教学渐渐被重视的今天，把现代信息技术逐渐引入到高中语文课堂教学中，实施现代信息技术与高中语文新课程的整合，可以逐步打破常规且陈旧的教学模式，给沉闷的高中语文课堂教学注入生机和活力，极大地激发学生的学习兴趣，培养学生的语文应用、审美与探究能力，促进学生均衡而有个性地发展，全面提高学生的语文素养，为语文教育开辟一个新天地。但是，也发现一些期问题。现浅要谈谈信息技术与高中语文新课程改革整合的实践和体会。

一、信息技术与高中语文课程整合模式的探索

（一）信息技术作为多媒体演示工具与语文课程整合的演示模式

这种模式往往是传统的讲授式教学辅之以信息技术手段。学习方式是集体听讲，教师是知识传授者，学生是知识接受者，教学评价是纸笔测试、口头问

答，信息技术的作用是演示工具，硬件要求是一台平板电脑、投影机、投影展台。教师可以使用现成的计算机辅助教学软件如 PowerPoint、Flash 等多媒体软件或多媒体素材库，选择其中合适的部分用在自己的课堂教学中；也可以综合利用各种语文教学素材，制作出演示文稿或多媒体课件，融视听为一体。以此来演示教学目的、教学步骤、教学内容以及重难点，辅助教师完成语文课堂教学任务，代替幻灯、投影、粉笔、黑板等传统媒体，实现它们无法实现的一些教育功能。

（二）信息技术作为交流工具与语文课程整合的交互模式

这种模式主要是为了突出学生在教学活动中的参与性，提高学生的学习积极性和兴趣。教学策略是讲授式教学，个别辅导；学习方式是个体作业为主；教师角色是知识施与者、活动组织者；学生角色是知识受与者，呈现出主动参与学习的兴趣；教学评价是学生作品；信息技术的作用是简单的人人交互工具，培养学习兴趣、促进情感交流；硬件要求是局域网或互联网。

二、整合的实践

多媒体信息技术，尤其是网络显示出来的高超的技术特性，是传统的教育教学工作无法比拟的，信息网络为学生的学习、生活提供了一个崭新的天地，带来了难得的创新契机。例如，我在讲授《林黛玉进贾府》一课时，我在课堂上充分运用自制的教学课件，将其置于网络环境之下，学生便可随时浏览课件内容，根据课件中的文字、图片、录像资料来了解作品《红楼梦》的相关的背景知识，这些都是在课前由学生完成的，待一切准备就绪之后，便进入正式学习本课的环节。学生在网上的课件中观看了电视剧《林黛玉进贾府》的片段，阅读了精选的脂评本《红楼梦》，开拓了视野，对作品有了更深刻的理解，同时在线听到了一首首动人的插曲，而且关键在于引导学生去欣赏歌词，从中把握对人物形象的理解。所有的这些音乐、图片，深深地吸引了学生，他们开始关注作品人物的命运，对作品本身产生了浓厚的兴趣，而不仅是课件，他们能够设身处地地去理解林黛玉的遭遇，努力去捕捉林黛玉的这一段心路历程，于是对文中人物的语言、动作等描写的分析也就迎刃而解了。

三、整合过程中，教师的人格魅力不可忽视

我们从整合实践中体会到，教师的情感诱导、饱满的情绪和热情洋溢的话语等体现教师人格魅力的因素，只能强化，不可削弱。因为"一个人的生命靠另一个生命的交往给以滋养"，如忽视了人格魅力，将会使课堂上的"人人系统"变成"电脑系统",而一切通过电脑,则缺少亲情和感情交流。再说,教学是一门科学,更是一门艺术。它不仅在于组织学生、组织教材,更在于启发学生情感,使学生在教师创设的良好的心理环境、和谐的教学情境中,获得知识,得到美的享受,产生情感共鸣,使学习给学生带来欢乐,带来激奋和满足感,以《访古》的教学为例,我们的"课堂展示"是在深沉而悠扬的马头琴演奏声中开始的,以腾格尔那深远而广阔的歌曲——《天堂》作为音乐背景,推拉、缩放和时而翻转的演示文稿撩起了古老而"富有诱惑力的"内蒙古的面纱。在一幅幅内蒙古的地理风貌和历史烟尘的变换中,笔者以深情、"话说"式的旁白,点拨全文的梗概。继而,笔者那饱含鼓励、启示、期待和信赖的目光拉近了师生间的感情距离,引起了学生的情感共鸣,以致急待表述各自在"古长城"和"大青山下"访问、探索的收获和欢乐。

四 、引发的思考与体会

在信息技术和高中语文课程整合的实践中,不断受到观念的冲击、技术的阻碍,体验着探索的艰辛和创造的快乐,引发的思考是广泛而深入的。

1. 信息技术与语文课程的整合对语文教师提出了更高的要求

信息化时代的语文教师必须有更高的素质。对教材、教法、学生的把握是传统教学模式所一贯强调的,这一基本功在信息时代显得更加重要,同时也被赋予了新的内容,如教材的处理、学生的新特性、教法的变革等。

信息化时代的语文教师应积极学习有关教育教学理论,努力提高自身的信息素养,无法想象一个自身的信息素养不过关的教师能够将信息技术和语文课程进行有效的整合。

2. 信息技术与语文课程的整合对学生也提出了更高的要求

建构主义理论的内容很丰富,但其核心只用一句话就可以概括:以学生为中心,强调学生对知识的主动探索、主动发现和对所学知识意义的主动建构,而不是像传统教学那样,只是把知识从教师头脑中传送到学生的笔记本上。

由信息的单一化到多元化,由被动接受到自由选择、自主探索,部分学生极易在信息的海洋里迷失,使课堂处于失控状态,进而无法完成教学任务,导致学生水平的两极分化。所以,信息化教学对学生的学习品质提出了更高的要求:更高的学习自觉性、更强的自我控制能力、更强的自我学习能力。

3. 信息素养是语文教学的重要内容

信息素养作为一种高级的认知技能,同批判性思维、解决问题的能力一起,构成了学生进行知识创新和学会如何学习的基础。信息素养不仅是一定阶段的目标，而且是每个社会成员终生追求的目标，是信息时代每个社会成员的基本生存能力。信息技术教育不应停留在单独开设的信息技术教育课上，而应有机地融合到语文学科教学中去。在未来社会中，获取、选择、加工信息也将成为语文教师的一项基本能力。

4. 软件重于硬件，观念重于设备

信息技术改变着传统的教育方式和教学过程，设备及技术无疑很重要。没有设备及软件，巧妇也难为无米之炊。但我们更应关注对教学过程的研究，要探索如何应用教育技术构建新的教学模式。

5. 尚待解决的问题

整合的起步阶段不可避免存在着一些不足之处。如师生之间课堂上的直接交流仍需加强；学生的自主参与意识不强，自我约束能力较差的学生容易失控；资源的大量、多样化容易掩盖分析思考过程；一些基础知识容易被忽略；学生的经济负担增重；学生的身体受到伤害等。

所以，笔者认为，在新课程改革精神的指导下，把现代信息技术与高中语文新课程整合是现代教育发展的趋势和需要，也是学生进行自主、合作、探究学习的有效途径，有助于培养学生的自主意识和创新精神。但是，我们也应清醒地看到，有些问题存在，若处理不好，也许会适得其反，我们应当理性对待现代信息教育技术在高中语文教学中的作用，选择适合的方式，才能真正地投身到新课程改革中来，不断开展现代信息技术与教育学科课程整合的研究，为我国教育事业的发展做出自己的贡献。

如何揭开古典诗词用典的神秘面纱

中国是诗的国度。传统的诗词，百花齐放，形式多样，表现手法灵活多变。短短的精品名作，寥寥数语，既能展现一个宽广无边的宏观世界，也可构成一幅精美绝伦的微缩景观，收到石破天惊、余音袅袅的艺术效果。

一直以来，笔者在中国传统文化古典诗词教学过程中感到非常困惑，现状往往是老师唱独角戏，自我陶醉，不能引起学生的共鸣。学生们对诗词的解读往往停留在小学时的诵读层面，并未进入诗歌的内核。笔者认为要想让浩瀚如烟、异彩纷呈的诗歌瑰宝，永远留在一代代中国人的心中并发扬光大，老是只强调"熟读唐诗三百首，不会写诗也会吟"，恐怕是不够的。

品读传统文化古诗词，对中学生来讲，最大的困难恐怕就是不能理解其中典故的运用。典故来源的广泛性，不仅需要学生有广博的知识积累，还需要学生对典故有一定的解读能力。本文拟从诗人运用典故原因方面的探讨，从方法解读方面帮助学生准确理解古诗词中的用典，让学生在"熟读"的基础上，揭开诗歌的用典经久不衰的神秘面纱。

用典又称用事，是古典诗文中常见的一种修辞手法，就是指将古代人物故事和有来历出处的词语融会在文句或诗句中，以曲折委婉地表达思想感情。清人赵翼在《瓯北诗话》中指出："诗写性情，原不专恃数典，然古事已成典故。则一典已自有一意，作诗者借彼之意。写我之情，自然倍觉深厚，此后代诗人不得不用书卷也。"古人写诗作文喜欢用典，或以此炫耀才情，或借此曲折达意。岳珂在《稼轩论词》中说，辛弃疾在写出《永遇乐·京口北固亭怀古》后曾征求大家的意见，岳珂提出"觉用事多"，稼轩大喜，"酌酒而谓坐中曰：'夫君实中余痼。'乃味改其语，日数十易，累月犹未竟"。这里的"用事"，就是"用典"。以辛弃疾这样的语言大师，为何想改而改不掉呢？因为这首词用典虽多，但极为妥帖，它在词中所起的作用和表达的深层含义，不是一般的直接叙述和描写所能替代的。

古人们为何如此钟情于用典？主要有以下原因。

（1）用典的首要目的是增强说服力，即援引古事或古人的话来证明自己的观点是古已有之，自己的话是正确的。刘勰《文心雕龙》有《事类》一章专讲用典。他说："事类者，盖文章之外，据事以类义，援古以证今者也。"例如，萧统《文选序》："诗者，盖志之所之也，情动于中而形于言。《关雎》《麟趾》，正始之道著；桑间濮上，亡国之音表。"首句是引用《毛诗序》的话，表明这个观点是有所本的。次句是一联对偶，上半联也是引用《毛诗序》，下半联是引自《礼记·乐记》。萧统再用这两个典故，进一步说明自己的观点是正确的。

（2）有些不便说的内容，用典就可以表达得委婉、含蓄，效果更好。王勃的《滕王阁序》有"冯唐易老，李广难封""屈贾谊于长沙，非无圣主；窜梁鸿于海曲，岂乏明时"之句。这里王勃用冯唐、李广、贾谊、梁鸿的故事来影射他自己的不得志和受贬斥的遭遇，发泄他"时运不齐，命途多舛"的感慨。其实是牢骚很深的话，但由于用了典故，表达得非常委婉。古人用典，往往意在言外，说的是甲，影射的是乙，使读者从典故中可以联想到更多的内容。

（3）可以使语言典雅精炼。辛弃疾的《永遇乐·京口北固亭怀古》，卒章显志，词人最后想说自己虽然老了，还期望为国效力，收复中原，可是朝廷一味屈膝媚敌，早没有起用他的意思了，词中只用了"凭谁问：廉颇老矣，尚能饭否？"便曲尽其义，既简洁明了，又不失其雅。

（4）诗文中恰当运用典故，可以让人在阅读中自然联想到典故所提到的历史故事或诗句，从而把历史和现实结合起来，使诗文内容有一种历史的深度，起到拓宽诗文意境，充实诗文内容的作用。如李清照的《夏日绝句》：

生当作人杰，死亦为鬼雄。至今思项羽，不肯过江东。

相对而言，李清照的诗流传下来的极少，但这一首却一扫其词的婉约缠绵，风格悲壮飘逸，最为人所赞叹！

诗的一、二句语气激昂慷慨，铿锵有力，已成千古名句。三、四句随即用典：秦末，项羽与刘邦争天下。刘邦的主将韩信于垓下设十面埋伏，项羽杀出重围，败退至乌江。乌江亭长劝他回江东去重整旗鼓，东山再起，像当年率八百儿郎那样破釜沉舟，还可背水一战！但他羞愧难当，自言"无颜见江东父老"，终不肯渡，遂拔剑自刎而死。项羽在生命的最后时刻，显得英雄气短，死得英勇，毫无腆颜偷生，博得女词人的深深敬意和扼腕！

（5）用典也是诗歌的一种修辞手法。它使内容丰富，语言简洁，增加诗歌形象或意境的内涵与深度，也可避免一览无余的直白，还可给读者在诗行间留下联想和思索的余地。

总之，用典使诗句更凝练，言近而旨远，含蓄而婉转，达到古诗人常说的："力透纸背，掷地有声！"

正因为用典的优点明显，所以在古诗词出现频率极高。作为鉴赏能力水平有限的中学生，在其面前"望诗兴叹"，甚至心生恐惧。

如何帮助学生准确解读古诗词中的用典，笔者就此简单谈谈自己的观点。

一、明用典之源

诗歌中用典，讲究"言必有据"，必须有出处与由来，决不可信口雌黄。综观中国古典诗歌的典故，大多数来自以下四个方面。

（1）典故来自先秦诸子著作。如陶渊明的《饮酒》尾联：

此中有真意，欲辨已忘言。

尾联写诗人被眼前的景物、哲理、情趣和谐统一的情境所陶醉，悟出返璞归真，任随自然的哲理。他感到很难用言语来形容，于是巧妙而风趣地用典"欲辨已忘言"作结。此典出《庄子·齐物论》："夫大道不称，大辩不言。"和《庄子·外物》："言者所以在意，得意而忘言。"

（2）典故来自历史典籍。诗人怀古、咏史之类的诗词，多从史书典籍中援引史实典故入诗。

例如，苏轼《念奴娇·赤壁怀古》里：故垒西边，人道是，三国周郎赤壁。此中"周郎"来自《三国志·吴志·周瑜传》，记载周瑜二十四岁就被任为建威中郎将，吴中皆称他周郎。赤壁因吴国都督周瑜火烧曹军得名，故称周郎赤壁。

（3）典故来自文学作品。如王昌龄的《芙蓉楼送辛渐》三、四句：

洛阳亲友如相问，一片冰心在玉壶。

末句"一片冰心在玉壶"用典来自鲍照的《白头吟》："直如朱丝绳，清如玉壶冰"。喻做人品格高洁，做官清白。

（4）典故来自神话寓言、民间传说，逸闻故事、民谣歌谣等。如李商隐的《马嵬》颈联：

此日六军同驻马，当时七夕笑牵牛。

尾句"七夕笑牵牛"用典，出自民间"牛郎织女"的故事。指天宝十年七月七日，唐玄宗和杨贵妃在长生殿相约世世为夫妇之时，曾对天上牛郎织女一年一度鹊桥相会加以取笑。可在马嵬坡，"六军同驻马"要求诛杀误国的杨贵妃时，唐玄宗竟然赐杨贵妃自缢！诗人别出新意，在诗中流露出唐玄宗背盟，没有保护好杨贵妃而听任"六军"摆布，致使爱情浪漫史以悲剧画上句号，留给后世扼惋。

二、知用典之处

（1）找出用典之处，需明诗歌用典的方法。

第一，明用典。即字面上下不相连属，意义不甚贯通，读者乍看便觉用典。明用典故的方法，就好比"煮米成饭"，虽然饭已不是米，但米粒犹存。如曹操的《短歌行》里：何以解忧，唯有杜康。

诗行里直接用"杜康"，典出中国古代传说：杜康是历史上第一个造酒的人。在诗里也作酒的代称。用"杜康"解忧，正咏出了忧深难解：因为酒只是使人暂时兴奋而忘忧！亦所谓"借酒消愁愁更愁"。诗人的"忧"，实质上是欲用短暂、宝贵的生命去建功立业和为完成大业而渴求贤才的强烈愿望！看古人的"忧"紧连着酒，而杯酒藏着远大的政治抱负，真是"煮酒论英雄"啊！

第二，暗用典。暗用典是假定读者通晓古籍，用不着指明出处、指明是谁的事迹。即将所要表达的意思，暗含在典故之中，以隐喻象征出之。好比"盐溶于水"，虽不见盐，但能觉得水有咸味。王勃的《滕王阁序》中"他日趋庭，叨陪鲤对；今兹捧袂，喜托龙门"，用的是孔鲤接受其父孔子教诲和"登龙门"的典故，但融化为自己的话，用得了无痕迹，让人浑然不觉。暗用典还有一种，正如用肉汤煮菜，把浮在汤上的油腻取去，使它净化，这样煮的菜有鲜味而无油腻。辛弃疾的"凭谁问：廉颇老矣，尚能饭否？"出典于《史记·廉颇蔺相如列传》，指的是廉颇被免职后，跑到魏国。赵王想再用他，派人去看他的身体情况，"廉颇之仇郭开多与使者金，令毁之。赵使者既见廉颇，颇为之一饭斗米，肉十斤，被甲上马，以示尚可用。赵王使还报王曰：'廉将军虽老，尚善饭；然与臣坐，顷之三遗矢（即屎）矣。'赵王以为老，遂不召。"其中"顷之三遗矢（即屎）矣"句用在词中不雅，所以只取"尚能饭否"，把这个典故净化了。这比水中着盐的用典显得更高明。

第三，化用典。有的诗人，精于构思，字面上气畅意通，无用典痕迹，实际上是经过加工改造，或改变原意，或另释新意。化用典故好比"用米酿酒"，米之形、米之味已不见而成佳酿，巷深醇香。化用到了和原文差别很大的地步，已经等于改写了。古代的，如《文心雕龙·情采》"言以文远"，《左传》的原文是"言之无文，行而不远"，但"文"和"远"的关系则是《左传》的原意，这仍算是用典，不过这已经是舍语取意了。

（2）明白诗歌用典的方法后，要找出诗词中的用典之处，还必须了解作者一般在什么情况下用典。写景抒情诗一般不用典，因为用典后容易造成隔膜，不便读者接受。诗人用典，主要是因为所抒发的感情比较复杂深厚，如对国家的、民族的、人生的、个人遭遇的种种感触。由于诗词的特点，字数的限制，不容你慢慢道来。这种复杂而深厚的情感，只能用简约的语言来表达。而典故正具备这一特点。还有一种情况，就是在特定的时代背景下，诗人有些话不便明说，只好用典加以影射。必须说明的是，没有明确的目的，想卖弄学识的，为用典而用典，是写不出好诗词来的。

（3）明确了诗人在什么情况下用典，对帮助我们找出用典之处十分重要。我们可以根据作者的写作规律来推测。在平时的阅读中，我们可以借助注释来了解。考试中，考虑到中学生阅读量的局限，所以用来测试的古代诗词用典不会多，即使有，也多出自学过的古代作品，实际上是用课外考课内，考查学生的知识迁移能力。所以熟读背诵教材中的古诗词文，极为重要。如果涉及的典故是学生未学过的，比较生疏，一般不会设题，设了题也会提供相关材料，或增加注解。

这里还有一个地方值得注意，说到典故，不得不说到成语，人们通常都将典故与成语连称。其实，典故与成语尽管有交叉之处，但毕竟是两个不同的概念。许多成语没有典故义，不是典故。有的典故固定为成语，也仅仅是它的某一表现形式。例如，"守株待兔"既是典故又是成语，但这一典故还有其他的表现形式，如"守株""株守""守兔"等，不过它们就不是成语了。成语是语言的固定组合，是从形式说的，而典故是就内容说的，它的语言表现形式非常灵活，往往不是固定的，有的融化在一句或两句中，有的甚至不是一句话，而只是简单的两个字。

三、晓用典之意

（1）要联系作者的境遇，也就是创作背景。比如辛弃疾《永遇乐·京口北固亭怀古》一词，是时，当权者意欲北伐，借用辛弃疾主战元老的招牌，起用闲置已久的他担任镇江知府，一方面，辛弃疾老而见用，渴望一展雄图；另一方面，对当权派的轻敌冒进，心怀隐忧。如果不了解他这时的处境，难以体会其用典中的无奈与深意。

（2）要结合上下文，结合诗文主旨分析典藏之意。例如，陆游《书愤》尾联写道："出师一表真名世，千载谁堪伯仲间。"这儿作者为什么要提到《出师表》，联系全诗对往事的追怀和报国宏愿，根据全诗"书愤"的主旨，我们可以体会到作者是以诸葛亮隐然自喻，这就使全诗那种怀才不遇报国无门的悲愤之情表达得更为深刻。

（3）诗人用典故，往往借古喻今，有寄托，这样才有意义，此为直接寄托。如果作者要正面说就直接引用故事杜甫的"出师未捷身先死，长使英雄泪满襟"（《蜀相》），这里写的不仅是孔明的丰功伟绩，更是诗人对自己壮志难酬、功业未就的感慨。"凭谁问：廉颇老矣，尚能饭否？"句中，辛弃疾借廉颇来表现对渴望征战疆场，以身报国的豪壮理想破灭之后，所产生的怀才不遇、壮志难酬的悲愤心情。廉颇老了尚有人记起，而自己连记起的人都没有了，其用典之意不言自明。

反其意而用之即反用故事。这在古诗词中也是常见的。王维"随意春芳歇，王孙自可留"（《山居秋暝》），用《楚辞·招隐士》"王孙游兮不归，春草生兮萋萋""王孙兮归来，山中兮不可留"，表明春草就随它的意衰败吧，王孙自可留在山中。这就是反其意而用之。李清照"云中谁寄锦书来"（《一剪梅·红藕香残玉簟秋》）中运用窦滔妻苏氏曾织锦为《回文璇玑图诗》寄给她的丈夫的故事，暗写在外的丈夫给自己写信，即盼望丈夫来信，表达了对丈夫的想念之情。这种反用故事的方法在古诗词中是常见的，鉴赏时应注意才是。

此外，还要注意用典中的两个变化：一是我们平时读诗时只注意用典和出处的相同之处，忽略了两者的相异之处，而两者都写得好，正是由于它们的相异之处，如果只看到它们的相同，而忽略了它们的相异，就看不到它们的好处了。另一个就是诗词中用典的好处不在于其有出处，而是超过它的出处，也即青出于蓝而胜于蓝。这些在古诗创作中的例子较多，且在中学阶段的学习中用得不多，这里不再赘述。

总之，想读懂诗文中的用典，除了了解用典的相关知识，更需要较为丰富的知识积累。同学们在学习的时候，要注意收集教材中的相关历史掌故，多背诵一些诗文，多去揣摩体会。相信厚积薄发，有了一定的知识储备，我们定会揭开用典的神秘面纱，让浩瀚如烟、异彩纷呈的诗歌文化瑰宝，永远留在一代代中国人的心中并发扬光大。

2013 年 6 月 20 日

教学催化剂

——激励机制对教师成长的促进作用

　　一所学校的成功，在于教师之水平；而教师之水平，又着重体现在其专业化程度上。教师所拥有的知识价值和对学校的奉献态度，将决定学校的最终定位，其中，教师的成长起决定性作用。广大一线教师纷纷反映工作量较大、安排特重、备课时间上课时间相对较紧、科研时间难以保证等问题，上述一系列问题不但会在客观上影响教学质量，还会使教师在主观上丧失积极性。因此，学校急需要搭建一个适应中学教师工作特点，能充分激发其创新动机，调动教师积极性的工作平台。这一平台的基石就是激励。学校若能制定有效的激励机制，对教师的成长必大有裨益。

　　学校原有的激励机制多以物质激励为主，形式比较单一，这种激励机制已逐渐成为阻碍教师发挥主动性、积极性和创造性的瓶颈。激励机制是任何学校或单位发展壮大，取得良好的社会效益或经济效益的源泉和动力。因此，当新一轮课改即将在我校推行之际，如何制定合理有效的激励机制，最大限度地激发教师的潜能，让教师们变主动为被动，积极投身于教育事业，不断完善和提高自身素质，促使自己迅速成长为合格甚至优秀的教师，成为当务之急。

　　为此，我们开展了激励机制对教师成长的调查活动，旨在了解目前教师对学校激励机制的看法，摸清学校激励机制存在的问题，从教师的需求出发，了解教师最渴望的激励机制。通过调查求得第一手原始资料，再对原始资料进行分析整理，从而对问题进行归因分析研究，寻求解决问题的路径，提出改进建议，为学校和教育行政部门制定各种激励机制提供参考。

　　本次调查从学校和教师的区域及层次的代表性以及调查者本身工作的职责考虑，调查的范围拟定为屏山县的高完中，由于屏山县仅有屏山中学一所独立高中，因此将屏山中学作为首选的学校进行问卷调查。调查对象为屏山中学的103名一线教师。其中，参加工作1—5年的教师为27人，占28.1%；参加工作

6—10 年的教师为 11 人，占 11.2%；参加工作 11—15 年的教师为 14 人，占 14.8%；参加工作 16 年以上的教师为 44 人，占 45.9%；其中，特级教师 1 人，高级教师 23 人，省市优秀、骨干教师 12 人，市县拔尖人才 6 人，有研究生学历的 6 人，一线教师学历为本科的高达 99%，教师群体类别比达到科学调查要求的基本规范，样本信度比较可靠。

通过调查，我们可以看出教师们能较全面地认识自己，也非常明确自己的需求，但因年龄的差异，教师们的需求还是表现为很大的不同，青年教师对优先晋职和提干比较感兴趣；而老年教师更多的是关注物质和荣誉。不管怎样，每一位教师都渴望得到表扬、鼓励、奖励，这是毋庸置疑的。

广大教师都认为自己的社会地位处于弱势，属于比较压抑的群体，尤其是近年来由于受一些社会风气的影响，出现学生、家长无理攻击教师，事后却不了了之，教师们的合法权益得不到保障，教师们深切地感受到自己的社会地位并不是说的那么高。许多教师都不愿自己的子女从事教师职业，原来引以为豪的教师世家不再风光无限，反而成了无能的表现。因此我们相信教师们的选择是教师们内心真实的体现，可信度较高。另外，教师们普遍认为"社会对自己的认可、家长对自己的好评一定会激励自己更加勤奋工作"反映出他们内心的渴求，希望获得来自社会的、家长和学生的赞扬，从而在精神上获得一种满足，并转化为动力，激励自己更加勤奋工作。对于调查表第三个问题，几乎所有的教师一致认同，教师个人的性格和人生目标会影响他的成长，认同率高达 96%，作为教育工作者，教师们正在从事塑造人的性格，培养人的人生目标的工作，试想，如果教师们都有意识的向自己的学生灌输教师社会地位不高，工作辛苦等思想，有谁还愿意从事教育工作，有谁还会把当教师作为自己的人生目标呢？虽然上述 3 个问题与学校的内部激励机制无直接联系，但若在制定学校的激励机制时能将这些因素考虑进去，必将更有利于教师的成长。

虽然屏山中学已制定许多规范的激励机制，但这些机制和教师的需求还存在差距，机制本身还有不完善的地方，使得许多教师并不是很满意，其积极性还没有完全挖掘出来。

通过观察和案例解析，91% 的教师反对平均分配主义。这是因为，学校在使用物质激励的过程中，为了避免矛盾，最后往往演变成为"大锅饭"："干多干少一个样，干好干坏没区别"。这种平均主义的分配方法，不但耗费较多，而且抹杀了教师的积极性，因为平均就等于无激励了，这种低效的物质激励还占用了学校本就紧张的经费，在一定程度上贻误了学校改革发展的契机。

综上所述，原有的激励机制已经不能满足在新一轮基础教育课程改革环境中正确引导教师发挥积极性、主动性、创造性的要求，改进教师激励机制已成燃眉之急！

在前面一系列的调查研究工作基础上，我校从 2005 年起，针对找出的问题，着重从精神、物质、工作环境等角度考虑，制定或修订了一些激励制度。

主要是在学校宏观调控下，推行年级组长负责制，充分发挥年级自主优势，最大限度地挖掘潜能，调动广大教工的积极性。正因为如此，近两年来，我校在各方面的工作才步入一个更新的阶段，全校教工工作热情高涨，大家比的是奉献、工作业绩，尤其是近两年的高考成绩，特别是 2006 年全国高考中我校本科上线 108 人，连续获全市进出口对比优生提高率宜宾市第一名，刘年华同学继省状元杨良松之后，再获高考宜宾市文科状元！如今，在市、县领导和教育主管部门的指导下，屏中的教育业绩日新月异！

教师是教学过程中最能动的因素，其主动性、积极性是否能得到充分发挥，直接关系到教育教学的成败，因此，如何对教师实施正确的激励与约束，也是永恒的话题。通过对我校的部分教师做了深入地了解和调查，以及我们在研究中发现，学校对教师的激励机制，应该注意以下 7 点。

1. 激励机制要人性化

教师的成长需要制度规范，需要宽松的氛围和主动引领，更需要激励。只有建立富有人性化的成长激励和保障机制，才能真正有效促进教师的成长。比如教师的专业成长，不能领导说了算，需要倾听广大教师的想法和建议。

2. 激励不等同于奖励

目前，很多人认为激励就是奖励，在设计激励机制时，只考虑正面的奖励，而轻视或完全不考虑约束和惩罚措施，有些虽然也制定了约束和惩罚措施，但由于没有坚决地执行而流于形式，结果难于达到预期的目的。激励不等于奖励，管理激励应包括激励与约束两层含义，奖励和惩罚是两种最基本的激励措施，是对立统一的。

3. 同样的激励不能用于任何人、任何场合

许多学校在实施激励措施时，并没对教师的需求进行认真分析，"一刀切"地对所有人采用同样的激励手段，结果适得其反。对不同的个体应具体分析，采取不同的激励措施。

4. 激励不要可望而不可及

若对高三年级的教师们说："如果今年高考本科上线率能达 70%，则每人奖励 5000 元。"这本是一个非常不错的激励，然而该校高考参考人数一般是 280

人左右，本科上线人数的历史最高水平是 108 人，比率为 38.57% 一下子要突破这么多的业绩，简直是比登天还难，像这种不求实际的激励，自然会让大家对这个目标失去信心。

如果把预定的目标放在一个比较合理的方位，使激励措施像块放在口中的饼，它并不一定要大，只要你愿意，一定可以吃到它。

5. 激励制度不一定就能达到激励效果

有的学校发现，建立起激励制度后，教师不但没有受到激励，努力水平反而下降了。例如，我县某校推出"年终奖"的计划，本意是希望调动教师的工作积极性，但却没有辅以科学的评估标准，最终导致实施过程中的"平均主义"，大大打击了贡献大的教师的积极性。常言道：竹本无心，节外偏生枝叶。奖金本来是激励因素，可是在实现过程中出现了偏差，从而抑制了教师的努力。

6. 激励时要把握时效

古人云："打铁要趁热。"激励也一样，当教师们表现好的时候，就要立即表扬，否则会使激励措施大打折扣从而变得毫无意义。例如，有教师 B，昨晚因为配合临时的紧急任务，不但通宵达旦地加了一个晚上的班，而且第二天早上仍打起精神硬撑下去，终于把任务赶出来。这种敬业精神理所当然地值得表扬，但是学校却整整拖了两个多月，才对这种行为加以表扬。试想，这种激励的效果会怎么样？不言而喻，因为在这两个多月的时间里，会让其他教师怀疑，像 B 这样的教师为学校拼命，他得到了什么？这样做到底有多大的价值？一旦有了这样的想法后，他们的积极性还能高吗？虽然两个多月后学校有了表示，但这种非"及时雨"式的奖励，只会让教师觉得学校的诚意不够，对于消除教师已经先入为主的疑惑，恐怕效用不大。

7. 激励要求公正而非公平

公正首先强调秩序上的公正，对教师的奖惩要"有理可依""有据可查"，不搞"无中生有"；其次公正还强调制度面前人人平等，它的立足点是制度管人，而不是人管人；再次公正还强调以事实说话，让数字说话，注意精确、有效。公正是对一个领导个人品格的一种严峻考验，它必须要求领导者品行端正。激励的设计，也要掌握这个原则，才会取得教师对这种措施的信赖，其效果才能充分地发挥。

8. 注重教师的自我激励

教师的自我激励，从本质上讲，体现在教师要求不断地自我创见，自我发展，进而在自主的基础上自愿、自发，从而实现教师的自我奉献精神。奉献精神，无论是物质激励还是精神激励，都是外部因素，而外因只有通过内因才能发挥作用，因此，作为教师，应该有主人翁责任感和奉献精神。而作为一名真正意义上的领导者，更应该以身作则，用言行去影响和带动教师，使教师自发地做事情，这才是管理的最高境界。

如何调整一所学校的激励机制促进教师的成长，通过研究、试点推广，我们总结出以下一些经验。

（一）激发深刻的忧患意识

谋求学校的生存与发展是战略管理的重要动力，要谋求学校的生存与发展，首先必须激发师生及员工的忧患意识，学校要利用一切机会，激发师生员工深刻的忧患意识。从深层次上调动师生员工的积极性。学校要从宏观上进行战略分析，即对学校所处的环境（机遇与挑战）、拥有的资源（优势与劣势）进行分析，在此基础上选择适合学校的最优战略，并让师生员工参与或了解学校的战略分析以激起师生员工的忧患意识，例如，面临来自外部的挑战（迁建新校址后与同区的学校办学水平的比较）时，学校师生员工往往能积极应战；或者在遭到来自外界的破坏时，尤其是当教职工遭受到物质与精神上的损失时，通常也能激发师生员工的积极性，同甘共苦，共渡难关。可以说，以忧患意识激励师生员工，正是新课改环境下激励机制的独到之处。

（二）注重恰当的精神激励

人的欲望是无止境的，古人云："欲壑难填"正是此意。根据马斯洛需求理论，当人们的基本需求得到满足以后，内在的需求将处于主导地位，有的追求物质享受，有的如饥似渴地想获得知识，等等。因此，要善于发现教师需要什么并采取相应的激励措施。外在的物质激励往往只在短期内有效，作为领导要做的是创造一个让教师对他们工作负责，对上级负责，对学校负责的环境，这确实是一个严峻的挑战，随着物质需求的不断满足，另一种更高的需求就会出现，转而支配意识生活，并成为行为组织的中心，而那些已满足的需求便不再是积极的推动力了。这时，人们会减弱对物质的需求，而社会的、自我表现的精神需求就日益重要。

（三）实施适当的物质激励

在所有的激励中，物质激励的诱惑力最大，也能达到既定的目的。因为每个人都希望他（她）的家庭能过着丰衣足食的日子，而要达到这要求，当然就需要以物质作保障了，除非他（她）的家里，原本就很富裕，否则，他（她）一定要有相当的收入，才能达到丰衣足食的目标。经抽样调查，教师的待遇除了十分低之外，还有10%左右的差距收入，即10%左右的工资被扣除，很多教师都希望用增加收入来弥补这方面的不足。为此在实施激励时一定要充分地考虑个人的因素。例如，教师 A 表现非常好，学校决定对他好好地激励，给他两种选择。

（1）让他到九寨沟去旅游。

（2）奖励他人民币 4000 元。

两者比较，只看经济价值，前者显然比后者好，可是再把教师 A 的一些条件指出之后，你会做出什么选择呢？

教师 A：已婚，有两个年近花甲且体弱多病的老人要照顾和一个未成年的孩子要抚育，租房，个人收入：1235 元/月，加上各种奖金等也不过 1400 元/月。

对 A 来说，后者显然要好些，因此在实施激励时要充分考虑个人因素，替他规划一个最佳，而不一定是最好的激励措施，其效果也应该是更实际、更显著的。

（四）构建公平的操作系统

激励机制，首先，应体现公平的原则，要在广泛征求教师意见的基础上出台一套课改环境中大多数人认可的制度，并且把这个制度公布出来，在激励中严格按制度执行并长期坚持；其次，要和考核制度结合起来，这样才能在课改环境中激发教师的竞争意识，使这种外部的推动力量转化成一种自我努力工作的动力，充分发挥教师的潜能；最后，是在制订制度时要体现科学性，也就是做到工作细化，学校必须系统地分析、搜集与激励有关的信息，全面了解教师的需求和工作质量的好坏，根据课改要求制定出相应的公平的操作系统。

（五）营造和谐的群体环境

知识经济时代的知识人具有强烈的自尊自主意识，最向往的是个性的舒展。自尊更是中学教师的天然属性，其受尊重的欲望比普通人强烈得多，这与他们受教育程度和职业特点有关。但是要满足尊重需求，首先必须具备一个和谐的群体环境条件。中学教师的劳动尽管相对小学而言独立性较强，但其大部分时间同样是在学术或学科群体中度过的，在课改环境中尤其需要保证教科研的共同研讨时间。根据动力场理论，人的心理和行为决定于内在的需要和周围环境的相互作用，人的行为是人的内在需求和周围环境相互作用的函数，是一种力场作用的关系。如果在工作群体中既有相互支持、体谅、尊重的同事与合作者，能进行充分地知识交流和知识共享，产生强烈的社会助长效应和强大的群体内聚力，又有能理解、同情、关心、鼓励自己的学校领导者，营造"大视野观、大发展观、大人才观、大团结观"的温馨坦诚舒适的团结协同氛围，那么，这种具有和谐人际关系的群体环境本身就会成为对中学教师的无形的激励，使包括学校领导和广大一线教师在内的整个教科研系统成为中学教师生产自尊、生产自豪、生产温暖的工厂。

（六）设置科学的报酬体系

不可否认，报酬水平是各中学延揽人才、挽留人才的有力手段，也是促进教师努力工作的重要动因。而且在商品经济条件下，对于中学教师而言，报酬的多少已经在一定程度上上升为精神层次的需要，成为衡量自我价值的重要尺度和坐标。它是教师地位的标志、自尊的依据和安全的保障，诠释着中学教师在社会上的成就、地位和价值，因为贡献、表现和结果是决定教师报酬的根本因素。因此，学校领导应充分从教师的成就欲和个体成长角度出发，设计一套反应迅速、合理有效、变化灵活、方式多样的柔性报酬系统。柔性报酬系统可以和目标的设定紧密地结合，即在降低基本工作量的同时保证基本工资，且使得基本目标容易达成。在完成强制性目标的基础上，加大超额完成任务的奖励力度，实行薪酬的弹性化，使得获得收益变成一种对自己超额劳动后的充分肯定与奖励，这样会有利于教师积极性的提高。如此，超额完成课改环境中的教学、科研工作将成为现实！

（七）倡导多维的交流沟通

学校领导要注重与教师的情感交流，使教师在学校的工作中真正得到心理的满足。基础教育课程改革需要教师成为"共享资源"，而教师也希望不断地与他们的领导交流沟通，乐于与其他的教师打交道，希望自己的贡献能被认可。学校可以通过教工之家、研讨会、座谈会等形式为教师提供交流与沟通的平台。基础教育课程改革要求教师成为研究者、创造者，而教师也渴望能够在工作中充分地展示他们的才华，发挥其聪明才智，这就意味着学校管理者要适时改变角色，不是告诉教师应该做什么，去做什么，而是应在教师"迷途"时以多维的交流沟通方式给予支持和帮助。

（八）弘扬先进的教学文化

学校的教学文化是教师激励机制中的一个重要方面，只有当学校先进的教学文化能够真正融入每位教师个人的价值观时，他们才能把学校的目标当成自己的奋斗目标。为此，应重建一个教师认可的，以全面实施素质教育为内容，以基础教育课程改革为主线，以落实新课程标准为目标的教学文化，用符合基础教育课程改革目标的教学文化来管理，使之为教师充分发挥积极性、主动性、创造性提供动力，成为实现学校长远发展的新的增长点。

综上所述，学校一定要重视对教师激励机制的改进，根据实际情况，综合运用多种激励理论，把激励的手段和目的结合起来，改变思维模式，真正建立起适应学校特色、时代特点和教师需求的开放的激励体系，从而使他们的积极性、主动性、创造性得到充分的发挥。

结束语：教师成长目标必须切合实际，不能好高骛远、急功近利，学校要据实情制定科学、合理、简便的激励机制，充分发挥教师的积极性、主动性和创造性，为教师们提供展示的平台，让他们尽情挥洒表现。

参考文献：

中国大百科全书总编辑委员会，《心理学》编辑委员会. 中国大百科全书 [M]. 北京：中国大百科全书出版社，1991.

刘志远，林云. 现代企业激励机制 [M]. 上海：上海人民出版社，1997.

孙立春. 新课程改革实用导读 [M]. 济南：山东教育出版社，2003.

袁振国. 当代教育学 [M]. 北京：教育科学出版社，2004.

2006 年 11 月 26 日

教师课堂口头评语浅议

内容提要：随着课程改革的深入，教师的课堂口头评价语显得更加重要。然而，实际操作中依然存在着部分教师的口头评价语简单、死板，不能顺应新课改理念。此文拟就教师在新课程背景下的课堂口语评价提出自己的看法。

关键词：课堂口头评语　准确具体　生动有趣　洋溢真情

新课程已经实实在在地走进课堂，进入我们的教学活动之中，尽管我们还不适应，但是必须认认真真地落实。其中教师的教学观念是否更新，教学角色是否转变，最直接的体现就在教师的课堂口头语言评价上。

然而，在实际操作中，依然有部分教师课堂口语评价简单、粗暴、死板，导致学生不自信、课堂气氛沉闷，影响学生主体作用发挥，和谐课堂气氛创设，"自主、合作、探究"学习方式的开展。那么，如何较好地改进新课程背景下的课堂口语评价，让课堂焕发出浓浓的人文气息呢？多年的语文教学经历让我一直在思考，我觉得教师在新课程改革背景下的课堂口语评价应该做到以下几点。

一、准确具体

"个性"这个词在今天被越来越多的人提起，教师对学生的评价语言若能做到因人而异，具有针对性、准确而又具体，那一定能给学生以提醒或纠正。如在学生读课文后教师根据学生的表现做出相应的评价："你读得很正确，如声音再响亮一点点就更好了。""老师、同学又没追你，你干吗读得那么快？你要注意呀！""读得真好听，老师要感谢你的爸爸妈妈给了你一副好嗓子，不过要有表情就更加能传情达意了，不信，你试一试！""读课文应大大方方，别缩头缩脑呀！""这个字念得不够好，跟老师再念一遍。"学生就能在老师一次次客观的评价语言中，做到符合朗读的基本要求："快慢适度、富有节奏、态度大方、语言流畅。我们的学生个个都是生动活泼、富有个性的，我们的教师不应该有概念性的学生。评价不只是进行鉴别、选拔，评价更重要的是为了促进被评价者的发展"，因此，我们的课堂口头评语必须是因人而异、准确具体，体现出个性特点。

二、生动有趣

学生是学习和发展的主体，兴趣是最好的老师，引导学生在实践中学会学习，学生"好之，才会乐之"。教师的课堂评价语如果生动有趣，学生就会乐意接受。在课堂教学中，老师那生动、灵活、有趣的评价语可以使学生犹如坐春风、沐春雨，欣喜不已，课堂内总是勃勃有生机。读完课文后，老师的评价语要富有表现力和感召力。如果你可以附上"读得真不错！""这个句子你读得真好呀，请你再读一遍，大家仔细听听！""老师都被你读得感动了！""你读得比老师还要棒！""到目前为止你是念得最出色的一个！""老师觉得，你长大肯定能当一个播音员！"……如此生动、亲切！明朗的语言，学生听后怎么能不被深深地打动？怎么会不大受激励呢？学生们跃跃欲试，一个个教学的高潮正是如此形成的。可以说，生动有趣的评价语最大程度地调动了学生学习的主动性、积极性，活跃了课堂的气氛。

三、满载激励

在听课的过程中，我经常听到从教师的嘴里出现这样的语言："你耳朵带来了吗？""你没长脑袋？"略显"文明"一点的，"哦，你像乌龟一样终于前进了几步！"这是对学生学习兴趣的无情打击和抹杀。教师应平等地参与到学生的学习过程当中，不再是知识的传授者、管理者、训导者，而是学生发展的促进者和引导者。因此，教师应当弯下腰来，用自己的爱心去贴近学生的心灵，聆听学生心灵深处的声音，学会宽容。课堂上应当充盈着这样承载激励性的评价语，如"哦，你不会没关系，认真学就会了！""这节课你真行，老师真为你高兴！"又如，"这个问题你需要帮忙吗？""别着急，你想好了再说好吗？"再如，"今天女同学表现得比较好！""李红听得最认真，大家要向她学习！"根据马斯洛的需要层次理论，不管是大人还是小孩，都有被尊重的需要。学习不自觉的学生听到这些委婉的提醒，都愿意接受并朝好的方面努力。这样的评价少了讥讽，多了鼓励和关爱，学生学得轻松，学得主动，真正成了学习的主人。

四、洋溢真情

苏联教育家苏霍姆林斯基在《给教师的建议》中提出："我坚定地相信，诱使儿童自觉地、刻苦地从事脑力劳动一种最有效、最有力的刺激，就是赋予他的脑力劳动以人情味儿……"作为学生，他们在课堂上的回答不可能每次都完全正确，这时，部分老师便以"错了！请坐。""不对！谁来？"这些语言来否定学生的回答，并期盼其他学生的正确回答，那是不可取的，既打击了学生参与的积极性，又伤害了学生的自尊心。当学生回答出错的时候，老师则可以用自己洋溢真情的语言巧妙地纠正。鼓励学生回答，要注意情绪导向，做到引而不发。例如，有个学生给"姆"组词时说："养母"的"母"。学生哗然。可有一位老师微笑着示意学生安静下来："你们别急，他没说错只是没说完！"接着又转向那位学生，"你说得对，是'养母'的'母'……"学生在老师的点拨下醒悟了，连忙说："是'养母'的母加上一个女字旁，就是'保姆'的'姆'了。"在教师不动声色、巧妙地引导下避免了学生出洋相，又给予学生正确的引导。

其实在准确具体、生动有趣、满载激励、洋溢真情中，我最欣赏老师洋溢真情的课堂评语，因为情感因素在教育教学中占有举足轻重的地位。奥苏伯尔曾经告诉我们，情感因素影响学习动机。他指出：对于身心尚未成熟，缺乏自立能力的学生来说，教师的情感力量产生强烈的吸引力和驱动力，激起学生强烈的学习兴趣和愿望，去克服一个个困难，获得学习的成功。这些年的教学生活中我发现有些教师的课堂评语实在叫人难以接受，那种"请坐""很好""好"等标签式的口头评语，似乎有点"放之四海而皆准"的味道，不管哪位同学都可以用。老师没有一点真情洋溢，怎能激发起学生听课学习的欲望。教师的课堂评语对学生是激发还是扼杀，全在我们评价者（尤其是教师）的一念之间。"感人心者，莫先乎情。"笔者认为，评价者应该"经常为学生的学习生活注入'兴奋剂'"。评价语中含情，评价语下传情，以殷殷真情去评价一个个学生，去呼唤一颗颗心灵。苏霍姆林斯基也说过："如果你想到使儿童愿意学……要让儿童看见和体验他在学习上的成就，不要让儿童由于功课落后而感到一种没有出路的忧伤，感到自己好像低人一等。"因此，老师在课堂评语的内容上一定要做到"情真"，对学生的回答给予实事求是的评价，把学生答案中精彩部分归纳出来，予以肯定，让他/她品尝成功的喜悦，让他/她自己感到我真行，我也能做得好。课堂是学生学习的主阵地，所以，教师应该让自己语言富有人情味，具有感染力，紧扣住学生的心扉，让真情在这里流动。

一个教师说话水平的高低、口语能力的强弱，直接关系到教育教学工作的成败优劣，也对学生素质的提高产生潜移默化的影响。课堂口头评价语言的确不应拘于一种形式，它应因人而异，因时而异，因课而异，教师应全身心投入，创造性地对学生进行评价。在一次次的惊喜中，学生也会全身心投入。其实教师身上有一种内隐的魔力能让学生积极主动地参与到课堂教学活动中来。

教师课堂上充满魅力的语言虽产生于即兴，却根植于老师深厚的教学功底、良好的口语素养和正确的教育理念。教师那准确具体、生动有趣、满载激励、洋溢真情的语言是在长期的教育、教学实践中逐渐形成起来的，而不是刻意营造的结果。我们应不断学习，不断思索，让真情的语言创造出我们教学中的更多的真情空间。

高中语文课堂结构的优化策略

摘　要：随着高中语文在新课改实践的进展，课改实践关注于我们的课堂教学实效，而传统语文教学越来越不适应课改要求，由此，为适应新课改的发展要求，提出了优化高中语文课堂结构的策略或建议。

关键词：新课改　高中　语文课堂　结构　优化　策略

一、新课改下的语文课程性质及课程目标优化

新课程改革，对于语文课程性质的定位是工具性和人文性的统一，这一基本特点，体现了我们国家课程改革的精神，反映了当今世界"科学主义"与"人文主义"两种教育思潮渐渐靠拢的大势，表达了社会各界对语文教育的共同愿望。语文课程性质的定位由唯"工具论"到"工具—人文统一论"是新课程改革的一项重大突破。

新课改课程目标的优化提出"知识与能力、过程与方法、情感态度价值观"的三维目标。新课改将"全面提高学生的语文素养"确立为语文课程的"己任"，系统地从知识和能力、过程和方法、情感态度和价值观三个维度设计课程目标。这样的课程目标在于进一步开发语文教育实用之外的功能，重视语文课程实施过程中增强底蕴、提高修养的功夫。而我国基础教育课程改革倡导的目标之一是改变课程过于注重知识传授的倾向，强调形成积极主动的学习态度，使获得基础知识与基本技能的过程同时成为学会学习和形成正确价值观的过程。

随着新课程的深入，提高语文课堂教学效率，激发和引导学生自主探究与思考，实现语文课堂教学最优化，是语文教师在改革与探索中所追求的目标。然而，在实际教学过程中，我们遇到了些问题。

二、新课程语文课堂教学中出现的主要问题

教学是一门带缺憾的艺术，任何一堂课，都存在值得商榷的地方。新课程实施以来，中学语文课堂发生了许多可喜的转变，但也出现了不少问题。传统的语文课堂教学结构，立足于教师的教，是为教师"好教"而设计的，往往陷入一厢情愿的"填鸭式""注入式"窠臼。以学生自主发展为本的课文课堂教学结构，必须立足于为学生的"好学"而设计。

归结起来，语文课堂教学中存在的问题集中体现在三个方面：首先，教师对语文课程的性质理解的不准确，导致课堂教学目标的错位；其次，教师对语文课程新理念理解的偏失，导致教学方法选择与运用不当；再次，教师受应试教育惯性的影响，导致课堂教学固守传统，没有发生本质的变化。

当一节课、一篇课文的教学目标确立之后，教学策略的选择和实施就成为课堂教学质量的关键。因此，语文教师要掌握有效的理念，进行有效的课堂教学，以使得语文课的课程计划、课程标准和课程目标真正落到实处，使学生得到应有的发展，就必须注重优化语文课堂结构。

三、优化课堂结构的策略

一篇文章，一首歌，一台晚会，都应讲究结构；一堂课，特别是新课改更应注重研究其结构。我们知道，课堂结构是一个相对完整的系统，而课堂结构优化就是一个系统工程，如课堂内容的优化、课堂环节的优化、课堂教学方法的优化、教学技术的优化、学生活动的优化、练习设计的优化，等等。而每一个子系统又可以划分得更细，我们还可以进一步把课堂环节划分为预习、导入、整体阅读、讨论训练、总结等步骤。巴班斯基认为，优化教学主要是优化教法，而教学活动主要是组织、刺激、检查三方面。

经过多年教学，笔者认为最好进行两次备课，即集体备课后，教师还更应根据自己学生实情进行第二次备课，课堂分为两个大的组成部分，即讨论讲解和练习巩固，二者总体各占二十分钟，即我校提倡并推广的"三个2课堂"结构模式。具体而言，可以将课堂分成人们常说的"凤头、驼峰、豹尾"三部曲。

（一）精心描画"凤头"之美

所谓"凤头"，指上课开始的十分钟时间。教师的"教"要新颖、别致、漂亮，引导学生形成一种愉悦、充满信心、跃跃欲试的情绪，为师生共同突破重难点做好感情上的准备。一堂新课一定有新任务，完成这一新任务，作为学生是有一定困难的，是信心百倍地去克服困难，圆满完成学习任务，还是怠慢、厌烦、忧苦地对待学习任务，势必关系到能否突破重难点。那么，怎样让课堂前十分钟形成"凤头"呢？笔者认为可从以下几点入手。

（1）新颖的开场白。导入新课时可注重如何引起学生的愉悦和兴趣，可采用学生齐（独）唱或教师唱适合教学内容的歌曲、可像"真假猴王"、可像"空中来客"、可像"绘画绣花"、可像"峭壁飞栈"、可像"明眸巧目"等形式。

（2）亲切自然的教态。师者不能带着不好的情绪走进教室，应"笑态可掬"，应"大肚能容"，应"机智灵活"。师者的情绪自然影响学生的情绪，影响学习兴趣，影响教学效果。

（3）丰富多彩的现代教学手段。借用视频、图片、音响导入课文能激发兴趣，节省时间，提高效率。

（4）灵活多变的形式。不管选用哪种形式开头，都必须灵活多变，切忌拘泥、单一、呆滞。一只美丽的凤头，如果把它变成泥塑，置于你的案头，久而久之，就再也不能引起你的注意了。语文教材是一个美的世界。它充满了美，美的山河、美的故事、美的形象、美的思想、美的品德、美的情操、美的意境、美的语言、美的形式……教师在备课时，应深入钻研，细心品味，发掘出教材大量美的潜因来。教学时，应引导学生心神"入境"，让学生受其感染，被其熏陶，得其净化，获其美感，达到"励志移情""以美润心育人"的最佳教学情境。

导入的作用就在于集中学生的注意力，激发学生的学习动机，为学生学好新知创造良好的氛围，让学生一进入课堂就有浓厚的学习兴趣，积极的求知热情和对新知的好奇心。

（二）全力打造"驼峰"之"险"

所谓"驼峰"，指一堂课中间二十分钟。意即一堂课中要有高潮迭起之态，要有"钱塘春潮"之势，还要有"万马战犹酣"之场景，更要有"朗朗珠峰"之险。如果没有这样的高潮，重难点就很难突破，课堂气氛就会死气沉沉、疲疲沓沓，不但影响本堂课教学，还会影响下次课学习的兴趣。古语说得好，"文似看山不喜平"，"平"易生厌。怎样避免平淡，形成"驼峰"似的高潮呢？笔者认为可以从以下三方面努力。

（1）激发智慧，一刻破隘夺关。可以选用学生饶有兴趣而又疑惑不解的问题作为"关隘"，师者引而不发，让学生运用知识去理解、想象、联想、比较、归纳、演绎，独立钻研，概括阐释，以达到自主解决问题的目的，接着进行讨论，交流解决问题的方法和答案。师者然后以平等的身份，和学生探讨最合适的答案，重点介绍分析的思路，以供参考，不必强求学生接受。应该注意的是，"关隘"的选择尽量做到"三点一致"，即"重难点""疑惑点""兴趣点"一致。

孔子曰："不愤不启，不悱不发。"就是说，只有当学生进入积极思维状态时，教师的适时启发，才能帮助学生打开思维的门扉。如咏怀诗是古代诗歌的一个重要题材，在人教版第三册诗歌单元中就收入了杜甫的《咏怀古迹》一诗，教师在教授这篇课文时，可以让学生把已学过的咏怀诗的思想内涵进行归纳，迁移到所有咏怀诗中，使学生对此类题材的诗歌思想内容有更深刻的认识，并能把相关知识运用到解答古代诗词鉴赏的试题之中，不仅达到了由"教"到"不教"的自然过渡，而且使学生对古典诗歌鉴赏的领悟能力得到大大提高。

（2）愉悦开心，一刻笑赚城门。孔子曰："知之者不如好之者，好之者不如乐知者"。如果遇到"讲其所必讲的内容"，师者可以引出一个与问题有关的故事，师生共同编讲伸发，乍看似乎与课堂教学无关，当学生听得或讲得饶有兴趣，喜笑颜开，前仰后合，忘乎所以的时候，师者引导学生"蓦然回首"，轻快地发现"那人却在灯火阑珊处"，正把"青梅嗅"。这样赚开城门，找到"真主"，就会茅塞顿开而兴致盎然，乐在其中。例如，在《烛之武退秦师》一课前，放一小段媒婆智退一婚约的视频，在笑后引导学生欣赏中心人物烛之武的说辞，要求学生在文题"退秦师"之前加一个状语，以体现自己对教材的把握程度。学生思维十分活跃，结合前面的视频，有的说"智退秦师"，有的说"巧妙退秦师"，有的说"巧辞退秦师"……答案丰富多彩，撞击出思维的火花。

（3）踊跃抢答，一刻合力围猎。师者根据教学难点，以问题为导向，巧妙设计有启发性的几道题，鼓励学生抢答，配之以适当的奖励，既可以突破难点，又可以形成课堂教学的高潮，极大地调动学生迎难而上的、通力合围的积极性，同时也有利于活跃和锻炼学生的思维，培养他们学习语文的兴趣，从而促进语文教学上的"良性循环"。例如，在《荆轲刺秦王》"易水诀别"一节的教学中，笔者只设计了两个大问题：太子及宾客为什么"皆白衣冠以送之"？为什么先"为变徵之声"再"为慷慨羽声"？作者是怎样描写易水诀别这一场面的？学生很好地体味了课文在刻画人物性格方面采用的突出重点与侧面烘托相结合的写作技巧，不仅在情节上加深了理解，而且对如何塑造人物也有了深刻体会和认识。

可见，就提问而言，教师要切合学生的实际，精于设计课堂提问，教师的问要问得有价值、有广度、有深度，要有引起大多数学生思维的动力，回答的愿望。教师的问，不宜问尽，有的问题应留给学生，让他们自己去想，去问，哪怕是极细小的闪光点，也应及时肯定和鼓励，让学生乐于思考，乐于质疑。

（三）充分展示"豹尾"之力

所谓"豹尾"，指一堂课结尾十分钟。结尾应有力度、深度、清晰度，同时应为下次课"拖"出矛盾，设置悬念，蓄成一定的态势。要做到有力度，也就是说要让学生对本节课学到的知识、方法进行小结，获得让人刻骨铭心的印象；要做到有深度，也就是说小结的开阔性要强，要富有理论性，小结时要站得高，角度要新，分析要透彻精辟；要做到有清晰度，也就是说小结时当明确的必须明确，不能大跨度明确的，可做限定性明确。要给学生以尺子，即使你的尺子不是百分之百的准确，有这个尺子和完全没有尺子的模棱两可相比，有尺子对学生来说还是有益得多。我们在给学生小结时，可以说明这个小结是一家之言，但又是有用的一家之言。"不给学生一把尺子，学生就会感到没有学到什么，就无所适从，就不能形成迁移能力。"当然，小结之后，可以留下一两点疑问，让学生听"下回分解"，这也是课堂结构的重要一环，师者只要做有心人，精心设计，就会取得意想不到的效果。

著名教育家叶圣陶先生说："知识是教不尽的，语文教材无非是个例子，凭这个例子要使学生能够举一反三。"所以，小练习要贯穿在整个教学过程中，温故知新，举一反三。课堂练习是教学的一个重要组成部分，是学生掌握知识、形成技能的重要途径。课堂练习不但起着巩固知识的作用，更重要的是通过练习来启迪学生的思维，培养学生的能力，发展学生的智力。在课堂练习安排上，既要重视旧知的巩固，又要强调思维的拓展，在重视设计好基本题、变式题的基础上，注意设计思考题，使学生能举一反三，融会贯通，形成创新的技能。《礼记》明示：博学之，审问之，慎思之，明辨之，笃行之。著名教育家吕叔湘也曾经指出："语文教学一半是科学，一半是艺术。成功的教师之所以成功，是因为注重课堂结构，把课教活了。"

总之，课堂结构是为教学内容服务的，教学内容是丰富多彩的，课堂结构也应是多彩多姿的。笔者认为：从宏观上着眼、微观上入手，优化课堂结构，提高语文课堂效率，才能从根本上走出语文教学疲于赶进度、苦于应付考试而且效率低下的困境，从而全面提高教学质量。

高中科技说明文阅读之我见

许多同学做科技说明文阅读题的准确率非常低，常为此着急。其实，只要能够明确大纲要求，把握科技说明文的命题特点，运用有效的解题方法和步骤，有针对性地适量训练，在短期内是能够收到明显的效果的。

2006 年《高考语文大纲》要求：能阅读一般自然科学类文章。在高考试卷中，一般自然科学类文章的选材，往往是反映某一领域最新研究动态和成果的文章，是人们在学习深入一定阶段时必然要接触到的知识，选这种材料的目的是为了检测考生阅读文章的理解能力、筛选信息的能力和综合分析以及判断的能力，这些内容在升学考试中具有较高的效度和区分度。

一、高中科技说明文阅读的特点

1. 科技说明文考查内容的新颖性

新科技、新发明的内涵，新发明的依据，新科技新发明的特点，人们对新发明的评价，新科技、新发明的操作程序、有关的设备、人员，新科技、新发明的意义及应用等，都成为考查的热点。

2. 科技说明文设置选项的迷惑性

（1）程度深浅、范围大小有意混淆。例如，1997 年高考题第 21 小题的 D 选项就可以说是有意混淆了范围的大小。因为原文第二段说"肠脑中几乎能找到颅脑赖以运转和控制的所有物质……此外，肠脑中还存在多种被称为神经肽的脑蛋白、脑啡肽以及对神经起显著作用的化学物质"，而 D 选项说成是"肠脑中所有的物质与颅脑赖以运转和控制的物质几乎相同"，显然是把"肠脑"的概念范围缩小了许多。

（2）偶然、必然有意混淆。即把原文中的可能有意说成必然，把偶尔说成往往。

（3）已然、未然有意混淆。即有意把原文中的设想或推测说成已经。例如，

1998年高考题第26小题的C选项就是把转基因作物可能带来的问题说成了已经带来的问题。

（4）以偏概全。把其中一方面或一部分所具有的某些特点说成是所有同类事物所具有的特点。例如，1998年高考题第25小题的A选项就是用棉花、玉米和西红柿等已经推广种植的品种概括了在实验室种的莴苣、西瓜、稻谷等品种。

（5）张冠李戴。这种干扰项常常把甲的发明说成是乙的发明，或者把甲的特点说成是乙的特点。

（6）因果颠倒。即把因说成果，或把果说成因，如1999年高考题18小题B选项就是颠倒了因果关系。因为原文第二段指出"当钙离子流进心脏细胞时，心脏就收缩；当钙离子排出心脏细胞时，心脏就舒张"，这是所有冬眠动物和非冬眠动物的"心脏工作原理"，而B选项却把它说成是"当心脏收缩时，钙离子就流进心脏细胞；当心脏舒张时，钙离子就从心脏细胞中排出"。

（7）误划类别。即把同类的拆开或把不同类的归在一起。

（8）无中生有。即原文中本无此意，而凭空捏造出这种说法。例如，1999年高考题第20小题的B项"由于在美洲松鼠等冬眠动物体内找到了控制冬眠的遗传基因，因此人们对冬眠奥秘的传统解释产生了怀疑"就是如此。因为从原文第二段看出，科学家们认为传统的关于冬眠的奥秘的解释，只是没有触及冬眠的根本原因从而推测冬眠最终是由遗传基因所控制的。科学家的新发现只能说明他们的认识深化了一步，并不能说明他们怀疑或否定传统的对冬眠奥秘的解释。

（9）偷换概念。这种选项乍看与原文的说法一样，但仔细推敲就会发现实际上二者并不是一回事。例如，1999年高考题第17小题的B选项，是因为偷换了概念才错的。因为原文第一段是说冬眠的哺乳动物在"更宽范围的调节性上"获得了进化，而B项偷换成了"在更宽的范围里发生了进化"。

二、科技说明文解题方法和步骤

1. 基本方法——比较

将各个选项同筛选出来的原文进行比较，多方位多角度地思考，明确差异，去伪存真，从而选出符合题目要求的选项。

比较的内容：范围的大小、数量的多少、程度的高低、时间的先后、整体与部分、主要与次要、可能与必然、肯定与否定、已然与未然、设想与现实、原因与结果、必要条件与充分条件等。

2. 特殊方法——复位验证法和事理分析判断法

要做到快速、准确地解答科技说明文，具体可以用三遍阅读法分三步来完成。

第一步：从头到尾仔细阅读，边读边动手、边思考，争取完全读懂。在读的过程中，动手勾画出重要词句，思考每段或每层的大致意思，如果有个别语句不能够读懂，一般往下看到一个语义陈述完，就应该停止，回到不懂的地方，结合此处的前后语句，读懂后继续读下去，这样反复，读到最后。读完这一遍，要基本理解文章的内容。

第二步：按顺序答题。认真阅读题干和选项，要一字一句数着读，找出考查的信息和设置题目的角度。然后结合题干提供的信息，有重点地阅读全文，画出与选项有关的信息。

第三步：把选项和与选项有关的信息结合起来，仔细比较，每个题目中设置的干扰项，都是可以从原文中找出依据排除的。在确定选择一个选项过程，就是排除其他三个选项的过程，一定要找出排除的依据，才能做到做题准确。

三、2005 高考试题选析

例1. 阅读下面的文字，完成1—3题。（全国卷1）

考古学家在山西省垣曲县发现了商代城邑遗址，引发出商代历史地理上的一些重要问题。

中条山横亘于山西南端，这里山势和缓，并没有想象中的悬崖峭壁。它的北面是汾运盆地，南面是黄河谷地。从侯马到垣曲，正是跨越了这两个地区。在地理位置上，中条山正处在中国文明起源的黄金地段。中国在古代习称"华夏"，而"华"与"夏"都同中条山有关。"华"字得自华山。"夫中条之山者，盖华岳之体也"，古人把中条与华山看作一体，只是被黄河割开。华夏的"夏"，得自"大夏"、夏朝。在考古学上，代表夏朝的"二里头文化"地兼中条山的两面。历史文献中说中条山以北有"夏墟"，南面偏东一带是"有夏之居"。看来夏朝的地域，确实是跨越中条山南北的。地理学强调"人地关系"，夏族与中条的"人山关系"也应当具有独特的内容。已有考古学家撰文，讨论中条山脉在资源上如何支持了夏族的兴旺。至少，中条山有丰富的铜矿，中部北侧又有巨大的盐池。历史地理学家关于河流哺育古代文明的论述已经很多，而山脉如何对文明做出贡献尚缺乏讨论。

　　山间奇材，往往是山脉的重要价值所在。不过，从地理空间关系的角度说，山脉的意义则多在于阻隔或护卫。从宏观人文地理格局上观察，从中条北面翻越到南面与从南面翻越到北面，意义是不一样的。中条山北面的汾运盆地是一个群山环绕比较封闭的地区，这里的人们可以过安定的日子，但若求大的发展，就必须冲破自然屏障，向南跨越中条，进入黄河谷地，进而东向伊洛，春秋时代的晋国走的就是这样一条强国之路。反之，从南面北越中条，往往是强者的入侵行为，商朝势力曾向北扩张，虽有改朝换代的政治意义，但不算是了不起的社会巨变。史书所记尧舜的传说多在中条以北，这或许暗示着夏族的渊源所在。因为夏朝的影响力的强大，汾运盆地便成为法统观念上的崇高区域。商人灭夏，定要翻越中条占有汾运盆地，意义不仅是获得这片肥田沃土，还要在法统观念上最后征服夏人。从动态地理格局上观察，垣曲商城可能是商朝势力翻越中条的一个进退据点。

1. 下列作为文中画线部分的证据，错误的一项是

A. 山西南端的中条山山势和缓，并没有想象中的悬崖峭壁。

B. 中国在古代习称"华夏"，而"华"与"夏"都同中条山有关。

C. 古人早已看出中条山与华山本为一体，只是被黄河割开。

D. 考古学上代表夏朝的"二里头文化"地兼中条山南北两面。

分析：本题考察理解句子并筛选信息的能力，能力层级为 B 级。

解析：（A）画线句讲的是中条山与中国文明起源的关系，而 A 项只写了中条山的山势。山势之缓和与否和中条山成为中国文明起源的黄金地段没有直接关系。山势缓和的地方多了，不可能都成为中国文明起源的黄金地段。其他三项都出自第二自然段，而且都在画线句的后面，与它形成了论点和论据的关系，所以都是正确的。

2. 下列理解符合原文意思的一项是

A. 关于中条山脉如何对中国文明做出贡献的研究，至今仍然是一片空白。

B. 从地理空间关系的角度说，中条山的意义在于联结汾运盆地和黄河谷地。

C. 中条山北面的汾运盆地尽管群山环绕，比较封闭，仍不失为一片肥田沃土。

D. 商人要想在法统观念上灭夏，占有汾运盆地，垣曲无疑是一个必经之地。

分析：本题考查信息的筛选和整合能力，能力层级为 C 级。

解析：（C）把本题的选项与原文相关内容信息点进行对照、鉴别，会发现 A 项错在"至今仍然是一片空白"，原文第二自然段说"已有考古学家撰文，讨论中条山脉在资源上如何支持了夏族的兴旺"，只此一句就证明对中条山在中国文明中的作用的研究并非空白。原文第三自然段说"从地理空间关系的角度说，山脉的意义则多在于阻隔或护卫"。可知中条山在这方面起的作用在于护卫而非"联结"。"联结汾运盆地和黄河谷地"的作用，不是从"从地理空间关系的角度"说的，所以 B 项错误。原文最后一个自然段讲的是"垣曲商城可能是商朝势力翻越中条的一个进退据点"，并没有说它是"必经之地"，所以 D 项错误。C 项的"群山环绕""比较封闭""仍不失为一片肥田沃土"等信息，都能从原文中找到。

3. 根据原文提供的信息，下列推断正确的一项是

A. 作为自然屏障的中条山成功地阻隔了商人的入侵，护卫着夏人的安全。

B. 相对而言，历史地理学界对"人河关系"的研究较为深入，取得了一定成果。

C. 晋人向南翻越中条山，不仅具有改朝换代的政治意义，也是了不起的社会巨变。

D. 历史文献中关于"夏墟"和"有夏之居"的记载，说明夏族发祥于汾运盆地。

分析：本题考查根据原文提供的信息进行推断的能力，能力层级为 C 级。

解析：（B）原文说："商朝势力曾向北扩张"，从"不算是了不起的社会巨变"看，这一扩张是成功了的。所以 A 项："中条山成功地阻隔了商人的入侵"是错误的。C 项犯了张冠李戴的错误。原文提及改朝换代、社会巨变，讲的是商朝越中条山向北扩张，与晋人翻越中条山向南扩张不是一回事。D 项犯了因果失当的毛病。"有夏之居"在中条山的南面偏东，而汾运盆地在中条山的北面，不是一地，所以"有夏之居"不能成为"夏族发祥于汾运盆地"的证据。从第二自然段末句可知，B 项正确

点评：2005 年全国高考卷 1 第二大题为社会科学类文章阅读，分值为 9 分，共设 3 个小题。重点考查"理解并解释文中重要句子""筛选并提取文中重要信息""根据文中信息进行推断和想象"的能力。

例 2. 阅读下面的文字，完成 4—6 题。

植物睡眠之谜

　　自然界有许多植物的叶子会运动，比如含羞草、合欢等豆科植物白天张开叶子，晚上会合上叶子"睡眠"；捕蝇草的叶子能闭合起来，捕食苍蝇等昆虫。像含羞草、合欢等植物的这种"睡眠运动"自古以来就受到人们的关注，可是植物为什么会睡眠，却一直是个不解之谜。

　　18世纪，法国生物学家德梅兰把含羞草放到光线照不到的洞穴里，发现它的叶子依然以24小时为周期开合。这说明含羞草体内存在一种不受外界光线等环境因素影响的"生物钟"。19世纪，达尔文在《植物的运动本领》中说，植物在晚上闭合叶子睡眠是"为了保护自己免受夜晚低温之害"。20世纪80年代，德国希尔德奈特的研究报告指出，叶子的开合是由一种称为"膨压素"的植物激素控制的。此后，日本上田实等人从植物中抽出包含数千种化合物的萃取物，最后成功分离出两种活性物质，一种是可使植物叶子闭合的"安眠物质"，另一种是可使植物叶子张开的"兴奋物质"。

　　植物睡眠之谜之所以长期不得其解，就是因为此前没有人想到使叶子开合的竟是两种不同的生理活性物质。人们进一步了解到，豆科植物叶子下珠的安眠物质是一种含葡萄糖的配糖体，白天配糖体水解，安眠物质浓度降低，夜晚配糖体重新合成，兴奋物质浓度相对降低，而配糖体的合成分解是由叶下珠体内的生物钟控制的。相反，铁扫帚的兴奋物质是配糖体，在夜晚配糖体水解，兴奋物质浓度降低，叶子随之闭合。如果用人工合成的半乳糖代替葡萄糖，由于半乳糖在铁扫帚体内不会水解，反而成为一种睡眠阻断剂，使铁扫帚始终不能睡眠，以致两个星期之后因缺水枯萎而死。

　　解开植物睡眠之谜，将为某种"绿色"农药的诞生铺平道路。目前的除草剂还无法只让田菁等豆科杂草枯萎而不损害豆科作物。研究人员已经人工合成了使田菁失眠的睡眠阻断剂，实验结果是田菁第三天就整株枯死。由于这种阻断剂只对田菁起作用，因此不会影响大豆的生长。

4. 从原文看，以下对"植物睡眠"的理解，正确的一项是

A. 指植物的叶子为适应外界环境而自动闭合起来的现象。

B. 指含羞草、合欢等植物晚上把叶子自动闭合起来的现象。

C. 指所有豆科植物都具有的晚上把叶子闭合起来的现象。

D. 指豆科植物和捕蝇草等所具有的叶子闭合起来的现象。

答案是（B）。

5. 从原文看，以下研究最能揭开"植物睡眠之谜"的一项是

A. 德梅兰提出含羞草体内存在着不受外界因素影响的"生物钟"。

B. 达尔文提出植物在晚上睡眠是为了保护自己免受夜晚低温之害。

C. 希尔德奈特提出植物睡眠是由植物体内的"膨压素"控制的。

D. 上田实等人提出植物体内存在着使叶子闭合的"安眠物质"。

答案是（D）。

6. 以下理解符合原文意思的一项是

A. 叶下珠体内的生物钟控制了其安眠和兴奋物质的合成与分解。

B. 铁扫帚安眠物质的配糖体在夜晚合成，于是兴奋物质浓度相对降低。

C. 合欢、田菁等豆科植物如果长期得不到睡眠的话，就将枯萎而死。

D. 目前只让田菁枯萎而不损害大豆生长的"绿色"农药已经研制出来。

答案是（C）。

四、小结

现代科技类文章的阅读是以理解文中重要语句、辨别和筛选文中重要信息、归纳文章要点、理解分析文章内容为主要目标的阅读行为。科技类文章的内容范围很广，往往会涉及天文、地理、生物、物理、化学以及当代最新的高科技知识，但其阅读目的并不是为了弄清楚这些知识本身，而是借助语文的学习方法和规律，完成一定的阅读任务。具体来说有以下四点。

（1）理解文中重要语句。《考试说明》把理解词语和句子列为现代文阅读能力的前两条。在阅读时可以发现，有些词语和句子虽然从字面上都懂了，但往往不能理解其确切的含义。因此，高考科技文阅读试题常在一些重要词语和句子上设置考点。

（2）分析和筛选信息、辨析和筛选信息能力在阅读科技文中至关重要，高考科技文阅读试题在这一方面设置的考点最多。

（3）归纳文章要点。有些科技文的内容比较复杂，阅读时往往需要采用概括和归纳的方法，具体来说，有时需把其共同之处归纳起来加以说明，有时则要把若干具体的点加以合并。科技类文章阅读考查中，这一类题难度一般较大。

（4）理解内容，把握作者观点 理解词语、把握句子、辨析信息，其最终目的是为了掌握文章的内容和作者的观点。这类题的范围往往涉及全篇，所以比较复杂，难度系数也较大。

对话式语文阅读教学的现实意义

对话式阅读教学是对话理论在语文教学中的具体运用，它的提出反映了面向21世纪基础教育改革的基本理念，顺应了当代教育以"学会认知，学会做事，学会合作，学会生存"为特征的时代要求，是对传统语文课堂教学的革命。

一、对话式语文阅读教学的实施是时代的要求

对话式语文阅读教学的提出体现了主体性教育的基本理念，是语文创新教育和素质教育的课题，也是语文新课程标准的体现。新课程标准提出："阅读教学是学生、老师、文本之间的对话的过程。""语文教学应在师生平等对话的过程中进行。学生是语文学习的主人。语文教学应激发学生的兴趣，注重培养学生自主学习的意识和习惯，为学生创设良好的自主学习情景，尊重学生的个体差异，鼓励学生选择适合自己的学习方式。""阅读是学生个性化的行为，不应以教师的分析来代替学生的阅读实践""逐步培养学生探究性阅读和创造性阅读的能力。提倡多角度的、有创意的阅读，利用阅读期待、阅读反思和批判等环节，拓宽思维的空间，提高阅读质量。""对课文的内容和表达自己的心得，能提高自己的看法和疑问，并能运用合作的方式共同探讨疑难问题。"这是对传统重接受轻探究，重知识轻体验，重结果轻过程的被动、封闭、接受性学习方式的否定和扬弃。对话式语文阅读教学确立了学生学习和发展的主体地位，积极提倡自主、合作、探究的学习方式，强调在教育中要将学生作为有个性、有自我追求的"人"来看待，旨在将学生培养成能动的、创造的、富有对话性和健康心理的现代人，让学生在主动积极的思维和情感活动中，加深理解和体验，有所感悟和思考，并受到情感陶冶，获得思想启迪，享受审美乐趣，使语文学习的过程成为其实现自我成长的过程、激发人创造力与生命力的过程。从人性出发，沿着人性的道路，走向人性，这从根本上解构了传统的教学，使语文课堂散发出生命的活力，真正成为育人的乐

园。因而，对话式语文阅读教学充分体现了新课程标准所倡导的自主、探究、合作的学习方式的精神实质。

二、对话式语文阅读教学的实施是语文教学的革命性变革

对话式语文阅读教学的提出对语文教学来说，它带来的是一场革命性的变革。它启发我们从一个新的视角来审视我们的语文教学。

对话式语文阅读教学是与传统的"传道、授业、解惑"的独白或教学相对立的。独白式教学实质上就是"知识专制"，教师的任务似乎是把知识作为工作的主要对象，恨不得把自己所知道的知识全部教给学生，知识成了中心，而学生处于教育的边缘。师生关系被定位为传授的关系，这种定位为使教师自以为凛然不可侵犯，使学生唯唯诺诺不敢越雷池一步，最终阻断了教师自身水平的不断提高，也扼杀了学生的独立人格和创新精神。独白式教学仅把教育理解成了工具，没有把教育理解为生活。虽然追求到了暂时的效率，但从历史长河的角度看，它实际上是放弃了效率，因为生活的意义才是效率的真正指向与归宿。对话式教学中的对话双方彼此的影响是双向性的，不是施予与承受而是互相施予。对话发生在教师与学生之间，也发生在师生与不同的文本之间、学生与学生之间。关于教育，夏正江教授有许多精辟的见解："对话是一种精神上的相遇事件""对话的过程是主体间在经验共享中的互相造就的过程""对话既不是主观的又不是客观的，而是对话主体双方从各自的理解前结构出发所达到的一种视界融合"。

三、对话式语文阅读教学的实施是对传统师生关系的重构

对话式阅读教学重构了传统的师生关系。强调师生之间的关系不仅仅是一种认识关系，更是一种民主的、平等的对话的关系，是一种共同创造意义的关系。在教学中，师生双方都作为整体的、独特的个人而相遇与交往，在相互对话与理解中接纳对方。教师要真正体会到学生作为独特个体的需要、情感、态度和发展的意向，体会到学生作为发展中的主体的独特个性及自由、创造和选择，信任学生，尊重学生，而不是把学生看作是年幼无知不成熟的人而强迫学生服从自己的意志，接受自己的权威。这样教师不再是语文课堂的统治者，而是平等的对话者，学生不再是被动的、消极的等待被灌输的容器，而是一个个活生生的有个性的充满生命的独特个体，是与教师完全平等、相互开放精神的对话者。这改变了传统的师生关系中的权威依从关系，以"人道"代替传统的"师道"，一改教师过去的"传道、授业、解惑"的传统角色，由一个单纯的知识传授者成为学习活动的积极有效的组织者和理智的引导者，使教师从社会

"代言人"和"真理的拥护者"的神坛上走下来，亲近学生。新的语文课程标准提出"学生是语文学习的主人"，教师不再是知识的占有者和传授者，而是"学习活动的组织者和引导者"。教学过程中的师生关系是平等的对话关系，既不是师讲生听，也不是师导生演，更不是师尊生卑，而是互学、互动、合作、平等的关系。教师已越来越少地传授知识，而是越来越多地激励思考，除了他的正式职能以外，他将越来越多成为一位顾问，一位交换意见的参加者，一位帮助发现矛盾而不是拿出真理的人。他必须集中更多的时间和精力去从事那些有效果的和有创造的活动：互相影响、讨论、激励、了解、鼓舞。

四、对话式语文阅读教学的实施是促进学生主体自我建构的途径

对话教学能打开学生的兴趣之门，吸引学生积极参与。有位科学家曾说过："给我一个支点，我能撬动地球。"实施语文素质教育也需要一个好支点，这个支点就是学生学习语文的兴趣。要让学生学得有趣，就得让学生真正成为学习的主人。学生、教师、文本之间自由地进行交流，他们之中没有权威、没有主次，只有平等的理解、赏识和领悟，他们会觉得自己与教师、作者处于同一水准，他们之间是平等的关系。学生学习语文的主观能动性得到调动，主人翁精神得到赞赏，学习兴趣得到激发，他们学习语文的智慧也得到启迪，学习语文的效率必然也会得到提高。引导学生深入探究，求知的兴趣能激发学生的发现欲、表达欲，课堂上学生们种种无比鲜活的话语，似山涧叮咚作响自由欢快流淌的小溪，他们在发现中对话，在对话中发现。这样，学生的好奇心会促使他们不断向自己、向他人询问"为什么"，教师则因势利导，利用他们的好奇心，鼓励他们勇于探究，深入探究，培养他们探究语文现象的兴趣和能力。

在对话式语文阅读教学中，学生的任何一次发现、任何一份想象、任何一次发言、任何一种讨论，都是有价值的，都应得到教师的肯定和赞许，学生立足于个人的、生活的、时代的独特认识在对话中得以完善和丰富，整个学习过程成为学生个性的呈现过程。学生的学习自然地同生活结合起来，学生个体化的独特体验为他们下一步学习提供基础，在这个循环往复的过程中，学生便逐渐学会了学习。

通过对话式教学，学生不仅获得了活的知识，重要的是获得了对话理性，并在启发式的、探索式的对话中获得了主体性的发展。而对话式教学赋予学生自主和自由、尊重和信任，使学生的主体地位凸现出来，知识成了谈论的话题、能力的载体。学生成了课堂的主人。实行对话式教学，能有效地唤起学生的热情，激发学生的潜能，促进学生的生长。

对"差生"的理性思考

有人说,"正如世界上没有两片完全相同的叶子一样,世界上也没有完全相同的人",因为这样的原因,在同一个班级里,自然就存在着"优生""差生"之说。传统意义上的"差生"是这样定义的:如果一个学生各门功课的学习成绩都处于某个落后的位置(低于40分为差生),或者在其中任何一方面的表现比班上其他同学差,通常便被称之为"差生"。

一、产生"差生"的客观必然性

首先,人与人之间存在着个体差异。在任何一个学习环境中,都存在着生理上、心理上的差异,也包括自身各项能力发展快慢和强弱的差异,甚至包括性别差异。差异的存在,导致有"优"就会有"差"。

其次,一些非智力因素的发展水平也有差异。类似情感、意志力、自信心、社会适应能力、实现目标的内驱力等起着决定作用。有的人把学习看成是乐趣,有的人却视学习为吃苦;有的人干事情能持之以恒,有的却总是半途而废;有人对什么问题都感兴趣,有的人却对什么事都漠不关心。如此等等,这些差异,对于同等智力水平的人来说,就会造成学习上的差异。

再次,每个学生,不可能在任何时候、任何科目都处于最优秀的位置。在普通学校的普通班里可能是优等生,而在重点学校或重点班里,就可能是中等生或暂时成为差等生。因而,"优生"和"差生"是相对和绝对的统一。

最后,一个在学习成绩上的"优生",有可能是文体或其他方面的一个"差生"

二、"差生"学习成绩差的原因分析

(1)厌学情绪的产生,学习内动力不足。对学习提不起兴趣,对生活很淡漠;缺乏学习中勇于进取、善于质疑的勇气;缺乏实现学习目标的忍耐力、坚持性和百折不挠的顽强意志等。

（2）学习方法欠佳，没有形成良好的学习习惯。例如，学习中的死记硬背，不按科学的作息时间学习等。

（3）依赖性强，惰性强。学习上总是处于被动地位，习惯于在老师及家长的督促、检查下完成作业；学习上拖拖拉拉，延误时间，等待明天；对未来抱以"希望""但愿""或许"等不切实际的幻想，放弃眼下应该着手的努力。

（4）差生在实际学习和生活中往往比那些被称为"优生"的同龄人得到的学习资源更少，他们在老师、家长、邻居甚至同学的眼中是令人讨厌的，常常被无形有形地隔开来，受到歧视，进而产生自卑心理，影响学习的积极性。

三、怎样正确地看待"差生"

（1）以分划线，把学生分成"优生""差生"既不科学也不道德。"差生"是人为制造出来的，因为"差生"实质上是考试所得出的分数给部分学生贴上了一个永远也去不掉的标签。

（2）"差生"往往并不"差"。很多"差生"往往很容易适应社会，善于交往，虽然学习成绩上并不突出，但在某些方面却有过人之处，如某门学科特优，爱好运动，喜欢写作、画画、制作等。也许今天的"差生"还是明天的栋梁之材。历史上是不乏其例的，像牛顿、巴尔扎克等，他们早期都曾因为学习成绩差而被老师列为"笨蛋"之列，而后却取得了举世公认的成就。

四、对"差生"，教师该做些什么

（1）因材施教，是有效的学校教育的一个必不可少的要素。传统的"应试教育模式"应转向现行的"素质教育"。教学中，不求统一的目标、标准、内容和方法，而是要面对社会和学生的个体特点、需求和目标的多样化的现实，采取灵活多样的教育方式，不仅能教"好学生"，而且还会教"差学生"。

（2）尊重学生的差异发展，创造适合不同学生健康成长的教育。要让学生的创新精神和实践能力能够得到充分发展，学习品质和学习质量能够得到最大限度地提升。只要学生的差异性发展不伤害他本人的身心健康，不违背最基本的伦理道德都应该得到的我们的尊重、支持和理解。

（3）杜绝用一个模式培养学生，树立具有时代特征的教育新理念。教师应站在时代的高度来思考问题，不能以"分数"来给学生定等级，要以积极的态度把学生之间的差异和发展过程中的差异看成是学生丰富多彩的个性展示。社会的多元化决定了人才的多样性，只会在考试中挣"高分"的学生是很难适应将来社会发展的。教师在自己教学目标和设计上，不但要考虑普遍、全面的共性目标，还要考虑类别、层次方面的个性目标。要研究如何从每个学生不同的智能结构、认知特点和学习方式出发，选择与之相适应的教学内容、教学方式和教学方法。要从学生主体出发，主动适应每个学生，特别是"差生"的个性潜能和需要，看到每一位学生身上所具有的各自不同的长处。

（4）对"差生"要多鼓励，少打击。在"差生"的某一方面或某一点上取得些微进步时，教师都应及时地发现并予以充分的肯定，给予更多的关注。

2007 年 6 月 25 日

一堂语文课，一场关于传统文化的视听盛宴

——浅析传统文化在高中语文教学中的运用

摘要：中华民族的传统文化源远流长，博大精深。它是中华民族的瑰宝，承载着民族灵魂，显示着民族精神，伴随着中华民族从过去走到现在，从现在走向未来。然而当今社会，俗文化、网络文化充斥人们的生活，传统文化在学生中的地位越来越低。在"新课程视野下"如何在高中语文教学中更好地向学生传播传统文化，同时也让语文课堂因此熠熠生辉，这是每一个语文教育工作者应该认真思考的问题。

关键词：传统文化　高中语文　课堂教学　课外实践

引　言

中华民族有着悠久的历史和灿烂的文化，其中传统文化是中华民族的根基，是人文精神的底蕴，对培养学生的综合素养，形成健全的人格，弘扬和培育民族精神都有重要的作用。

《普通高中语文课程标准》明确指出："语文是重要的交际工具，是人类文化的重要组成部分。工具性和人文性的统一，是语文课程的基本特点。"高中语文课程应进一步提高学生的语文素养，通过阅读鉴赏优秀作品，提升语文应用能力、审美能力、探究能力，深化热爱祖国语文的感情，体会中华文化的博大精深，陶冶性情，追求高尚的情趣，形成良好的思想道德素质和科学文化素质。由此足以见得，利用传统文化培养学生的人文素质是当今语文教学不可或缺的重要内容。因此，我们要努力营造语文课堂的传统文化氛围，激发学生感受传统文化魅力的兴趣，深入挖掘教材的文化内涵，并参与实践感受祖国优秀文化的熏陶。

如何在语文教学中运用好传统文化呢？基于新课改理念，传统文化面临断链危险的生存状态，学生的实际情况，我在平时的教学中做了如下思考和尝试，这里略抒管见：

一、知己知彼，百战不殆——理解传统文化

目前，中国社会处在向现代化转型的过程中，随着外来文化的渗透，越来越多的中国孩子热衷于外来文化，因此中学生中不懂传统文化、不能正确读写文章的"文盲"越来越多。拨开乌云，揭开中国传统文化那层神秘的面纱，你会发现中国，这个古老的国度里传统文化的博大精深、丰富多彩。

什么是传统文化呢？汉字、汉语的字正腔圆，或口授或记载，传承着千年古国文明；"仁、义"的人生信条，鞭策人们做一个忠义之人；风、骚、赋、文，唐诗宋词元曲明清小说；成熟、准确、丰富而优美的成语熟语；"贫贱不能移、威武不能屈、富贵不能淫"的民族骨气和浩然正义，"先天下之忧，后天下之乐"的济世情怀；灿烂辉煌的古代科技发明；"修身养性，齐家治国，平天下"的人生理想……

这些都是我们的传统文化的精华，语文又是民族文化精神的重要载体，肩负着传承中华民族传统文化的历史性重要作用，在语文教育教学过程中融入传统文化可谓任重道远。知己知彼，开启传统文化与语文教学相结合的新征程，才能百战不殆。

二、培养兴趣，激发热情——热爱传统文化

所谓"知之者不如好之者，好之者不如乐之者"，兴趣是学习最好的老师。兴趣对学习有着神奇的作用，能变无效为有效，化低效为高效，最终达到化腐朽为神奇的妙效。如何在语文课堂中开展传统文化教学，让学生喜欢并学好传统文化？我进行了一些尝试。

"满园春色任采撷。"引导激发学生诵读的兴趣，在书海之中拾贝。为培养学生阅读中华传统文化经典的兴趣，我经常向学生讲解读书的重要意义，并把读书和青少年的远大理想结合起来，告诉孩子们"书中自有千钟粟，书中自有黄金屋，书中自有颜如玉"，"读书是人类进步的阶梯"，古今中外成大事者，无不酷爱读书。

"唯有牡丹真国色。"经常向学生介绍中华传统文化方面的知识，它的含义，所包含的内容、意义等。向学生推荐能体现文化精髓的古代文学作品，如诸子散文、古典诗词、四大名著中的优秀之作。书读百遍，其义自现，学生自能从

中华传统文化书籍中体会古人的智慧，从而产生极高的阅读兴趣。

三、积累素材，感悟真情——运用传统文化

积累传统文化相关的素材活动贯穿了整个高中阶段，我们知道语文本身就是一个长期积累的过程。要培养与提高学生的语文素养和语文能力，教师就必须做细水长流的工作，从而在学习传统文化中使学生感悟其魅力和真情，真正实现弘扬和传承文化。也让语文课堂呈现丰富多彩的内容和形式，此曲只应天上有，人间哪得几回闻？

（一）为有源头活水来

语文教材所选编的都是一些文辞兼美的文章，不仅蕴含着丰富的知识和内涵，更饱含着深厚的民族传统文化。品读它们，总能给人以启迪，明白一些道理，或者感动于其中抒发的浓郁情感。这就要求教师转变教学理念，在传授语言文字知识，进行人文教育的同时，认真分析挖掘语文教材中的传统文化内涵，并通过恰当的方式传递给学生，从而认真地接受和运用优秀的传统文化。

诸子散文、唐诗宋词、四大名著，都是中华民族传统文化的精髓。如诗词人常常会借景抒情，托物言志。梅、兰、竹、菊、莲、松等事物都会寄托作者不屈不挠、清新脱俗的风骨，而这些又都是我们民族气节的精髓所在。

我们在深入挖掘教材文化内涵的同时，要鼓励学生多读书，结合新课程积极倡导自主、合作、探究的学习方式，构建高效的课堂。让学生感受祖国语言文字的秀美，感到祖国优秀文化的精深。

"问渠哪得清如许，为有源头活水来。"课堂中传统文化的源头活水自然是来自浩瀚的历史星空中的优秀之作。

（二）绝知此事要躬行

"纸上得来终觉浅，绝知此事要躬行。"不仅要在课堂上学习传统文化，还要开展课堂教学观摩活动或读书笔记评选等活动。利用网络、电视等媒体让学生深入了解中华民族的优秀传统文化。

首先，充分利用教材中现有的教学资源。

高中语文教材中体现传统文化的篇章是很多的：赵钱孙李，周吴郑王，中华姓氏文化源远流长，百家姓的由来、产生、发展、变化都有其历史渊源。传统文化节日和乡土文化皆可追根溯源，春节、清明、端午、中秋、重阳，均体现了中华民俗文化的特点，并且各节日都有与之相配的仪式，比如端午节有吃粽子的风俗，中秋节有赏月吃月饼的习俗。成语——中华民族的缩微景观，或言简意赅，或幽默诙谐阐释一些事理，它承载着博大精深的中华传统文化信息。

中国的古诗词讲究意蕴的悠远深长、意境的幽邃邈远，这一境界的达成，在诗作中往往与诗歌作者的感情息息相关。例如，柳永的《雨霖铃》在与友人离别之际发出凄凉难舍、缠绵悱恻的感慨："多情自古伤离别，更那堪，冷落清秋节！"又如苏东坡在沙湖道中遇雨嗟叹旷达之情："竹杖芒鞋轻胜马，谁怕？一蓑烟雨任平生。"中国古文大多动之以情，晓之以理，使读者诚服感动："忠则《出师》，孝则《陈情》"，在讲解这两篇文章时，通过让学生朗读来理解诸葛亮"鞠躬尽瘁死而后已"的忠贞之义，理解李密对祖母乌鸟反哺的孝情。学习《谏太宗十思疏》，让学生懂得人要有"居安思危，戒奢以俭"的美德。

在行课之前，老师要搜集资料，做好准备，上课时才能适时运用。例如，学习古诗文，我总会下载优美动听的配乐朗诵，让学生在倾听中体悟作者的情感。在学习白居易《琵琶行》时，我给学生播放琵琶名曲《春江花月夜》，让学生在哀婉的音乐声中感受作者心境的凄凉。在学习王维诗作时，我向学生推荐中国山水画，体味什么叫作诗中有画画中有诗。讲《林黛玉进贾府》《林教头风雪山神庙》《窦娥冤》等篇目时，我给学生播放影视素材，让学生直观感悟文学作品与影视文化的联系。此外，我还不失时机地给学生播放《百家讲坛》等关于传统文化的节目，让他们在多元化的文化中明确中华民族之优秀传统文化。

其次，依靠课外时间阅读经典。

堂教学时间毕竟是有限的，所以利用课外时间读经典，也是学习传统文化的另一重要途径。《中国文化经典研读》是一门选修课，《论语》《老子》《孟子》《庄子》《菜根谭》《诗经》《离骚》、李杜之诗、四大名著、《饮冰室文集》、王国维思想……都纳入了学生们的阅读范围。老师要善于布置作业，读写相辅相成，如读庄子《逍遥游》，让学生写一篇关于庄子"无所待，追求绝对自由"的议论性文章，鼓励学生将文章投向校刊《屏中人》。

在经典离我们越来越远的今天，人们的心越来越浮躁，回归经典，接受古代传统文化的熏陶是多么重要啊！儒道思想、春秋笔法、佛理禅趣、人文艺术，无一不散发着人性的光芒，引导着莘莘学子探寻我们的"根"与灵魂，激发着我们的民族认同感。

最后，开展丰富多彩的课外活动。

每天课前三分钟时间，让学生自主准备一首古典诗文推荐给学生，或者积累一段名言警句，要求所有学生摘抄积累。

每周读一篇经典文章，做好摘录和读书笔记，教师不定期地抽查和督促。

每个月开展一次古诗文学习沙龙，或以朗诵的比赛形式开展，或以小组交流的形式举行，或开展古代文学知识竞赛，等等。

每学期组织一次大型的学习传统文化活动，形式有清明组织学生扫墓、诗文话剧表演、古诗文优秀小论文评比、书画创作比赛等。

每学年举行一次课外实践活动，追寻本土传统文化之根。组织学生参观历史人物纪念馆或者重要历史文化遗迹，如江北文化公园的黄庭坚书法石刻，道教文化浓厚的真武山、李庄、龙华古镇，僰人悬棺，秦五尺道遗址，哪吒庙等，探究宜宾的酒文化、竹文化、崖刻文话、码头文化等。

人认识世界，很大程度上是学习别人的经验，书籍就是一个很好的媒介。站在巨人的肩上看世界，用优秀的传统文化知识武装自己，让你更加聪慧、睿智。

结　语

一堂融入了传统文化教育的语文课堂，对学生来说，必定是一场饱含心灵慰藉的视听盛宴。语文教学要充分挖掘和展示传统文化优秀篇章中的各种道德因素，因材施教，让学生受到感染、震撼和熏陶，久而久之，潜移默化，就可以变为其自身道德进步的强大动力，并最终积淀成为正确价值观和人生观。腹有诗书气自华，指的就是传统文化对人的影响。可见，在语文教学中运用好传统文化，显得尤为重要。

参考文献

[1] 苏微微. 浅论语文教学中传统文化的渗透 [J]. 文学教育（上），2012（09）.

[2] 王丹丹. 如何在语文教学中培养学生对中国传统文化的热爱 [J]. 语文学刊. 2009（04）.

[3] 陈佳新. 高中语文教学与传统文化的契合 [J]. 文学教育（中），2011（03）.

传统文化与高中语文教学

摘要：本文通过对传统文化与高中语文教学关系的探求，唤醒学生的文化意识，使语文教学的过程成为学习继承和弘扬民族优秀传统文化的过程，使语文教学成为陶冶人性、促进生命个体总体生成的文化过程。语文教学要固传统文化之根，求新文化之源，立足学生语文素养的全面提高。中华民族的传统文化源远流长，是整个东方文化的重要标志和世界历史文化宝库中的重要遗产，对人类社会的文明进步做出了不可磨灭的贡献。语文作为中华民族传统文化的载体，承载着民族精神和民族灵魂，在传统文化发展中起着重要的作用，语文教学应融于传统文化之中。

关键词：高中语文　传统文化　关系　渗透　前景

一、传统文化与高中语文教学的关系

传统文化，简单地说就是世代相传的文化，是历代存在过的种种物质的、制度的和精神的文化实体和文化意识，它具有传承性、连续性和发展性的特点。传统文化是一个民族的灵魂，中华民族的传统文化源远流长，博大精深。随着时代的发展，现代科学技术正不断融进我们的生活，而历史悠久的传统文化正从我们身边悄然流失。因此，要全面认识传统文化，努力使优秀传统文化成为新时代的青少年的精神力量。

高中生的年龄多在十五六岁到十八九岁，正是其世界观、价值观、人生观形成的关键阶段，他们的文化积淀和修养会影响其一生。学校教育中语文既是基础课，又是工具课，语文学科的特点使它在传统文化教育中有独特地位。语文是文化的载体，也是文化构成的重要部分，语文教育本质上就是一种文化传承和创造的过程。《普通高中语文课程标准（实验）》指出："语文是最重要的交际工具，是人类文化的重要组成部分"，通过语文让学生"学习中国古代优秀作品，体会其中蕴涵的中华民族精神，为形成一定的传统文化底蕴奠定基础。"在中学语文教学中向学生渗透中华优秀传统文化，使学生在学习中丰富和完善他们的精神世界，增强民族自信心，是时代的要求，也是新形势下语文教育发展的必然。

二、高中语文教学中的传统文化

中学语文教材所选诗、词、文、赋、戏曲、小说等古代作品中，不仅积淀着丰富的古代文化知识，也积淀着丰富而深厚的中华民族的优秀传统文化。语文教材中文质兼美的古诗文是中华几千年来文章中的精品，完美的形式中蕴含的是优秀的民族文化精神。学生阅读的过程就是与民族传统文化进行精神对话的过程，就是畅游在民族文化宝库中接受传统文化洗礼的过程。我们对中华民族以仁为本、舍生取义的价值取向，自强不息、矢志爱国的精神，敬老爱幼、诚心待人的美德，尊师重教的传统，注重慎独自爱的个人修养等文化传统的了解大都是从古诗文的阅读中开始的。

《离骚》《登高》洋溢着爱国主义的思想感情，表现为积极处世的价值取向；《山居秋暝》《归园田居》则蕴涵了宁静淡泊的隐士情怀，代表了旧时代一部分知识分子的精神追求；《过秦论》《寡人之于国也》体现了注重仁义、强调德化的古代政治文化；《林教头风雪山神庙》反映出古代劳动人民的道德价值判断和对英雄的审美认识；《师说》阐释了尊师重道这一优良传统……在平时教学中，采用多种方式，如自由诵读、开朗诵会、演讲等，让学生咀嚼体悟，自然就润养身心，化育灵魂，铸造人格的支柱，传统文化中的思想精髓在无形中得以传承。

深入挖掘教材的文化内涵，是我们语文教师的责任所在。挖掘教材内在的文化因子，引导学生理解和体会中国传统文化的灿烂，可以净化学生心灵。在语文教学中，通过讲解、讨论等形式，让学生去想、去说、去写，加强对祖国灿烂文明、文化的认识，使他们为伟大祖国、为祖国的传统文化感到自豪和骄傲。另外，书本学习之外让学生在生活中寻找传统文化，如传统节日、风俗习惯、古迹古人、婚丧嫁娶，长期坚持下去，学生自然会领会到传统文化的魅力，并且自身也被熏染，朝着人格完善，注重道德修养的方向发展。

三、弘扬传统文化应注意的问题

传统文化因其和漫长的封建社会相伴相生，发展过程中自然也融入了一些糟粕。我们应本着"取其精华，弃其糟粕"的拿来主义分析地继承。这就需要我们教师在指导学习过程中自身有较高修养，较强分析能力。尤其从现实生活中得到的研究材料更可能鱼龙混杂、良莠不齐，如何选择，就要本着时代需要和学生人格发展完善的标准来衡量了。

四、前景展望

一个国家的进步，需要文化的支持；一个国家的经济发展，需要文化的推动；一个国家要想跻身"大国"的行列，想要腾飞，想要崛起，更离不开"文化"这个通往大国之路的必经通道！梁启超说："少年智则国智，少年强则国强"。未来的世界是少年的时代。未来的世界文化更加多元化，国家的竞争其本质是文化之间的竞争，弘扬中华优秀文化传统，将青少年培养成适应新时代要求的有文化、有理想、有道德、有目标的四有新人是现代中学语文教学义不容辞的责任。学生通过语文学习，目视其文，涵咏其味，意会其理，长期的耳濡目染使传统文化的精神意蕴潜移默化地植入心田。

五、结语

海德格尔说："语言是存在的家园"。语文是民族文化的载体，语文课程是最具社会、民族和历史的传统文化，她能涵盖伦理道德、艺术审美、哲学思想等元素，融载道、载情、载史于一体。语文教材的字里行间无不流淌着浓浓的鲜活的传统文化的血液，引导学生学习语文，就是让学生穿越时空，和圣者、智者对话，和先驱者、跋涉者交流，感受伟大的心灵、深邃的思想、超凡的智慧和创造的力量。学生在学习语文过程中，既感受、体验到语言文字表情达意的表现力、生命力，又受到优秀文化的熏陶，有利于开阔视野，提高审美情趣和精神品格，形成奋发向上的人生态度。让我们传承并发扬我国的优秀传统，让祖国腾飞，让祖国崛起！

参考文献

[1] 李红霞. 文化意蕴：语文教育的价值追求 [M]. 武汉：华中师范大学，2005.

[2] 李召存. 课程知识论 [M]. 上海：华东师范大学出版社，2009.

[3] 中华人民共和国教育部. 全日制义务教育语文课程标准（实验稿）[M]. 北京：北京师范大学出版社，2011.

[4] 中华人民共和国教育部. 普通高中语文课程标准（实验）[M]. 北京：人民教育出版社，2010.

[5] 曹明海，陈秀春. 语文教育文化学 [M]. 济南：山东教育出版社，2005.

[6] 杨邦俊. 传统文化与语文的人文内涵 [J]. 教学月刊，2002（7）.

[7] 杨生栋. 语文阅读教学与传统文化的关系. 中华语文网，2017.

《孔雀东南飞》与中国传统文化

内容提要:《孔雀东南飞》是汉乐府诗中的名篇,是我国古代最长的一首长篇叙事诗,与北朝的《木兰辞》合称为"乐府双璧"。在该诗中,体现出了丰富的中国传统文化,如严酷的封建礼法,感天动地的爱情悲剧,古代妇女的反抗精神等。文中塑造了焦、刘二位正面人物形象和焦母、刘兄二位反面人物形象,这四人的性格都具有典型性,是从当时现实生活概括出来的。

关键词:乐府 乐府诗 七出 悲剧 宗法制度

《孔雀东南飞》是汉乐府诗中的名篇,它代表了汉乐府民歌的最高艺术成就,与北朝的《木兰辞》合称"乐府双璧"。它是乐府诗中的一颗闪亮明珠,同时也给两汉文坛增添了光彩。

《孔雀东南飞》最早见于南朝陈代文学家徐陵编撰的《玉台新咏》中,题名为《古诗为焦仲卿妻作》。编入《杂曲歌辞》,题为《焦仲卿妻》。因诗首句为"孔雀东南飞",故以此为题。它是我国文学史上有名的一首长篇叙事诗。明代王世贞赞颂它为"长诗之圣"(《艺苑卮言》),清代沈德潜称它是"古今第一首长诗"(《古诗源》第四卷)。自产生以来,其主人公坚贞不渝的爱情和强烈的反封建礼教精神受到许多人的喜爱。《孔雀东南飞》之所以能久远流传,我认为,其缜密完整的结构和人物鲜明的个性是它长盛不衰的主要原因。

《孔雀东南飞》以诗歌的形式写了这样一个家庭悲剧故事:东汉建安年间,才貌双全的刘兰芝和庐江小吏焦仲卿真诚相爱。焦母却百般刁难兰芝,仲卿只好暂把兰芝送归娘家,再作后图。不料,兰芝回娘家后,先后有县令、太守求婚,她虽被逼却誓不屈从,与仲卿见面后,在太守逼娶这天,毅然投水自尽,仲卿得知后,也"自挂东南枝"以殉情。两人合葬后,化为一对鸳鸯,从此相依相伴,永不分离。

这是一个催人泪下的故事,在古代,有多少痴男怨女,他们渴望真挚的爱情，发出了"愿得一心人，白头不相离"（《白头吟》）的呼唤，最担心的是"恩情中道绝"。虽然有时能得一心人，但是"白头不相离"却变成一厢情愿。此诗结构之完整，情节之曲折，人物性格之突出，在此之前，无出其右者。

首先，本诗体现出中国传统宗法制度文化。一方面，焦仲卿、刘兰芝与他们的家长存在着尖锐的矛盾冲突。诗中造成焦、刘婚姻悲剧的主要原因是封建家长制。当时的婚姻不是以男女双方的爱情为基础，而是以家族的利益，家长的意志为基础。男女的结合要由"父母之命，媒妁之言"来决定。如果谁要违背封建礼教，就是冒犯了封建家长的权威和尊严。兰芝作为焦家的媳妇，"十三能织素，十四学裁衣，十五弹箜篌，十六诵诗书……鸡鸣入机织，夜夜不得息"。可见，兰芝心灵手巧，知书识礼，勤劳善良，有修养，这么完美的女性，很多人是求之不得，但兰芝却遭到了焦母的白眼，要被遣送回娘家。而焦母指责兰芝的唯一罪名是"此妇无礼节，举动自专由"。可见，兰芝之所以为焦母所不容，是因为她的言行没有合婆婆的心意。在封建礼教中，规定了妇女"七出"的条文。第一条，"不顺父母，出"。很显然，兰芝是孝顺父母的。第二条，"子甚宜其妻，父母不悦，出"。很显然，兰芝是这一封建条文的牺牲品。因此，兰芝与焦母存在着不可调和的矛盾。面对此事，焦仲卿乞求母亲转变态度，并以"今若遣此妇，终老不复娶"相挟，由此与母亲产生了冲突。但仲卿的求情是苍白无力的，其结果只是迎来母亲的"槌床大怒"；"小子无所畏，何敢助妇语"，仲卿母命难违，只好作罢；兰芝则毅然别家归遣。在此，兰芝与婆婆的矛盾得以缓和。离别时，仲卿抢报有希望："不久当还归，誓天不相负"。我们不由得期待有情人终成眷属，企盼兰芝，仲卿坚如磐石的感情能"柳暗花明又一村"。

然而，"天有不测风云，人有旦夕祸福"，兰芝的回家必然为刘兄所不容，因为在封建社会里，一个被遣归的女子是被人唾弃的，兰芝面临着巨大的精神压力，实际上她的出路已经被封建礼教给堵死。"入门上堂前，进退无颜仪，阿母拊掌，不图子自归"，连亲生的母亲也不能谅解。可见，在封建社会里，妇女的被遣是一种令她们多么痛苦和无奈的事情。当她说明情况后，母亲对她有所同情，但刘母的同情不会给兰芝的命运带来转机。在封建礼教下，阿母的悲摧只能徒增悲剧。于是，兰芝与其兄的矛盾冲突不可避免。果然逼迫她改嫁的事接踵而来，面对县令的说媒，兰芝以与焦仲卿的山盟海誓，永不分离为由抗嫁，并得到了母亲的维护，暂且得以保全无事。事情既然有了开端，兰芝的命运将面临严峻挑战。几日后，位高权重的太守派人求婚，封建家族的代表人物刘兄以封建家长的身份对兰芝进行逼迫。这样，太守的求婚，阿兄的逼嫁，兰芝的反对，使这一矛盾冲突达到了高潮。封建婚姻不是以男女双方感情为基础，而是以家长的利益、家族的利益为基础，太守的求婚无疑符合家长的利益、家族的利益。因此，刘兄对兰芝软硬皆施，先用改嫁后的荣华富贵作诱饵；"先嫁得府吏，后嫁得郎君，否泰如天地，足以荣汝身"。遭到拒绝后，其狰狞的面目体现了出来，于是他再以家里已经不能容兰芝作为胁迫；"不嫁义郎体，其往欲何云"。刘兄为了自身利益，不惜损害亲妹妹的幸福，逼妹嫁太守。在这种情况下，兰芝已清晰地认识到，自己在母亲家里已经待不下去，自己与焦仲卿的感情已不能再续，她与仲卿的重圆已经毫无希望了。兰芝对爱情忠贞不渝，对焦仲卿有情有义，她不会做爱情的叛逆者，为了保全自己清誉，她采取了最后的反抗手段，也是最有力的手段，以死来表示对丈夫的情义，以死来表明自己的心志，使刘兄这一封建家长恶势力对她的压迫全盘落空。所以，她索性答应了这门婚事，以摆脱其兄的纠缠与提防。于此，兰芝与刘兄的矛盾看似得到缓和。但在这平静的时刻，它正是暴风雨将要来临的前奏。在刘兄疏于防范的时候，兰芝终于与焦仲卿有会面机会，诉说其别后之事，并把自己已允婚之事告诉了仲卿，而正是这一次会面，引出了文章另一方面的矛盾冲突。

刘兰芝与焦仲卿十分恩爱，感情深厚，她被逼遣回家，非仲卿之意，而是焦母所为。"儿已薄禄相，幸复得此妇，结发同枕席，黄泉共为友"。可看出，焦仲卿与刘兰芝是相亲相爱，他们愿一起白头偕老。而兰芝对仲卿之情也是永恒的。"妾当作蒲苇，蒲苇韧如丝"。这两句道出了兰芝对焦仲卿绵绵无尽的情义。如此一对神仙眷侣，却要作生离死别，这是何等的不幸与痛苦。当仲卿听说刘兰芝将嫁给太守后，十分失望，并带着轻蔑与鄙视对兰芝说"贺卿得高迁，磐石方且厚，可以卒千年；蒲苇一时韧，便作旦夕间，卿当日胜贵，吾独向黄泉"。面对仲卿的挖苦与讽刺，面对仲卿的不理解，仲卿与兰芝间产生了裂痕，产生了冲突，这就构成了该文双线结构中的第二条线。当刘兰芝听了焦仲卿的"祝贺语"之后，我们可以想象，她此时忍受着多么大的痛苦。阿兄的逼嫁，阿母的无可奈何，仲卿的冷嘲热讽，这一切使这位坚强的女性的心在滴血。尤其是仲卿的不理解，更为这滴血的伤口撒了一把盐。周围的一切与她格格不入，她完全生活在矛盾的旋涡之中，任何挣扎都是无力的。令人难能可贵的是，兰芝面对这一切显示出了超凡的理智与坦然。"何意出此言"。兰芝是何等的从容与大度，她早已报定了以死明志的决心。她的从容，她的大义凛然，让多少须眉汗颜。

兰芝回家后，在太守迎娶的歌舞升平、牛叫马嘶声中，于黄昏时分"揽裙脱丝履，举身赴清池"。焦仲卿在听说兰芝殉情后，也如约"自挂东南枝"。至此，两条线于此交融。兰芝、仲卿的双双殉情，既是兰芝与焦母、刘兄矛盾冲突的结果，也是兰芝、仲卿之间矛盾冲突的必然。焦仲卿与刘兰芝为了追求婚姻的自由，为了追求真正的爱情与幸福，他们以死对封建礼教和封建家长制度作了无情的批判。他们的殉情，不但不使人感到消极和悲观，相反却让人认识到婚姻自由是历史的必然，坚定了人们为美好未来而斗争的信念。鲁迅先生说过："悲剧是将人生有价值的东西毁灭给人看"（《论雷峰塔的倒掉》）。《孔雀东南飞》全文正是通过这种双线结构，即焦刘与其母、兄之间的冲突及焦、刘之间的冲突，推动了故事情节的发展。使文章张弛有度，情节跌宕起伏，扣人心弦，体现了乐府民歌的最高艺术成就。

《孔雀东南飞》作为乐府诗中的名篇，极富浪漫主义气息，表达了劳动人民的美好愿望。文章开篇"孔雀东南飞""五里一徘徊"，采用比兴的手法，渲染气氛，激发读者想象，引出主题。而丈夫焦仲卿殉情时，作者用"自挂东南枝"，从方向上相照应。在原文第三段中，"结发同枕席，黄泉共为友"表达了焦仲卿与刘兰芝忠贞不渝的爱情，他们决定相依相伴，永不分离。而在文章末尾，他们确实做到了这一点，在太守逼娶兰芝这一天，刘兰芝与焦仲卿约定"黄泉下相见"。当刘兰芝在"奄奄黄昏后，寂寂人定初"时"举身赴清池"后，焦仲卿也"自挂东南枝"，跟随兰芝而去。他们死后，化为一对鸳鸯，比翼双飞。这样很好地照应了前面的"黄泉共为友"。这样的前后照应在文章里比比皆是。又如，刘兰芝与焦仲卿在第一次分别时，兰芝对仲卿说："君当作磐石，妾当作蒲苇，蒲苇韧如丝，磐石无转移"。表达了他们要爱到海枯石烂，地老天荒的理想。这是爱的誓言。后来，刘兰芝因被兄所逼，被迫答应嫁给太守，她在太守迎娶前与仲卿相会，把已允婚之事告诉了焦仲卿，仲卿对兰芝说："磐石方且厚，可以卒千年，蒲苇一时韧，便作旦夕间"。这两处，前后照应，形成对比，使文章显得结构紧凑。再如，焦仲卿之母要把刘兰芝遣回娘家时，焦仲卿对母亲说："今若遣此妇，终老不复娶"，这既是仲卿对母亲干涉自己婚姻自由的反抗，也体现了他对兰芝永恒的感情。在后来，焦母要给他娶媳妇，"东家有贤女，窈窕艳城郭，阿母为汝求，便复在旦夕。"面对母亲给他介绍的淑女，仲卿不为所动，是他不爱美吗？很显然不是。他遵守了自己的诺言，没有违背与兰芝的誓言，自己没去另觅他欢，至死也没有再娶。文中所写女主人公刘兰芝的性格是非常可爱、可敬的，她勤劳、善良、坚强、美丽、知书识礼，作者几乎把古代妇女的一切优美素质都毫不保留地赋予了她，使她十分完美，表明了作者对这一人物形象的喜爱。文章开篇对她做了介绍："十三能织素，十四学裁衣，十五……十六……"可见，她聪明、能干、有教养，而这么一个人见人爱的女性，在焦家虽不辞辛劳，日夜耕织，但却遭受种种冷遇，受到封建礼教的无理迫害，被逼入绝境，发出了"君家妇难为"的痛苦呻吟。面对焦母的无理刁难和迫害，刘兰芝是清醒的，她知道自己势单力孤，无法在焦家继续待下去，因此在焦母还未开口时，自己提出了"归遣"的要求，他向仲焦说："妾不堪驱使，徒留无所施。便可白公姥，及时相遣归"。对妻子的回归，焦仲卿还抱有幻想，先是乞求阿母收回成命，再是希望兰芝不久将重新回来；而兰芝对于此事的认识是清醒的，她知道此次回娘家后，不可能再回到仲卿身边，此时，她唯一的希望是纵使丈夫以后再娶，不要忘怀过去彼此间的情谊。难道她心里没有怨恨，没有痛苦吗？不，她敦厚、善良，她有教养，她有刚强的性格，她能自持。她内心虽有痛苦，但她更有自尊，她不愿在婆婆面前显示自己的懦弱。而与小姑作别时，与此就迥然不同了，"却与小姑别，泪落连珠子"。她抚今追昔，泪流不止。特别是当她登车回娘家时，"出门登车去，涕泪百余行！"兰芝心灵的隐痛是巨大的，她是重情的，但更是坚强的。

在回到娘家后，兰芝所承受的压力非常沉重，母亲的不理解，阿兄的迫嫁，使兰芝走投无路，她最后只能以死反抗。她的死激发了人们对封建宗法制度的无比愤恨。

焦仲卿是诗中另一个重要人物形象。他对爱情忠贞不渝，在母亲对兰芝的逼迫过程中，始终做兰芝的支持者，同时也与母亲进行了斗争。但是，他不敢和封建礼教、封建家长制度作直接的抗争，只能消极反抗，忍辱负重，对周围黑暗现实的认识不如兰芝清醒。在母亲要把兰芝遣回娘家时，仲卿向母亲求情时只能"伏惟启阿母，今若遣此妇，终老不复娶"，可见，他对母亲唯唯喏喏，以非兰芝不娶作为反抗，这种反抗是消极的，当他向母亲求情无果，只好妥协让兰芝先回娘家，再作后图，这就让焦母的心愿得到满足，而他自己却忍辱负重。对黑暗的现实认识不清，他曾希望母亲的态度能够转变，这样，就有可能和兰芝再团聚。最后，残酷的现实终于使他清醒过来，充分认识到了封建礼教、封建家长制度对他的束缚，同兰芝一起以死殉情。焦仲卿能冲破封建宗法制度的牢笼，与封建恶势力作坚决的斗争，始终同情兰芝，忠于爱情，最后走向抗母命而殉情的道路，这在封建社会里，是难能可贵的。

诗中所描写的反面人物焦母和刘兄，是封建家长的代表，是封建宗法势力的代表。他们势利无情，趋炎附势，攀附权贵，见利忘义，尖酸刻薄，冷酷无情。作者将其丑态刻画得十分形象，使其狰狞的面目，跃然纸上。这些人物形象都是从现实生活中概括出来的，具有典型性。诗中正是通过对他们的揭露，抨击了封建宗法制度。

论古诗词在语文教学中的运用

摘要：古诗在语文课堂上的运用是最容易的，可以在导入中运用，也可以任意引用古诗来解决问题，还可以在课堂小结或总结时引用。当然大量地引用古诗词，主要是为了对学生进行情感教育。

关键词：古诗词　语文教学　素质教育

悠悠五千年的华夏史，孕育出令世人艳羡的文化遗产。她不但入情入理，而且具有音乐美、含蓄美、自然美等特性。把这些特性与语文教学有机地结合起来为学习语文知识提供了更宽、更广的自由空间，这也充分体现了素质教育的特点。

首先，古诗词具有音乐美，能促进学生思维发展。《语文课程标准》指出："在发展语言的同时发展思维能力激发想象力和创造潜能"。语文作为一种文化载体肩负着培养创造性人才的重任，而古诗作为文学的另一种形式，它与音乐有着密切的血缘关系。古代的诗大多都是可以入乐歌唱的，我们利用这一特点在语文教学时充分发挥诵读的作用，指导学生反复诵读吟咏，理解诗人的思想感情，领会其深远的意境，突破一切时空的限制，可以让人的思绪自由飞翔。欣赏古诗的过程就是一个由声音到画面、由抽象到具体的过程。例如，王维的《渭城曲》，便可教唱《阳关三叠》，南唐后主李煜的《虞美人》可高歌"一江春水向东流"的哀曲。

其次，古诗词具有含蓄美能培养学生的审美情趣。古诗语言凝练，意蕴含蓄，能以有尽之言传无穷之意。语文教学是一种美育，应当给人以丰富的心灵体验。在语文教学中，对学生进行审美教育，提高他们健康高尚的审美情趣是语文教学的一项重要任务。古诗与美有着血肉般的关系。美是艺术的神髓与精灵，艺术是自然美与生活美的升华与结晶，是真善美的有机结合。美是通过具体形式表现的，人的美感是建立在感觉的基础上的。古诗作为文学的一种表现形式，具有无可比拟的优越性。古诗的语言也是微妙的，强烈的，给人以丰富的美感，她以特有的旋律与节奏拨动学生的心弦，引发强烈的审美共鸣。这样才能感染学生，不仅能更好地感知教材，而且能促进学生在美的感受中进一步学习祖国的语言文字，明确对事物美的实质的认识，如李白语言的瑰丽豪放，李清照诗句的凄美悱恻，无不令人回味。

最后，古诗具有自然美，能激发学生学习语文的情感。选入教材的古诗大多富有浓郁的生活气息，是作者触景生情而作。古诗具有强烈的自然美，最能表现和激发情感，借古诗诵读这项活动来创设情境，可以让学生更好地感受课文中的形象、画面及作者的感情。长此以往，潜移默化，激发学生的情感和兴趣，在产生情感共鸣的基础上与古诗文进行情感对话。让学生从中得到古代优秀文化的熏陶，从而提高自身的语文素养。

了解了古诗词的这些特性，在课堂上的运用就水到渠成了。

中国是一个诗的国度，古诗在语文课堂上的运用是最容易的，可以在导入中运用，也可以任意引用古诗来解决问题，还可以在课堂小结或总结时引用。当然，大量地引用古诗词，主要是为了对学生进行情感教育。例如，可以进行爱国主义情感的教育、热爱家乡的教育、亲情教育、友情教育等。

首先，爱国主义情感的教育。爱国主义情感是传统文化中最为浓郁，最为强烈的部分。

例如，中学生都会接触到的名篇名句。"位卑不敢忘忧国"是南宋诗人陆游一生爱国爱民的真实写照，他在《示儿》一诗中写道："死去原知万事空，但悲不见九州同。王师北定中原日，家祭无忘告乃翁。"诗人临死之前，仍念念不忘祖国的和平统一，其爱国之心感人肺腑，催人泪下。杜甫在《茅屋为秋风所破歌》中发出了兼集天下苍生的远大理想："安得广厦千万间，大庇天下寒士俱欢颜。"文天祥的《过零丁洋》："人生自古谁无死，留取丹心照汗青。"表现了坚贞的民族气节，慷慨悲壮，感人至深。范仲淹在《岳阳楼记》中书写了"先天下之忧而忧，后天下之乐而乐"的远大抱负，在今天仍有积极的教育意义。岳飞的《满江红》"壮志饥餐胡虏肉，笑谈渴饮匈奴血"，是何等的气势。王昌龄的《出塞》、范仲淹的《渔家傲·秋思》、辛弃疾的《破阵子》都抒写出了他们的爱国之情。

在课堂上教学时，我们要让学生在理解诗句意思和时代背景的基础上，深入体会诗人的爱国情感。教育学生学习古人热爱自己的祖国，长大后做祖国的接班人和建设者，为自己的国家做出应有的贡献。

其次，热爱家乡的教育。古人云："美不美，家乡水；亲不亲，故乡人。"

足见对家乡的热爱。唐代著名诗人李白在《静夜诗》中写道："举头望明月，低头思故乡。"字里行间流露出对久别故乡的深切思念。唐代诗人王维在《九月九日忆山东兄弟》中写道："独在异乡为异客，每逢佳节倍思亲"，表达了对亲人的思念。宋代王安石在《泊船瓜洲》一诗也写道："春风又绿江南岸，明月何时照我还"，表现自己对家乡的恋恋不舍。范仲淹的《渔家傲·秋思》"浊酒一杯家万里，燕然未勒归无计"，流露出的是何等的想念家乡。

在课堂上教学时，我们可抓住这些千古绝唱的佳句，教育学生从小热爱自己的家乡，为改变家乡落后面貌而奋发图强。

再次，亲情教育。亲情教育是传统伦理道德的一个重点。孟郊的《游子吟》"谁言寸草心，报得三春晖"，歌颂了伟大的母爱。唐代诗人王维在《九月九日忆山东兄弟》中写道："每逢佳节倍思亲"，手足之情溢于言表，使人感动至极。魏朝曹植的《七步诗》"本是同根生，相煎何太急"，则从反面教育我们亲人之间不可互相迫害，应和睦相处。苏轼"明月几时有"，用皎洁的月光酿成亲情之酒，陶醉了一代又一代文人。

在课堂上教学时，要启发学生感受亲人对自己的关爱，努力培养学生尊老爱幼的高尚品质，帮助学生维持良好的亲情关系，使学生有一个和谐的亲情网。

最后，友情教育。对学生来说，与朋友的交往是他们学习生活中不可缺少的一部分。没有朋友的学生不仅会孤陋寡闻，而且心理也是不健康的。因而友情教育是不可忽视的。古人一向重视朋友间的交情，如李白的《赠汪伦》"桃花潭水深千尺，不及汪伦送我情"，表现了诗人和汪伦之间纯朴而深厚的感情。王昌龄的《芙蓉楼送辛渐》"洛阳亲友如相问，一片冰心在玉壶"，高适的《别董大》"莫愁前路无知己，天下谁人不识君"，李白的《黄河楼送孟浩然之广陵》"孤帆远影碧空净，唯见长江天际流"，王维的《送元二使安西》"劝君更尽一杯酒，西出阳关无故人"，杜甫的《江南逢李龟年》"正是江南好风景，落花时节又逢君"等诗，都是为朋友而作，表达了朋友之间的深情厚谊。

在课堂上教学时，可引导学生深入感知，领会诗中所表达的思想感情，教育他们要珍惜朋友间的感情。

刘勰在《文心雕龙·知音》所说"夫缀文者情动而辞发，观文者披文以入情。"这个"情"，是指内在的感情必须通过读懂文中的形象来解除压缩在其中的作者的深情。在古诗教学中我们应引导学生深刻体会诗的思想感情，使之受到感染，进而对学生进行中华传统文化教育，让古诗这一颗璀璨的历史明珠放射出更加耀眼夺目的光芒。

《语文课程标准》指出："语文教学应在师生平等对话的过程中进行。""学生是语文学习的主人。""教师是学生活动的组织者和引导者。"这明确要求我们教师转变角色，改变过去满堂讲解、分析的教学模式，把学生的自主学习放在首位，把时间还给学生，让学生当课堂的主人。在"新课标新理念"的指引下，通过古诗文教学活动使学生更加睿智、明理、勤奋、好学，能使他们得到全面的发展和提高。

总之，中华传统文化的弘扬，需要每一位语文教师的努力，需要每个学生的努力，更需要每一个中国人的关注和努力。我想，只有这样，圣诞节重于春节，情人节重于七夕节的事件才不会再度发生；只有这样，中华传统文化才会永远屹立于世界民族文化之林。

凡炎黄子孙，皆应和之。

03

严谨的教学研究

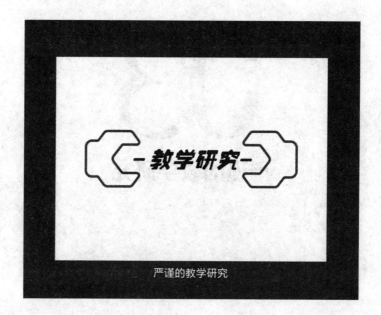

-教学研究-

严谨的教学研究

"新课程背景下的高中语文高效课堂模式" 设想

课堂的高效率是教学之命门。可是,新课程与传统的语文课堂教学的区别在哪里?在新课程背景下,如何实施教学才能达到高效的目的?下陈鄙见,期行家斧正。

一、高效课堂的形成,首先有赖于教师对教材知识点和能力点的处理

高效课堂的最基本要素,在于教师素质和学养。这就要求教师熟悉教材,研究教材。教师首先要有一个思路清楚、重点明晰的课堂设计。只有这样,才能居高临下,才能更好地驾驭课堂,抓住重难点,对教学内容进行大胆的取舍。

例如,本人在教学巴金《小狗包弟》一文时,因内容较多,而教学只能安排一课时,所以对教学内容必须要精心设计。重点设计了这样几个环节:理清全文的脉络结构——找出贯穿全文的一条主线——交流探讨富有哲理性的句子——作家谈生命——课外延伸。其他的诸如字词、作者简介、解题等,在课前解决,或课堂上一带而过。一个科学的课堂设计,不仅可以提高课堂教学效率,还可以体会到师生互动、共同成长、共同提高的快乐。与之相反的是,有的老师一讲到文言文,不管读音、释义、语法、句式,必须一句一句讲明白,而讲明白实际上把教师所知道和翻译的东西悉数灌给学生,这样的教学导致的结果必然是教师受累,学生疲惫,教学效率自然比较低下。

二、以学生的发展为中心,提高课堂效率

新课标明确指出"学生是学习的主人",是课堂的主体,学生的积极投入、思考,获取新知,是检验高效课堂最直接,也是最根本的标准。

例如,本人在教学《雨巷》一诗时,设计了这样一个问题:黑塞说"真正的修养不追求任何具体的目的",又说教养就是对精神和心灵完善的追求,这两句话是否矛盾?问题一出,激起了同学们思维的火花,研读文本,小组交流探讨。有的学生解释了"真正的修养"不存在功利的企图，正是为了"精神和心灵的自我完善"；有的学生抓住"具体"一词，解释了"具体的目的"是通常所说的提高某种能力和本领；还有的学生说，本领和能力固然重要，但那只是生存的手段，而真正的教养则会提升到生命境界这一高度。说得多好！

这样的教学，能够激发学生的学习兴趣，紧紧把握学生的思维脉搏，和学生一起与文本对话，让不同的思想碰撞，在对话与碰撞中获取知识，开阔思维，提高能力。

另外，对学生进行学习方法的指导，也是提高课堂高效的一个有效的途径。

课堂教学过程是学生在教师的指导下掌握知识发展能力，形成良好的道德品质和审美情趣的过程，是学生将知识有效地转化为能力的内化过程。这个过程只能由学生自己完成，其他人不能代替，如果没有学生的积极主动的参与是不行的。因而，教学活动的组织一定要以学生为对象，教学质量的评估也要以学生的学习情况、发展状态为主要参照系。教师不仅要着眼于教，更要着眼于培养学生学习语文的能力。学生的能力得到了真正的提高，课堂教学的效率也就提高了。

三、对课堂获取的知识的巩固，也是对课堂的高效性的保持

研究表明：语文教学效率不高主要表现在语文课堂教学和语文训练过程两个方面。语文训练过程的问题集中体现在没有计划性和系统性。虽然学生为了巩固课堂知识、提升能力或是迎考做了大量试题，但这些试题的安排布置，老师无计划性，也根本无法考虑学生的个体差异，根本做不到因学生的学习风格不同而采用不同的教学策略和训练步骤。语文训练始终是模糊的，而非科学有序的，在盲目的重复中做了许多无用功，而学生的语文能力又不能得到很好的发展。语文科是这样，其他科目或多或少也存在这种情况。

科学的语文训练体系应该使每个学生的语文能力都得到发展和提高，要实现这一目标，首先必须保障有科学的训练系统，包括训练的总目标、训练的具体内容、每项具体内容所应达到的具体标准、训练的先后步骤等。以现代文阅读为例。先根据文体分类，每种文体都分分项训练与综合训练二步，分项训练按能力点逐个分解，包括词的理解、句的理解、某一局部内容的理解、段的理解、篇的分析理解，每个能力点集中训练，由浅而深，由易到难，由简单到复杂，逐层递进，分项训练通过之后，然后进行综合训练。

另外，将多媒体引入语文训练，有诸多长。首先，实现了有意识的有效重复，消除无意识的无效重复，从而提高效率，避免做无用功；其次，在语文训

练环节上真正实现了因材施教，以往教师限于时力、水平不能实现的，多媒体技术达到了；再次，从根本上实现了语文训练科学化，训练有针对性，训练有序，训练有趣，提高了语文训练效率，达到了使学生语文能力逐级层进发展的科学境界；最后，在训练领域里，大大减轻了教师的负担。

综上所述，提高语文课堂的高效性需要我们从课前备课、课堂操作以及课后巩固等几个环节来实践，只有这几个环节环环相扣，语文课堂教学的效益才能得到切实地提高。

高一文言文学法指导

高一文言文的学习对学生的要求不高，但作为基础而言，必夯实之。教材上选的，以先秦诸子散文为主。要学好先秦诸子散文，先要对该类散文有一个整体了解，因此，学习之前，最好将读本上的《先秦诸子散文》一文看一看，做到心中有数。

先秦诸子散文的发展大致可分为三个阶段。

第一个阶段是春秋战国之交，以《论语》和《墨子》为代表。《论语》是短小的语录体散文，《墨子》中多对话，其中杂有议论的成分，初具议论文的规模。

第二个阶段为战国中叶，以《孟子》和《庄子》为代表。《孟子》是对话体论辩文，《庄子》接近专题论文，都具有较强的文学性。

第三个阶段为战国后期，以《荀子》和《韩非子》为代表，它们富有逻辑性。

先秦诸子散文的共同特点是善用比喻说明道理。孟子以"战喻"解答梁惠王的质疑；荀子以灵活多变的比喻说明学习的重要作用、学习态度和学习方法；而庄子则以寓言故事为喻来说明道理。因此喻证法是本单元学习和训练的重点。

喻证法就是用具体生动的事物来打比方，从而说明一个较为抽象、较为深刻的道理的议论方法。这种方法，能把深刻、抽象的道理说得生动形象、深入浅出，使人乐于接受。

运用喻证法，必须选好用来比喻的事物。喻体可以是起初的事物，也可以是寓言、神话或者作者合理想象的事件，但无论喻体是什么，都应容易被读者理解和接受。另外，比喻还应贴切、自然、不牵强，并要和所讲的道理和谐一致。

文言文的学习，少不了诵读。读有多种形式，如朗读、诵读、默读等。其中，诵读是我国古代最常见的一种学习方式。所谓"诵读法"，就是指放开声音，反复地读，直到熟练地记住并准确理解为止，即"熟读成诵"。

诵读的具体形式大体有以下几种：

第一种是连续诵读。就是指反复诵读一篇文章。

第二种是间歇诵读。就是间隔一段时间或变换场合后再重新诵读。

第三种是连续与间歇结合的诵读。

第四种是诵读抄读结合法。就是诵读一遍再抄写一遍或几遍，用来加深对文章的理解和强化记忆。

在文言文中，文言虚词的数量较少，但因其使用频率高，语法功能强，古今变化大，用法灵活多变，容易成为学习文言文的障碍，影响文言文阅读能力的提高，那么，怎样才能掌握文言文虚词的用法呢？

首先，分清虚实，认真辨析。文言虚词，大多从实词转化而来。在古汉语中，某个词既是实词又是虚词的情形较常见，这往往取决于具体的语言环境。在阅读过程中，必须根据具体的语言环境，对词语进行认真辨析。

其次，熟悉功能，了解用法。虚词的语法功能比实词强，实词通常靠虚词的组合、连接、辅助而成为完整的句子，从而表达不同的意思，抒发不同的感情，体现不同的语气。鉴于虚词用法的灵活性，在阅读过程中，必须结合具体语言环境，根据一般用法，注意其在实词组合、语句关联、句子类型和语气表达中的作用，才能顺利地掌握和解决有关虚词的问题。

最后，古今对照，掌握变化。古汉语在发展的过程中，文言虚词的用法与现代汉语虚词的用法有很大不同，因此，必须了解它的变化情况。变化情况大致有如下四种。

（1）少数沿用下来，古汉语与现代汉语的用法相同，如"学然后知不足"中的"然后"。

（2）有的没有沿用下来，古汉语中的用法，在现代汉语中完全摈弃不用，如作发语词的"夫""盖"，起停顿作用的"者"，取消句子独立性的"之"等。

（3）有的用法发生了变化，如古汉语中的"所以"，可以表示原因或凭借，现代汉语则表示结果。

（4）有的虚词已改用别的词，如文言语气助词"矣"，在现代汉语中改用为"了"；"乎"改用为"吗""呢"；"于"则根据具体的语言环境，分别被"在、向、对、从、同、到、被"等介词代替。

从2002年起，高考语文文言文翻译语句不再采用选择题的形式，改用直接用文字翻译的表述形式，而且分值较高。那么，应怎样正确地翻译文言文呢？

1. 文言文翻译的原则

翻译文言文要做到"信、达、雅"三个字。"信"是指译文要准确无误，就是要使译文忠于原文，如实地、恰当地运用现代汉语把原文翻译出来。"达"是指译文要通顺畅达，就是要使译文符合现代汉语的语法及用语习惯，字通句顺，没有语病。"雅"就是指译文要优美自然，就是要使译文生动、形象，完美地表达原文的写作风格。

2. 文言文翻译的要求

高考阅卷要求，在翻译过程中，必须遵循"字字有着落，直译、意译相结合，以直译为主"的原则。这就要求我们，在具体翻译时，对句子中的每个字词，只要它有一定的实在意义，都必须字字落实，对号入座。翻译时，要直接按照原文的词义和词序，把文言文对换成相应的现代汉语，使字不离词，词不离句。如果直译后语意不畅，还应用意译作为辅助手段，使句意尽量达到完美。

3. 文言文翻译的失误形式

（1）强行翻译。在文言文中凡是国名、地名，人名、官名、帝号、年号、器物名、度量衡等，在翻译时，可以原封不动地保留下来，不用翻译，因为这些词一般都无法与现代汉语对译。

例如，晋侯、秦伯围郑，以其无礼于晋。

译成：晋文公和秦穆公联合围攻郑国，因为郑国对晋文公无礼。

（2）今义当古义。随着社会的发展，有的词语意义已经变化了，有的词义广大，有的词义缩小，有的词义转移，有的词感情色彩变化，有的名称说法改变。因此，要根据原文的语境确定词义，且不可以今义当古义。下面几例翻译均是不妥的。

（1）河内凶。《寡人之于国也》

译成：如果河内心肠狠。

（2）非蛇鳝之穴无可寄托者。《劝学》

译成：没有蛇鳝的洞穴就无法托付了。

（3）东面而视，不见水端。《秋水（节选）》

译成：东边去看，看不到水的尽头。

（4）吾常见笑于大方之家。《秋水（节选）》

译成：我将长久地被不吝啬的人耻笑。

这四句翻译均犯了以今义译古义的毛病。例（1）的"凶"属于词义转移。在古代是指谷物收成不好，荒年；而现在指人或动物暴躁，心肠狠。译句应改成"如果河内地区遇到饥荒"。

例（2）的"寄托"，在古代汉语中指"安身"，而现在指"托付，动词，把理想、希望、感情等放在某人身上或某种事物上"的意思。

例（3）的"东面"是，古义"脸朝东"的意思，今为"方位词，东边"。

例（4）的"大方"在古代指"专家、学者、内行的人"，现在指"对财物不计较，言谈举止自然"。

（3）该译的词没有译出来。

例句：如或知尔，则何以哉？

译成：如果了解你们，那么你们做些什么呢？

译句没有把"或"译出来，应当译成"有人"，也没有把"以"译出来，应当译成"打算"才算正确。

（4）词语翻译得不恰当。

例句：不爱珍器重宝肥饶之地。

译成：不爱惜珍珠宝器肥田沃土。

译句中把"爱"译成"爱惜"不当，"爱"有爱惜之意，但在这个句子中是"吝啬"的意思。

（5）该删除的词语仍然保留。

例句：师道之不传也久矣。

译成：从师学习的风尚也已经很久不存在了。

译句中没把原句中的"也"删去，造成错误。其实原句中的"也"是句中语气助词，起到舒缓语气的作用，没有实在意义。在翻译时，完全可以去掉。在文言文中有些只表示停顿、凑足音节，或者起语气作用的助词，或者起连接作用的虚词，它们没有实在的意义，虽然在原文中是必不可少的，但在翻译时，因为没有相当的词可以用来表示，应该删除不译。例如，表示判断的"者"和"也"或"……者也""者……也……"在翻译时应该从译句中去掉，并在适当的地方加上判断词"是"。

（6）省略成分没有译出。文言文中，有的省略成分没有必要翻译出来，但也有的省略成分必须翻译出来语意才完全。

例句：权以示群下，莫不响震失色。（司马光《赤壁之战》）

译成：孙权给群臣看，没有谁不吓得改变了脸色的。

句中的"以"后面省略"之"，指代曹操的书信，而译句中没有译出来，应该在"孙权"的后边加上"把曹操的书信"，语言才显得清晰完整。

（7）该增添的内容没有增添。在翻译时，有时为了文句符合现代汉语习惯，必须增添一些内容，才算恰当。

例句：今刘表新亡，二子不协。

译成：现在刘表刚刚死亡，两儿子不团结。

在数词"两"后边加上量词"个"，语气才显得流畅。

例句：由是先主遂诣亮，凡三往，乃见。

译成：因此，先主刘备就去拜访诸葛亮，总共去了三（次），才见到他。

译句中在数词"三"后加上量词"次"字。

（8）译句不符合现代汉语语法规则。在古代汉语中，有一种倒装句，这种句子在翻译时，一般说来，要恢复成现代汉语的正常句式。

例句：蚓无爪牙之利，筋骨之强。

译成：蚯蚓没有爪子和牙齿的锋利，筋骨的强壮。

这个译句没有按定语后置的特点来译，正确的翻译应该是：蚯蚓没有锋利的爪子和牙齿，强壮的筋骨。

总之，高一阶段的文言文，必须潜心学习，须知"不积跬步，无以至千里"！

2006 年 11 月 1 日

浅论小班化教学

一、小班化教学是 21 世纪社会发展的要求，是教育发展的趋势

教育教学的组织形式是为教育培养目标和教育内容服务的。班级授课制是 17 世纪工业革命的产物。工业革命推动了劳动生产率的提高，以先进的机器生产大批量的标准化产品，同时对人的素质要求提高了，需要大量的有一定文化知识、能掌握先进生产技术的人员。农业社会那种私塾式的个别教育已不能适应社会发展的要求，于是就出现了班级授课制。几十个学生为一个班，由同样的老师讲授同样内容的课程，达到同样的目标。批量式的培养人才，大大提高了教育的效益，这种组织形式既提高了效率，又降低了教育成本，满足了社会的要求，因此得到了迅速的发展。经过几百年的发展积累了丰富、完整的实践和理论的经验，形成了成熟的体系。夸美纽斯的《大教育学》、菲赫巴特的《教育学》和凯若夫的《教育学》都是在这种教育组织形式下研究其规律而产生的。它到现在仍有较强的生命力，说明它的存在有合理的内核，培养了大量的优秀人才和无数的有文化的劳动者。在发展中国家，特别是我国，这样的大国办教育，大班制教学仍不失为合理的组织形式，满足了广大群众对优质教育的需求。

但是，随着时代的发展，大批量的标准化的大工业生产已逐渐地被以知识为基础的高新产业所代替，这种产业被称为知识经济。知识经济的时代又被称为是后工业革命时代。这种经济是以高新技术的创造、传递和应用为发展动力的。创新是这个时代的特征，它需要的是富有个性的创新型人才。那种批量式的标准化人才已不适应这种时代的要求。教育目标的变化，推动了教育内容和形式的变革。目前教育改革出现两大趋势：一是教育的价值取向从单纯的传递教科书上所呈现的现有知识向促进人的主动健康发展转变；二是教学的组织形式从批量生产式的大班教学向适应个性充分发展的小班化或个别化教学转化。发达国家像欧美诸国早就实行了小班化教学。班额一般在 25—35 人。日本规定中小学班额不超过 40 人。我国教育部原规定班额一般控制在 45—56 人，但近年来许多省级重点中学班额一般都超过 60 人，最多的达 100 多人，与大学的基础课差不多。不过有条件的地区已经在控制班额并逐步推行小班化教学。许多经济条件好的家庭也更愿意为孩子选择教学水平较高的实行小班化教学的学校，使自己孩子的个性得到充分的发展。而且已经实行小班化教学的地区和学校，其优势正在显示出来，教学水平明显优于大班教学。

总之，小班化教学是适应了时代的发展，尤其是知识经济发展的要求，适应了人们对高质量教育的需求，它必将在我国得到发展。

二、小班化教学的特点

小班化教学一般是指班额不超过 40 人，以 25—35 人为最宜的教学组织形式。目前成都实行小班化教学的多数是民办学校或改制学校。有两种形式：一种是班级建制就是小班的，像我校和高新区的银都小学等；另一种是建制为大班，上一些科目如英语等实行小班化教学，像几所外语学校的英语教学即是如此。

与大班额的教学相比，小班化教学具有明显的优势。

一是使教学具有更强的针对性，有利于因材施教。学生人数比较少，教师有更多的机会了解每一位学生的学习状况，包括学生的基础、心理、个性爱好、特长、能力等，这样在教学的设计时就具有较强的针对性，而且也有更多的时间和空间对学生加强个别指导，使学生得到更充分的交流。现在一些公办重点学校班额都在 60 人以上，教师上一个班所面对的学生人数，相当于小班化教学人数的两倍以上已不可能有充分的时间和精力对学生进行过细的辅导，教学的针对性也不强，只能面对多数，因材施教只是一句空话。现在出现的各校加班加点的补课活动，即由此而来，严重增加了师生的负担。小班化教学由于课堂上增加了针对性，课后主要是个别辅导，为减轻师生负担创造了条件。

二是促进了师生的互动，有利于学生主动健康的发展。小班化教学中，学生在课堂内所平均占有的时间成倍增加。这样，在课堂上师生之间、学生与学生之间有更充分的时间进行讨论和交流，有利于师生之间的互动。这种互动是师生共同发展的动力。课堂教学中是否实现师生互动，是新课程理念对课堂教学的要求。在互动中，学生在教师的指导下，达到自主、合作、探究性的学习，充分发挥主体的积极性和创造性，提高学习质量，促进学生主动、健康的发展。在这样的教学氛围下，学生有更多的机会质疑、表达自己的独立见解以及动手实践，有利于他们综合素质的提高。小班化为课程改革创造了极为有利的条件。

三是小班化教学继承了班级授课制的所有合理内核，又克服了大班授课制的弊端，增加了个别教学的优点。既不过分增加教育的成本，又可充分发展学生的个性。小班教学与大班教学相比，教学成本肯定提高了，但教学效益也提高了。学生在有效时间内获得更多的学习指导，特别是享受更加充分的优质教育资源，教学质量得到更快、更好的提高。而大班教学虽然教学成本低一些，但往往是以牺牲一部分学生为代价的，这部分学生往往得不到更具体的指导和帮助而出现"吃不饱"或"消化不了"的现象。这种现象在小班化教学中可以得到比较有效的克服。

当然，小班化教学是以经济发展为前提的，它必须提供更多的优质教育资源，投入更多的教育经费，创造更好的物质条件。在我国许多地区还不可能有这样的条件。小班化教学必须有更新的教学理念和方法与之相适应，否则可能造成资源的浪费。这种组织形式也有潜在的弱点：人少了，课堂气氛可能不那么热烈，学生之间的竞争力不那么强。如果处理不好，新课程改革可能就难以实施，所以我们不能掉以轻心。

三、如何开展小班化教学

这是我们应当深入、持久研究和实践的问题，必须认真探索和构思一套经验，才能真正办出特色。

第一，应当解决思想观念问题。我们多数教师已习惯于大班教学，有了一套既现成又成熟的经验。现在面临小班教学，显然没有思想准备，因此基本上沿袭了大班教学的一套思想和方法，而且是传统的思想和方法。与新课改精神和小班化教学不相适应。小班化教学的优势没有充分显露出来。学生们对此有较大的意见。我们应当认真思考为什么要实行小班化教学？其优势是什么？我们如何充分利用这些优势以提高教学质量？要认真分析小班教学和大班教学的异同，继承合理内核，摒弃其弊端。在思想观念上应强化在小班教学中让每一位学生都得到主动、健康的发展，而不是简单传递书本上现成的知识。要让每位学生得到老师更充分的指导，为他们指点发展的方向和目标。要培养他们远大的志向，健全人格，树立正确的人生观和价值观。要使他们养成良好的学习习惯、方法，提供自主学习的能力。要充分利用小班的优势，给学生留有更多的自我发展的时间和空间，减轻他们的课业负担。要做到这些，显然需要教师付出更多，把在大班教学中所花费的大量批改作业和试卷的时间和精力转移到对学生更多了解、交流和帮助上。显然在这方面，我们许多教师还没有做到。

第二，必须深入开展教学的改革与创新，提高教学质量。小班化教学为实施新课程计划创造了良好的条件，我们必须抓住全面实施新课程计划的有利机遇，深化教学改革。目前，一是要抓紧时间学习新课程思想理念，学习新课标，解读其基本要求。特别对"生活性、发展性、生命性"和"知识与技能、过程与方法、态度与价值观"的理解，要充分利用中央教科所（现为中国教育科学研究院）编发的新课堂教学案例来帮助理解，以便知道如何在教学中贯彻这些思想理念。二是一定要克服满堂灌和填鸭式的教学，正确把握好教改的尺度。要注意正确处理接受性学习与探究性学习的关系。基本的知识和技能应当要求学生牢固掌握，但应当花大力气在激发学生求知欲和正确的学习习惯及方法上。每节课都首先应当设计能引起学生思维碰撞的问题来激发学生的思维兴奋点，层层深化。一定不要只是简单搬出结论和由教师来灌输这些结论。要让学生和教师、学生与学生互动起来，并且在教师的指导下进行。对教学的不确定性应当有正确的把握。有些是课堂出现的质疑性的学术问题，可以给学生进一步思考的空间，不要急于做出结论。对一些班级开展的改革课堂组织形式的实验，不要轻易下结论。已经发现的问题要及时调控，而且不要全面铺开，可以在一些学科中进行，但必须计划方案和预期效果评价方案。

新课程计划中有一个很重要的内容，就是综合实践活动中的研究性学习课程。我们小班化教学应该是有条件进行的。研究性学习分两种情况：一是学科教学中的研究性学习，应当与研究性教学改革结合起来进行，可以进行一些深层研究的试点；二是科研性的研究性学习，应该组织一部分学习基础较好的学生开展一些研究活动，教师应当进行一些精心的指导和组织管理。

2007 年 9 月 2 日

浅谈新课改中师生角色的变化对教师的要求

第一部分　新课程改革中教师角色的变化

任何新课程的施行，都会推动教师教学观念的更新，都需要教师行为发生与之相适应的变化。教师在新课程中的最大变化是角色的变化。教师将不再只是知识的传授者和管理者，而是学生发展的促进者和引导者。

教师职责的转变，要求教师必须抽出更多的时间和精力从事那些有效率和有创造性的活动，强调师生间的互相了解、互相影响，强调教师对学生学习的兴趣和信心的激励、鼓舞。而要适应这一转变，教师角色必须由传授者转化为促进者，由管理者转化为引导者。教师要有更大的适应性和灵活性来做好他们的工作。过去的教师是知识的传授者，学生是知识的接受者，学生在教师的控制和监督下进行学习。教学以知识传授为主旨，学生的情感、意志、兴趣、性格等方面不太受教师的关注。教学方向、内容、方法、进程、结果和质量等，都由教师决定和负责，学生的任务和责任就是"应试"和接受评定。而在新课程中，教师的主要职责已从知识的传授者转变为学生发展的促进者。

教师作为促进者，其角色行为表现为：

首先，教师要帮助学生确定适当的学习目标，并确认和协调达到目标的最佳途径；指导学生形成良好的学习习惯、掌握学习策略，发展学生的综合能力。

其次，教师要创设丰富的教学情境，激发学生的学习动机和学习兴趣，充分调动学生的学习积极性。

再次，教师要为学生提供各种便利，为学生服务，要创建一个富有接纳性、支持性的宽容的课堂气氛；教师要与学生一起分享他们的情感体验和成功喜悦；和学生一道寻找真理，并能够承认过失和错误。

最后，新课程要求教师将自己的角色定位在引导者上，因为学生素质的形成，是一个主体的建构过程，教师要尊重差异性，尊重多样性，尊重创造性，实现教师角色的转变。

教材知识体系的变化，决定了教师课堂控制方式的变化。传统课堂教学中的教师往往倾向于"结构化""封闭式"控制方式，在新课程中，教师将更多地采取"非结构""开放式"的控制方式，特别注重学生的情感体验和创新品质的培养。这种教学的多样性、变动性要求教师做一个决策者，而不再是做一个执行者。在这种课程环境下，教师要具有创新精神，能机智灵活地调控班级教学，创设良好的班级气氛，创设利于学生学习的环境，设计教学活动，在具体的教学过程中落实科学的教育理念。

新课程中教师行为变化的过程，是教师创造性劳动的过程，是教师行为发展和完善的过程。教师不仅是已有专业知识和技能的继承者和实践者，也是专业知识和技能的发展者。新课程中一些无法预见的、实践性的教学情境，对教师是一种强大的激励力量。教师作为专业人员，在其中体验理性释放的愉悦和创造性冲动所浸透着的欣喜。在新的教学情境中，教师将不断提升和完善自己。

新课程中教师行为的变化，已经不取决于个人的选择，而是一种教育情境的规定，一种课程发展的趋势，这种历史性的变化将铸造一代新型的教师。

第二部分　新课程理念下学生的角色观

新课标指出："教师应激发学生的学习积极性，向学生提供充分从事学科活动的机会，帮助他们在自主探索和合作交流的过程中真正理解和掌握学科知识与技能、学科思想和方法，获得广泛的经验，学生是学习的主人，教师是学习的组织者、引导者、合作者"。然而多年以来，受传统的教学模式的桎梏，学生的角色并没有明显得到改变，结合新课标的理念，笔者进行了一些探索。

一、由回答者到质疑者的转变

过去的课堂教学像是一个小型的舞台，教师是演员，学生是观众，这样的课堂教学不仅束缚了学生个性的发展，也会使学生对学习产生厌倦情绪，现在的学生再也不会容忍自己在课堂中担任这样的角色，因为他们有思想，有个人的主见，也更乐意向别人表达个人的见解，如果我们再用这样的方法，得出的结论显而易见。结合学生的心理特点，有的放矢地把学习的权力交给学生，可以形成师生之间、生生之间的信息传递和交流，在交流中让学生亲身体验知识的发生、发展的过程，经过独立思考，相互讨论，艰辛探索，去体验成功的愉悦，同时，能够提出问题本身就是进步。因为发现问题比解决问题往往更重要，当然，要想解决问题单靠一个人的力量是很难做到的，只有依靠大家的力量共同完成。所以，采用新形式既培养了学生的逻辑推理能力、语言表达能力，也使得我们的课堂教学充满了生机。

二、从听课者到参与者的转变

学生的生活经验固然有限，但并不妨碍他们的独特的情感体验和内心追求。因而，教师在授课时，应考虑学生独特的心理特点。新课标指出："教学要充分考虑学生的身心发展，要利用他们的生活经验和已有知识设计富有情趣和意义的活动"。以往的课堂教学设计，是教师凭个人对教学内容的理解设计出来的，忽略了学生这个群体，使得学生对上课没有兴趣。我国伟大的教育家孔子也说："知之者不如好之者，好之者不如乐之者"。可见，在学习活动中把学生从听课者的角色转变为参与者角色显得多么重要。

三、由解题者到出题者的转变

考试是一种评估手段。有时，为了达到我们自认为"理想"的评估效果，便会绞尽脑汁，不遗余力地设计出一些超出学生认知结构和知识特点的各类高、难、偏的题型。从而导致学生对考试有一种畏惧的心理，我想这种考试所产生的负面作用有以下两点。

1. 学生担心考得不好，会被父母、老师批评。

2. 学生对考试不感兴趣，因为内容呈现的形式总是老一套。

那么，能不能减轻一下学生的心理压力，降低对考试的畏惧感呢？我认为让学生参与到编题中不失为一个好方法。从以往教师出题评价学生到学生出题评价自己，有利于学生主体角色的转变并激发学生在主体地能动地获取知识的过程中对学习产生兴趣和热情，从而更好地改进自己的学习方法，弥补自己的不足之处。试想，会积极地主动地自我评价的学生不正是我们所期待的吗？

实践证明，要想很好地贯彻新课标的有关精神，只有把学习的主动权真正地交给学生，以实现学生的角色的转变，我们的课堂教学效益才会在更大的范围内、更深的层次上产生质的飞跃，才能保证教学始终在新的理念指导下获得预期的教学效果。

第三部分　新课程理念下的师生关系——尊重平等

一、教师角色的转换

教师的角色转变为"学生成长的引领者，学生潜能的唤醒者，教育内容的研究者，教育艺术的探索者，学生知识建构的促进者，学校建设的参与者，校本课程的开发者……"教学是师生间交流和沟通的过程，教师从讲台上走下来与学生做朋友，做学生学习的引导者、帮助者、参与者，师生间的关系是和谐、民主、平等的。

二、教师在学生学习中的角色

1. 局外人：教师对学生的学习不给予任何关注。

2. 旁观者：教师看着学生学习，做出评价。

3. 课堂管理者：教师帮助学生准备学习，在学习过程中给学生以帮助。

4. 学习伙伴：教师加入学生的学习活动，充当学习伙伴。

5. 学习领导者：教师加入学生的学习，主动地丰富学习内容，拓展学习范围。

6. 指挥者和控制者：教师控制学生的学习活动，告诉学生应该做什么，不该做什么。

三、学生心目中的教师形象调查

1. 学生心目中的理想教师。

①公正正直。②关心学生，重视学生。③情绪稳定，不随意发怒，不苛求讽刺学生。④除有学识之外，还有良好的教学方法，有崇高的理想。⑤没有不良习惯，如随地吐痰、口沫横飞、衣冠不整、表情过度等。

2. 学生最不欢迎的教师。

①过分严厉，淡漠无情。②腹中无识，自充贤能。③爱讽刺、挑剔，刺伤学生自尊心。④性情怪僻，态度傲慢，与学生敌对，不负责任。⑤喜欢学生阿谀奉承。⑥不懂教学方法。⑦胆小怕事。⑧处理问题不公平。

四、教师用语

1. 你非常聪明，我很喜欢你！

2. 请你帮我一个忙，可以吗？

3. 你提的问题很有思考价值，我们共同研究一下。

4. 你的表现很出色，我很欣赏你！

5. 你的思维很独特！能说说你的想法吗？

6. 我真为你取得的成绩而自豪！

7. 你真了不起！我很佩服你！

8. 你敢于向教材（老师）提出个人见解，非常了不起！

9. 你很有发展潜力！

10. 你是一个懂事的孩子，愿你能发挥更大作用！

11. 别着急，再想一想。

12. 坚持一下，你会做得比现在还好！

13. 我相信你一定能行！

14. 只要肯动脑，你一定会变得更聪明！

15. 看到你的进步，我真高兴！

16. 我知道你已经后悔了，是吗？

17. 你不用伤心，我会支持你的！

18. 说错了没关系，我会帮助你！

19. 你永远是最出色的学生，我相信你！

20. 再给你一次机会，一定要把握住啊！

五、教师忌语

1. 明天叫你家长来，叫不了来，你就别上课了。

2. 你是不是觉得你比别人水平高，你是不是认为你比别人能行。

3. 想一想，你是怎么回事，想不通，就别回家了。

4. 你怎么这么没有出息，连作业本也忘了带，你怎么忘不了你自己。

5. 你脸皮真厚，要是我，早找个地缝钻进去了。

6. 你家长辛辛苦苦让你上学，你却不好好学习，还专门爱花钱。

7. 你看你前面的同学比你好，你右面的同学比你好，左面后面的同学都比你好。

8. 完了，你太没用了，这辈子算没有出息了。

9. 你瞧你想个什么，根本就不像是我的学生。

10. 今天怎么来晚了，别解释，站半天。

11. 现在正在上课，你在那里做什么小动作，你站起来。

12. 你看你是个什么人，根本就不像个人。

13. 你是班上的渣渣学生。

教育工作者有三点永远都不能逾越——学生的生命健康不能逾越，学生的人格尊严不能逾越，学生的个体差异不能逾越。

六、尊重学生

1. 首先要尊重学生的天性。由于遗传的原因，每个学生有其独特的天性。教师应该了解每个学生的天性，接纳每个学生的独特天性，并根据每个学生的特点，因材施教。

2. 给学生提供更宽松的环境和更多的自由发展空间。要顺其自然，接纳学生对自己行为的选择，重视学生做出的独立判断。因此，尊重学生，有助于学生独立性的养成并克服对别人的依赖性，有助于学生发挥个人的潜力。在这种氛围中，素质好、心理健康的学生会更好地发挥个人的优势，成为有创造性的人。

七、好教师的标准

热爱教育工作，尊重每个学生，富于同情心，在学生心目中是个"好人"。博学多才，充满智慧，是好的知识传播者和教练员，自己的"一桶水"保持丰满。在学生心目中有"人格魅力"。

1. 诚恳，宽容，有帮人之心，无伤人之意。

2. 真实。把你真实的一面给儿童。

3. 有丰富的情感。

懂得"教育过程是充满烦恼和痛苦的"，以乐观的心态接纳这一过程，同时相信："你付出的越多，你从教育结果中得到的欢乐和满足就越多。"

对教育和教学工作充满兴趣，为孩子们的每一点进步、成长、成熟而高兴、兴奋、满足。

具有心理诊断师和教育专家的风格，掌握丰富的心理学知识和技能，对儿童的遗传条件、心理发展、人格特征做出准确的判断和鉴定，有一套自己的教育思想、教育原则和教育教学方法。

八、好教师应有的品质

1. 心头涌动着热爱学生的激情；
2. 头脑里充满学问和智慧；
3. 浑身洋溢着人格魅力和才华；
4. 坦然接受令人烦恼的教育过程；
5. 对教育工作充满兴趣并从中获得满足；
6. 有心理学家的洞察力和教育专家的技能技巧。

九、优质课的标准

好课标准的五个"实"：有意义的课（扎实的课）、有效率的课（充实的课）、有生成性的课（丰实的课），常态下的课（平实的课），有待充实的课（真实的课）。（叶澜教授）

优质课堂首先是符合当前课程标准要求的，可以促进学生对知识技能的理解和掌握的；优质课堂还是高效率的，可以充分实现三维教学目标，完成教学任务的；优质课堂还是能实现教学相长，富有生成性成果的课。优质课堂也是学生主动、愉快参与的课堂，学生能够进行积极有效学习的课堂。

在创建优质课堂的探索中，教师要关注学生的生活，重视知识与实践的联系，注意在做、用的过程中让学生学习，注意用各种各样的方式帮助学生通过想象、观察和操作演练将知识与学生个人生活和社会实践结合起来。教师在教学中关注学生的兴趣爱好，尊重学生人格，认可个体差异，努力满足学生的需要，优质课堂教学的气氛是活跃的、热烈的、多姿多彩的、有趣的、成功的课堂生活，课堂在教师的组织、引导、促进中，渐渐地生动起来，鲜活起来。

优质课堂上，学生的学习发生了实质性的变化，提倡自主、探索与合作的学习方式，较多地使用小组讨论法，课堂提问法，师生交流法等方法组织课堂教学，这样彻底打破了教师一言堂的局面，出现了生动、活泼的探究型学习的场面，多了更多的宽容、鼓励、赞许、微笑乃至满意的眼神；同时教师较多地使用多媒体教学手段，充实了课时内容，开拓了学生的眼界，增加了课堂的生动型、鲜活性，学生学起来比较轻松。

语文评价中如何考查中华优秀
传统文化研究计划（高中部分）

一、本组成员

李巨龙、汪平、李孟兵、余安国、凌伟、施兴翠、李丽。

二、课题研究的指导思想

1. 以习近平新时代中国特色社会主义思想为指导思想。习近平同志在党的十九大报告中指出，深入挖掘中华优秀传统文化蕴含的思想观念、人文精神、道德规范，结合时代要求继承创新，让中华文化展现出永久魅力和时代风采。

2. 以语文学科高考大纲为指导思想。教育部考试中心下发《关于2017年普通高考考试大纲修订内容的通知》（教试中心函〔2016〕179号），发布了2017年普通高考考试大纲修订内容。修订内容中语文学科的考查有较大改变，增加中华优秀传统文化的考核内容。例如，在语文中增加古代文化常识的内容，在汉语中增加文言文、传统节日、民俗等内容。更注重体现语文学科的基础性和综合性，优化考查内容，调整选考模块，全面考查语文能力和人文素养。

由此看出，中华优秀传统文化的传承已成为国家教育的必然趋势，学生综合具备国学素养、优秀传统文化常识、思辨能力等素质将越来越受到各大高校的重视。

3. 以语文学科核心素养为指导思想。语文学科的核心素养，是学生在接受语文教育的过程中逐步形成和发展起来的，是适应个人终身发展和社会发展所必须具备的关键的语文能力和综合语文素养。它由语言建构与运用、思维发展与提升、审美鉴赏与创造、文化理解与传承4个方面构成。

4. 以"《语文评价中如何考查中华优秀传统文化》课题实施方案"为指导思想。

三、课题研究的内容

（一）研究高中语文教学中如何考查中华优秀传统文化

1. 了解当前高中语文传统文化教学的现状。（包括学生现状和教师现状）

2. 挖掘人教版高中教材和"新高考"教材中的优秀传统文化。（包括必修、选修、新高考教材）

3. 在教学中怎样传承中华优秀传统文化。（包括怎样教授传统文化经典篇目和怎样在教学中渗透中华优秀传统文化）

4. 考查优秀传统文化中的哪些内容，以什么样的形式考查（如试题形式和课堂问答形式），考查到何种能力层级。（研究近 5 年全国各地高考试题，归纳整理各题型中考查了哪些有关传统文化的内容，是以什么题型出现的，考查对应的能力层级是什么，这些考查内容是否合理，还有哪些内容可以考查但全国各地试题中还暂未考查）

5. 中华传统文化中有哪些已经不适应时代需求，应该怎样对待。

（二）研究如何评价中华优秀传统文化的考查

1. 语文课堂教学中评价学生对优秀传统文化的了解与掌握程度

课堂教学中对学生所表现出的种种信息进行处理的过程和即时的评估，它是教学过程中不可或缺的一部分，它是一种直接影响着学生的发展的"过程性评价"，是"过程性评价"的一个重要组成部分。在课堂上评价作为师生之间交流的一种及时、有效的方式而贯穿于课堂教学的始终。及时、准确、积极、有效的"即时评价"方式，不仅对语文课堂教学起着重要的导向和激励作用，同时也对学生认识自我、建立自信起着良好的促进作用，更能高效地促进学生的发展。不仅如此，课堂中良好的"即时评价"因增添了许多情感和人文因素，而使得课堂生动、活泼了起来。评价有着极其深远的意义和广泛的使用价值，激励学生的学习热情，促进学生的全面发展，也是教师反思和改进教学的有力手段，最大的受益者是学生，同时也有利于教师课堂教学水平的发挥和自身业务的提升。（选 2—3 位实验教师分三阶段完成课堂实录）

2. 对学生优秀传统文化素养的评价。

评价学生的中华优秀传统文化素养，可以参照语文学科素养评价，尤其是语文学科核心素养评价。

"语文素养"一词是 2011 年版的《义务教育语文课程标准》和 2003 年版的《普通高中语文课程标准（实验）》中共有的一个核心概念，是中小学语文教学的核心要素。《普通高中课程标准（实验）》中共计 15 处提到"素养"，其中

"语文素养"共 13 处。可见"语文素养"一词均是贯穿课标始终的重要词汇，而且分布在各个章节之中，由此可见"语文素养"在中小学语文教学研究中的重要地位。

在众多的语文素养中，有人提炼出了语文学科的核心素养：语言建构与运用、思维发展与提升、审美鉴赏与创造、文化理解与传承。文化理解与传承是指学生在语文学习中，能继承中华优秀传统文化，理解、借鉴不同民族和地区文化的能力，以及在语文学习过程中表现出来的文化视野、文化自觉的意识和文化自信的态度。

语言文字是文化的载体，又是文化的重要组成部分。学习语言文字的过程，也是文化获得的过程。通过语言文字的学习，实现文化的传承与理解是语文核心素养的重要组成部分，也是学生语文素养形成和发展的重要表征之一。

应该能借助语言文字，体会中华文化的博大精深、源远流长，继承中华优秀传统文化，理解并认同中华文化，形成热爱中华文化的感情，提高道德修养，增强文化自信；能借助语言文字的学习，初步理解、包容和借鉴不同民族、不同区域、不同国家的文化，尊重多样文化，吸收人类文化的精华；能关注并积极参与当代文化传播与交流，在运用祖国语言文字的过程中，提高自己的文化自觉，初步形成对个人与国家、个人与社会、个人与自然关系的思考和认识，树立积极向上的人生理想，增强为民族振兴而努力的使命感和社会责任感。

3. 考试中对中华优秀传统文化定性、定量的结果评价。

结果评价主要存在于传统的教学评价体系中，如平时的阶段测试、高考等选拔性考试中。评价的目的是为了考查学生达到教学目标的程度，一张试卷解决一切问题，分数是其具体体现。在评价时，首先要对学生掌握并运用传统文化的情况要做一个定性，也就是他们达到的水平层次；然后定量，通过具体的分数体现出来。

四、研究方法

1. 问卷调查法。

2. 对比分析法。

3. 文献研究法。

4. 归纳总结法。

五、研究任务安排

研究任务安排表

研究内容	负责教师	研究时间	研究效果
高中语文传统文化教学现状分析（1人）		2018.05—2018.06	
人教版、新高考版教材中的优秀传统文化（1人）		2018.05—12 2019.01—07	
高考中传统文化考查的内容、形式、能力层级（2人）		2018.05—12 2019.01—07	
不适应时代的传统文化及对待方法（1人）		2018.05—12 2019.01—07	
学生传统文化素养评价及定性、定量的结果评价（2人）		2018.05—12 2019.01—07	
实验教师（课堂评价）	凌伟、李丽、施兴翠	2018.05—12 2019.01—07	

注：负责教师根据教师实际情况先自选，再安排。

六、研究时间安排

1. 完善小组研究计划。本组成员认真阅读本计划，提出修改建议，完善本小组研究计划。（2018 年 4 月 14—4 月 20）

2. 小组各成员认真查阅、学习与本课题相关的研究资料，撰写学习体会。（2018 年 4 月 21—5 月 1 日）

3. 小组成员按照分工安排开展课题研究工作并提炼阶段成果。（2018 年 5 月—12 月）。

分三个阶段：

第一阶段：完成高中语文优秀传统文化教学现状的调查分析。（2018 年 5—6 月）

第二阶段：本组成员全面开展本课题的问题研究。（2018 年 7 月—2018 年 10 月）

第三阶段：总结提炼阶段成果。（2018 年 11 月—12 月）

4. 阶段成果的实践与总结。（2019 年 1 月—5 月）

5. 终期成果的提炼、结题、推广。（2019 年 6 月 – 7 月）

七、研究预期结果

达到课题研究方案中的预期结果。

2018 年 4 月 14 日

国贫县高中语文教师传统文化
素养及其教育观念调查报告

摘要：通过调查，比较全面地了解高中语文教师的传统文化素养和传统文化教育观念的基本状况，有助于我们对如何提高语文教师传统文化素养以及增强语文教师传统文化教育观念提出研究对策。

关键词：问卷调查　高中语文教师　语文素养　传统文化

一、调查时间：2018 年 5 月 20 日—6 月 20 日

二、调查地点：四川省屏山县中学校、四川省宜宾县观音中学、四川省宜宾县蕨溪中学

三、调查对象：高中语文教师

四、调查人数：59 人

五、调查方法：问卷调查法、讨论法

引　言

在当今世界文化多元化发展的格局下，民族传统文化的传承与弘扬日益成为生存与发展的重大问题。作为传递传统文化的中坚力量，国贫县高中语文教师的传统文化素养及其传统文化教育理念对传统文化的考查和有效传承起着至关重要的影响作用。通过本次问卷调查，希望能够比较全面地了解我校高中语文教师的传统文化素养和传统文化教育观念的基本状况，有助于我们对如何提高语文教师传统文化素养以及增强语文教师传统文化教育观念提出研究对策。

一、问卷调查及讨论统计结果

（一）选择题统计结果

1. 有10%的教师很清楚传统文化包含哪些方面，52%的教师大概了解，而38%的教师只了解一些。

2. 对于传统文化的现状未来，有38%的教师认为传统文化有着旺盛的生命力，有52%的教师认为有一定影响，10%的教师认为正在消逝。

3. 把传统节日列为法定节日，95%的教师非常支持，5%的教师比较支持。

4. 76%的教师对仁义孝忠等传统美德从小就耳濡目染，24%的教师是从课外书上看到过。

5. 10%的教师对古代经史子集爱不释手，85%的教师偶尔翻阅，5%的教师不喜欢。

6. 95%的教师认为有必要在中小学就开展传统文化教育，5%的教师认为没有必要。

7. 中小学开展传统文化教育的主要目的是促进学生的全面发展占80%，是让学生了解传统文化，热爱传统文化占71%，是通过学习将知识内化为行动占67%，是掌握传统文化知识占57%。

中小学开展传统文化教育的主要目的呈现多样化，大部分的教师认为开展传统文化教育有利于促进学生的全面发展。

8. 86%的教师认为中小学传统文化教育的内容应该包括古诗词曲，71%的教师认为包括经史子集，62%的教师认为包括历史名人，57%的教师认为包括琴棋书画，29%的教师认为包括曲艺，19%的教师认为包括篆刻，14%的教师认为包括传统工艺和科学技术，10%的教师认为包括建筑，有29%的教师认为各方面都应涉及。

9. 有52%的教师认为当前的中小学传统文化教育存在的问题是师资力量缺乏，缺乏专职教师；52%的教师认为存在的问题还有偏重灌输式的课堂教学，教学效果差；有57%的教师认为存在的问题是对传统文化的界定模糊不清，教学内容的选择困难；也有57%的教师认为学生及其家长对传统文化的认识比较单薄，难以开展教育活动；最主要的是没有统一的教材，难以形成统一的评价标准，这部分占了95%。

10. 所有教师都知道古诗词曲的作者。

11. 绝大多数的教师了解经史子集中名句的出处。

12. 了解古代建筑知识的占半数略多。

13. 有 67% 的教师可以区分一般的书法字体，28% 的教师勉强可以区分，5% 的教师能区分并且可以看出是哪些名家的字体，对中国书法史有些了解。

14. 有一半多的教师了解我国的饮食文化。

15. 10% 的教师知道并能够区分儒释道思想观点，10% 的教师只知其一，80% 的教师了解大致思想，但不能完整描述。

（二）问答题调查结果

（1）作为中学语文教师在教学中如何融入中国传统文化的内容。在教学中讲解到相关文化的时候，可以多列举古代文人，加深学生对其了解；在讲文化时，教学方式可以多样化，如通过视频教学，插入中国传统的乐器、歌曲等内容激发学生的学习兴趣，还可观看传统文化的影视作品、纪录片；开设专门课程，采用传统文化专用教材，专题学习，系统讲解；从古诗文学习入手，从阅读中了解传统文化，加强传统文化熏陶；课堂教学中重视古诗词曲的吟诵和理解；在课内外开展有意义的传统文化活动，在亲身实践中感受传统文化；结合作家生平、课文词汇进行相关的拓展；在成语故事中感受中华传统文化；注重书法艺术，督促学生规范书写；以传统节日为契机，多方面多渠道地营造良好的传统文化教育氛围，进行传统文化教学实践。

（2）在考试中，怎样才能科学地考查我国优秀的传统文化。

试题命制坚持以立德树人为核心，加强社会主义核心价值体系教育；可选取传统文化的优秀篇章针对性考察；设置单选或多选考查学生对诗人、名篇名句的了解；给出史料，让学生结合所学知识进行分析和解读，写述评；设置词汇理解、姓氏字号、古代科技、科举与官职、礼仪制度等方面的选择题（单选或多选）和填空题、改错题；在考查文化常识、名篇名句时设置填空题；在现代文阅读中以单选、多选或简答考查；在文言文和诗歌鉴赏中针对文本设置相关文化知识填空题或选择题；在现代文、古代诗文阅读中设置提炼评价历史名人的精神品质类题目；在语言文字运用部分增加对传统文化的考查，可单选、多选，也可填空，形式多样，如拟写对联；提高语文总分，设置专门的传统文化部分，专题测试，分类命制，针对性考查；在作文中链接中华优秀传统文化，还可增设优秀传统文化的小作文，如 2018 年北京语文卷。

二、调查统计结果分析

（一）问卷统计结果分析

1. 半数的教师大概了解传统文化的内容，但绝大多数教师对传统文化的具体内容不是非常清楚。

2. 绝大多数教师对我国传统文化的现状未来持乐观的态度。

3. 教师对把传统节日列为法定节日的认同感非常强。

4. 教师获取传统美德的途径是多样的，但主要途径是父母长辈的言传身教，由此可见教师从小成长的环境对自身的文化素养影响较大。

5. 古代经史子集对于大多数教师来说，吸引力不够。

6. 绝大多数的教师认为在中小学开展传统文化教育是很有必要的。

7. 语文教师认为中小学传统文化教育的涵盖内容是比较广泛的，但从数据分析来看多数教师认为应该主要把传统文化教育内容放在古诗词曲、经史子集、历史名人、琴棋书画四个方面。

8. 当前中小学传统文化教育存在的问题十分严峻，并且存在的问题是多方面的，最主要的问题是没有统一的教材和统一的评价标准。

9. 从（10）—（15）问的调查结果可以看出，我校大部分语文教师都有着较高的传统文化素养，只是对少部分重要的文化还不是非常清楚，古代建筑、传统饮食文化、学术思想等传统文化有待拓宽与深化。

（二）讨论结果分析

1. 学校里关于传统文化的教授和传播方式很单一。教材中有不少关于古代优秀著作的文章，但教材只是将所谓的孔孟之道、优秀精神放在语文书中，由语文老师上课解说，这就很容易使得学生忽略传统文化中的内涵，只是注重文言文、古诗词的本身，只看考点而没有拓宽，对传统文化缺少介绍，缺乏新意的方式去学习，不足以引起学生对传统文化的浓厚兴趣，很多学生认为对文言文的学习大部分都是死记硬背出来的，文言文中所蕴含的有趣的事物他们也没有体会到，就因为如此，他们才会对文言文越来越排斥，觉得越来越无趣。

2. 有一小部分家长能认识到传统文化的重要性，也会多多少少让孩子们在课余时间学习传统文化，但是大部分家长都没能意识到家庭在孩子的教育，特别是基础教育时期，有着非常重要的作用。如果父母对传统文化的传承观念都不够深，那么孩子的观念和对传统文化的了解也会比较匮乏。

3. 许多老师都能够意识到传统文化的重要性，但是大部分老师都表示，即使自己重视，但是由于教学的进程压力，不得不按部就班地上课。老师都想在课堂上进行多元化教学，利用有限的时间激发孩子的兴趣，但很多老师都被教学进程和教学时间限制了，从而使得文言文的讲述变得枯燥乏味，无法激起孩子们的兴趣。虽然早就已经提出了素质教育，以人为本，全面发展，但是在真正的实施过程中，这些还是无法真正落实。很多教师都表示，大城市的发展比较好，但是一些小城市或者是农村，这些还都无法落实。传统文化中的道德观念能够很好地提高人们的素质，但是对中国传统美德宣传的缺失，也使得素质方面的发展变得较为缓慢，而素质教育的无法真正落实，也使得中国传统文化道德观念难以大范围传播。

三、研究对策

鉴于以上分析所反映的一些问题，作为国贫县教师，我们应该对我国的传统文化有非常全面的了解。为此，我们应该做好以下几点工作。

1. 教师要加强传统文化的学习，提升自身的传统文化修养。阅读传统文化专业书籍，我们推荐教师阅读《中国文化要略》（外语教学与研究出版社）、《中国传统文化》（清华大学出版社）两本书，两者可结合起来阅读，梳理传统文化内容。

2. 拓展教师传统文化阅读的广度与深度。语文教师不仅要熟悉古诗词曲、经史子集、历史名人、琴棋书画等内容，在学术思想、民族音乐、中国书法、传统服饰、饮食习俗、传统工艺与古代科技建筑等多方面传统文化也应有所了解和认识，对重要的传统文化如古诗词曲、经史子集、历史名人应当深入地了解。

3. 开展经史子集师生读书会，形成良好的传统阅读氛围。

4. 组织学校教师开发适合自己实际的传统文化校本教材。

5. 尝试适当引进和培养专职的传统文化教师。

6. 传统文化教学方式应多样化，教学要有针对性、实践性、趣味性、科学性，避免灌输式的枯燥教学。

7. 丰富传统文化的传播方式。

8. 除教师外，还要引导家长、社会注重传统文化教育对学生的影响，应将其作为素质教育的重要内容。

结　语

综上所述，我们对国贫县高中语文教师问卷调查结果进行了统计与分析，从分析存在的问题中提出了相应的研究对策。从对以上调查问卷结果的统计和分析可以看出。

1. 高中语文教师有一定的传统文化素养，但是多数教师对传统文化的界定不清楚，因而有些传统文化，教师也不是太了解，有些重要的传统文化即便是了解，但了解得并不深入。

2. 高中语文教师对传统文化教育观念的看法是：应该从小对孩子进行传统文化教育的渗透与浸润；认为开展传统文化教育不仅可以让学生掌握我国传统文化知识，热爱传统文化，进而践行之，从而促进学生的成长与全面发展，真正做到立德树人。

3. 在教学中如何融入优秀传统文化以及在考试中如何科学地考查我国优秀传统文化，语文教师都提出了许多可行性办法，这不仅充分展示了教师具备应有的理论素养和他们作为一线教师所积累的成功的教学经验，而且对我们将来从事传统文化的教学实践提供了有益的借鉴。

弘扬传统文化　培育爱国热情

——《语文评价中如何考查中华优秀传统文化》课题开题报告

摘要：加强中华优秀传统文化教育对引导青少年坚定走中国特色社会主义道路、实现中华民族伟大复兴中国梦的理想信念，具有重大而深远的历史意义。语文教育必然承担起重任，在熏陶感染、渗透、潜移默化、领悟和运用的基础上，最终在生活中践行之。在语文评价中，通过对学习态度、知识积累、学习技能、学习兴趣、问题意识、语文素养的评价而达到弘扬传统文化的目的，如何科学、有效地考查，是课题研究的目的。

关键词：优秀传统文化　语文评价　语文素养

一、课题研究的背景和意义

（一）研究背景

1. 理论背景

中华文明源远流长，孕育了中华民族的宝贵精神品格，培育了中国人民的崇高价值追求。优秀传统文化可以说是中华民族永远的精神家园，她包含着许多为人类所共同遵循的普适性的生存智慧。老子、孔子、墨子、孟子、庄子等中国诸子百家学说至今仍然具有世界性的文化意义。上述的优秀文化需要传承和创新。传承、创新得怎么样，就需要有一套合理且行之有效的评价体系。

2. 现实背景

党的十八大以来，以习近平同志为核心的党中央高度重视中华优秀传统文化的传承发展。十九大报告中进一步强调"没有高度的文化自信，没有文化的繁荣昌盛，就没有中华民族的伟大复兴"，此处的"文化"，主要指的就是中华悠久的传统文化。在此现实背景下，作为主阵地的各级各类学校，应该把传承中华优秀传统文化作为教学的重要内容。而语文学科是最重要的阵地。《高考语文考纲》《考试说明》都明确中华优秀传统文化要作为考查的必考内容。《语文课程标准》明确指出："认识中华文化的丰厚博大，吸收民族文化智慧。"因此，中小学语文教育更加重视对优秀传统文化的考查，而如何更有效地考查、如何更科学地评价是亟待研究的问题。

（二）研究的意义

1. 理论意义

中华优秀传统文化是中华民族语言习惯、文化传统、思想观念、情感认同的集中体现，凝聚着中华民族普遍认同和广泛接受的道德规范、思想品格和价值取向，具有极为丰富的思想内涵。当前，加强中华优秀传统文化教育，对于引导青少年坚定走中国特色社会主义道路、实现中华民族伟大复兴中国梦的理想信念，具有重大而深远的历史意义。

2. 现实意义

对语文教育来说，则必然承担起重任，要尊重教育规律和学生成长规律。一般而言，小学阶段，重在熏陶感染、渗透；初中阶段和高中阶段，侧重潜移默化、领悟和运用，最终实现在生活中践行中华优秀传统文化。在语文评价中，通过对学生学习态度、知识积累、学习技能、学习兴趣、问题意识、语文素养的评价从而达到弘扬传统文化的目的。语文教学承担着"树人"重任，教师在不断提升自己文化修养的同时，引导学生学习传统文化，感受传统文化，汲取优秀文化精髓，形成自己的文化底蕴。

二、课题研究的指导思想

习近平总书记就中华优秀文化的传承与弘扬多次作出重要指示，为新形势下加强中华优秀传统文化教育指明了方向，提供了强大动力。

《义务教育语文新课程标准（2011 年版）》指出："工具性与人文性的统一，是语文课程的基本特点。语文课程应致力于学生语文素养的形成与发展，应培育学生热爱祖国语文的思想感情。"

2014 年 3 月，教育部发布《完善中华优秀传统文化教育指导纲要》，对加强青少年中华优秀传统文化教育做出具体部署。2017 年 1 月《普通高中语文课程标准（初稿）》指出"文化传承与理解"是指学生在语文学习中，继承中华优秀传统文化，理解、借鉴不同民族和地区文化的能力。2017 年 1 月，中央两办印发《关于实施中华优秀传统文化传承发展工程的意见》要求"加强面向全体教师的中华文化教育培训，全面提升师资队伍水平"。

三、课题概念的界定

1. 对课题名称的理解

在本课题中，首先要明确"中华传统文化"的概念；其次要明确"语文评价"的概念。"如何考查"即考查的方法、形式，而考查方法、形式的确定，必然要根据考查的内容来确定。

2. 课题概念的界定

中华优秀传统文化是华夏文明演化而汇集成的一种反映中华民族特质和风貌的文化，是中华民族历史上各种思想文化、观念形态的总体表征。

评价是指对一件事或人物进行判断、分析后的结论。本课题的语文评价应是指以语文教学目标为依据，制定科学的标准，运用一切有效的手段，对语文教学活动的过程及其结果进行测定、衡量，并给以价值判断。

根据对以上概念的理解，本课题的研究方向应该是在语文教学中，如何运用语文教学评价手段，考查中华优秀传统文化中的哪些内容，以什么样的方法、形式来考查。

四、课题研究的内容

1. 研究各学段中语文学科优秀传统文化的考查内容

（1）传统文化中经典作品的考查。

诗经、楚辞、乐府民歌、汉魏风骨、唐诗宋词、元明剧曲、明清小说……诵读经典文化作品，有利于培养学生民族使命感和高尚健全的人格。这些经典作品是各学段考查的重要内容。

（2）传统文化中传统节日、时令的考查。

除夕、春节、元宵节、清明节、端午节、七夕节、中秋节、重阳节及众多的民族和地域节日也是考查的范围。

（3）传统文化中艺术风采的考查。

有琴棋书画、曲艺民乐、金石图案、建筑工艺、语言文字等。

（4）传统文化中民俗风情的考查。

地方特产、餐饮美食、珍禽异兽、风俗习俗、传说神话、礼仪文化、民间文化、歌谣乐舞、赏花品茗、自然风貌等。

2. 研究语文教学中优秀传统文化教与考的考查方法

（1）语文考试大纲中的各能力层级的考查。包括识记、理解、分析综合、鉴赏评价、表达应用、探究六个层级。怎样科学合理地把要考查的传统文化内容放在所对应的能力层级和学段中，是课题取得突破、取得成果的基础。

（2）对优秀传统文化考查的形式是多种多样的。如在各学段考试中，都有名句默写，实际上考查的就是积累古诗文和正确书写的能力。

3. 研究对优秀传统文化的考查用什么样的评价方法进行科学合理的评价

教学评价
- 以基准为依据
  - 相对评价
  - 绝对评价
  - 自身评价
- 以内容为依据
  - 过程评价
  - 成果评价
- 以时机为依据
  - 诊断性评价
  - 形成性评价
  - 总结性评价
- 以方法为依据
  - 定性评价
  - 定量评价

（1）相对评价。在被评价对象的群体中建立基准，然后把各个对象逐一与基准进行比较，来判断群体中每一成员的相对优劣。

（2）绝对评价。将教学评价的基准建立在被评价对象的群体或集合之外，再把群体中每一成员的某种指标逐一与基准进行对照，从而判断其优劣。

（3）诊断性评价、形成性评价、总结性评价。

分类特点	诊断性评价	形成性评价	总结性评价
评价时机	教前评价	教学之中	教学之后
评价目的	摸清学生的学习准备情况，以便安排新内容的学习	了解学习进程中的情况，调控教学进程	检查学习结果，评定学习成绩，分出等级
评价方法	作业分析法、前测、调查法等	练习、提问、实际操作、作业等	考查、考试
评价作用	诊断学习准备情况，分析有利因素与不利因素	确定学习效果	评定学习成绩

（4）过程评价和成果评价。过程评价主要是关心和检查用于达到目标的方法和手段如何。成果评价或称产品评价是关心和检查计划实施后的结果或产品使用中的情况。

（5）定性评价和定量评价。定性评价是运用分析和综合、比较和分类、归纳和演绎等逻辑分析的方法。定量评价是运用统计分析、多元分析等数学方法从复杂纷乱的评价数据中总结出规律性的结论的方法。

五、课题研究的思路

（1）首先应明确本课题研究的背景和意义，分析本课题的研究现状，要在总课题的总体要求下，把握本课题的研究方向，凸显本课题的价值。

（2）要有目的、有计划严格按照"提出问题—分析问题—制订方案—实践研究—论证问题—阶段总结—优化提升—申请结题"的程序进行。

（3）明确研究的内容、方法和步骤，组织教师参加总课题组的研修培训和交流；定期进行课题组内部交流，及时向总课题组汇报研究进展情况。

（4）本课题的研究主要分为三个学段，分三个组进行。

①第一组：小学语文评价中考查优秀传统文化的方法；

②第二组：初中语文评价中考查优秀传统文化的方法；

③第三组：高中语文评价中考查优秀传统文化的方法。

六、课题研究的方法

（1）采用调查研究法：在各个阶段，通过问卷的方式，对学生展开调查，把学生的反馈信息收回整理分析，得出结论。

（2）行动研究法：在理论研究的基础上，结合新课标下语文课题教学的实践开展行动研究，在实际的运作中不断地修改和完善，直至能有效地解决问题。在教学研究中形成成果、用成果来指导教学实践。

（3）比较研究法：对研究内容进行单项比较与综合比较、横向比较与纵向比较、定性比较与定量比较。

（4）案例研究：选择几个课题成果推广的案例跟踪研究。

（5）经验总结法：把实践活动中良好的经验进行收集、整理分析，提炼加工、再在实践中反复验证，最后总结经验，把经验上升为理论。

（6）文献研究法等：搜集、鉴别和整理前人已有研究成果，通过对文献的研究形成科学的认识。

七、课题研究的步骤和实施计划

1. 第一阶段 理论准备（2017 年 5 月—2017 年 12 月）

（1）制定《语文评价中如何考查优秀传统文化》课题实施方案，完成开题报告；派部分课题组老师参加总课题组的培训，开展课题研究的前期准备工作。

（2）课题组内开展培训，让所有人员明确研究目标、内容、流程、模式及其相关研究工作；完成《开题报告》。

（3）子课题组撰写实施计划。

2. 第二阶段 深入开展研究（2018 年 1 月—2018 年 6 月）

（1）完成本课题各小组的阶段目标。

（2）组织教师参加总合体组的研修学习，找到、找准研究的有效策略、途径和方法。

（3）召开课题组专题会，解决各小组在研究过程中的疑惑与难点。

3. 第三阶段 实践反馈（2018 年 7 月—2018 年 12 月）

（1）组织课题组教师，开展实践研究工作。做好案例资料的相关收集整理工作。

（2）课题组老师在语文教考评价中归纳总结科学适用的优秀传统文化的考查方法。

（3）完成阶段成果提炼。

4. 第四阶段 总结推广（2019 年 1 月—2019 年 7 月）

（1）在阶段成果的基础上，再进行优化，提炼出课题研究成果。

（2）完成结题。

（3）成果的运用与推广。

八、课题预期成果

预期成果

主要阶段成果			
序号	成果内容	成果形式	负责人
1	开题报告、课题研究实施方案	报告	
2	问卷调查、调查报告	报告	
3	课题组各阶段研究计划、总结反思	计划与总结汇编	
4	课题小组各阶段研究计划、总结反思	计划与总结汇编	
5	组员各阶段工作总结与反思、心得	计划与总结汇编	
6	公开课、研讨课、观摩课材料	教学设计、课件	
7	问卷调查、教学、研究、会议录像		
8	中期报告	报告	

最终成果		
序号	成果形式	负责人
1	论文汇编	
2	教学案例（课例）集	
3	录像资料光盘	
4	结题报告、成果鉴定书	

注：相关负责人由课题会议研究确定。

九、课题的组织机构

（一）课题领导小组

（1）学校负责人：李巨龙，负责课题研究指导工作和调动相关资源保证研究的顺利实施。

（2）课题负责人，课题组长：汪平，全面负责该课题研究工作的运作管理，撰写开题报告、实施方案、研究报告、结题报告。

（3）课题副组长：李孟兵，协助组长开展工作。

（二）课题研究小组

为了能够保障课题研究如期顺利开展，我们在语文组和其他学科组中进行了广泛的宣传，并在此基础上挑选出了部分年富力强的教师成立课题研究小组。

十、课题人员分工

根据开题论证会上专家提出的修改意见，将子课题组分成三组，具体分工如下：

第一组：汪平、李巨龙、李孟兵、余安国、凌伟、施兴翠、李丽负责高中语文评价中考查传统文化的方法，余安国牵头。

第二组：江西容、李红军、郑秀英、王艳、赵玲琳负责初中语文评价中考查传统文化的方法，江西容牵头。

第三组：李必红、吴超、罗朋朋、赵娜、薛霞负责小学语文评价中考查优秀传统文化的方法，李必红牵头。

其中，赵玲琳作为教科室代表和跨学科代表，负责协调和学科佐证工作。余安国、凌伟为课题联络员，负责活动组织、资料管理等。

十一、课题经费预算情况

本课题的研究大约需要经费 40000 元，经费由学校自筹，主要用于：

（1）资料收集印刷：3000 元；

（2）专家论证与指导（含开题论证、中期论证、结题论证）：10000 元；

（3）文献收集、图书购置：3000 元；

（4）参与省内外学术交流活动：3000 元；

（5）专家咨询费：6000 元；

（6）教师培训费（含外出培训）：1500 元。

十二、课题研究的保证措施

（1）对课题组全体成员进行理论培训和实践指导。

（2）学校对研究工作给予鼎力支持，包括：

①学校为研究工作提供全部活动经费。

②学校图书馆和阅览室为课题组购置与课题研究相关的书籍和报纸杂志。

③学校为课题研究的顺利进展提供网络支持。

（3）健全规范的课题管理机制。

为了使课题研究顺利有效进展，课题组建立了课题研究责任制，完善课题研究工作监督机制。

2017 年 6 月

04

瑰丽的语文课堂

瑰丽的语文课堂

《钗头凤》教学设计

一、教材与学习任务分析

本词是人教版高一语文必修 1 宋词鉴赏中的一篇，是高中古文的组成部分。在初高中的诗词学习中，爱情是诗词的一个重要组成部分，但是爱情类诗歌相对于其他类诗歌，譬如，思乡、怀才不遇等，教师重视程度不够，往往都是草草带过，造成了学生学习如蜻蜓点水。

本课从爱情出发，讲述了伟大词人陆游与其妻唐婉的一段凄美爱情故事，具有深刻的教育意义，同时，这个阶段的学生对爱情的感觉大多是朦胧的，没有正确的爱情观，很容易走入歧途，而拥有正确价值观的爱情话题的爱情诗词的出现，会学生确立正确的价值观。

本篇宋词不仅能让学生体会古代诗词的优美语言，还能让学生领悟词人凄美故事背后的深刻意义，使学生把朦胧的不确定的爱情观念变为正确的有意义的爱情观念，培养学生的审美能力。

二、学情分析

1. 学习对象

本课是高一学生学习的古代诗歌篇章之一，在经过初中的学习之后，学生已经初步掌握了一些诗歌内容与学习方法，有了一定的诗歌鉴赏与分析能力。然而，初中的古文学习，仅仅是一些简单易理解的古文的学习，到了高中，古文的难度加深了很多，学生理解起来难度相对较大。同时由于学生时初中诗歌的学习不够全面均衡，到高中体现出的古文能力参差不齐，所以学习起来有一定的难度。

2. 知识与能力基础

（1）通过对初中以及高中课本之前古文的学习，学生有一定的古文知识储备，同时也其有自己对诗歌的理解与情感价值。

（2）学生有基本的分析诗歌、鉴赏诗歌的能力。

三、教学目标

1. 知识目标

（1）了解词的背后情感故事，感受词的语言美、意境美、形象美和感情美。

（2）掌握词所用的艺术手法与"炼字"。

2. 能力目标

通过引导学生品位诗歌，展开想象，把握词中形象，让学生学会欣赏词的方法，提高学生鉴赏词的能力。

3. 情感价值目标

（1）透过字词让学生体会诗人内心的苦闷与无奈，感受词人凄美的爱情。

（2）通过了解词人追悔莫及的无奈之感，再联系唐婉《钗头凤》，让学生体味两人之间真挚的爱情与爱而不得的无奈，从而树立正确的爱情观。

四、教学重点与难点

1. 教学重点

使学生通过学习本词掌握基本的诗歌鉴赏能力与词的感情内容，学会体味诗歌的意境美、语言美、形象美、感情美等。

2. 教学难点

培养学生自主学习诗歌的能力，以及创新型思维；培养学生大胆的想象能力以及深入鉴赏诗歌的能力。

五、教学课时

一课时（45分）

六、教学思路设计

1. 学法指导

（1）学习古诗词，学生要学会联想想象，通过想象诗歌中所描绘的春天美丽景象以及才子佳人的景象，再结合老师所放映的 PPT 图片以及音乐，形成自己对这首词的认知和情感。

（2）同学之间要学会自主、合作、探究的互动学习，相互交流体会心得，活跃自己的思维，从而形成对本词成熟的认知观和感情观。

（3）同学可以通过饰演文中角色，置身情景之中，切身体会主人公的思想，而形成正确地对词的理解。

（4）学会联系应用法，可以联系以前学过的诗歌，来探究现在所要学的诗歌，巩固旧知识的同时，深刻地学习新知识。

2. 教学准备

教学媒体：投影仪、多媒体课件、黑板。

学习资源：本课教案等。

3. 教法与学法

（1）多媒体演示法：通过多媒体呈现给学生关于本词的一些图片、文字以及音乐等，给学生以视觉和听觉上的全新感受，帮助学生更好地学习本词。

（2）角色饰演法：让学生扮演词中角色，演绎词所描绘的情景，融入词中，更好地感受词人当时的情感。

（3）小组讨论法：把学生分组，相互谈论交流心得，把几个人的想法与感受综合起来，充分调动学生的分析综合积极性，加深对词的理解。

（4）探究式教学：摒弃传统的填鸭式教学，通过创设情境问题——引导学生思考探究——指引学生形成真确的理解，培养学生自主独立的思考问题、分析多媒体课件以及课文的能力。

（5）比较探究法：比较本词与以前学过的词，展开想象，分析词之间的不同，从而培养学生勤于思考、比较思维、语言表达能力。

总之，本课以学生为学习的中心，教师起组织者、引导者和促进者的作用。在教学过程中，运用演示法、饰演法、探究式教学法、比较探究法、分析归纳法和图示法、讨论法等多种教学手段，重视学生的参与性、探究性，引导学生体验文章情境情感，增强学生对古文学习的兴趣爱好。

七、教学过程

1. 导入新课

元好问有一句话说得好"问世间情是何物，直教人生死相许"。人生来就有七情六欲，自古以来多少人为了爱情伤透了心，而我们伟大的诗人陆游也不能逃脱，他与唐婉之间凄美的爱情故事千古流传。在浙江有一个旅游景点——沈园，在沈园陆游写下了多首怀念唐婉的诗歌，而且在沈园墙上记录了一首千古绝唱《钗头凤》，那是词人对爱人唐婉的深深思念与自责追悔。海誓山盟犹在，人却改，让我们来领略一下伟大诗人陆游给我们带来的爱情震撼。

2. 教学新课

【多媒体】用多媒体给同学投放图片和音乐。

投放作者简介:

> 陆游 (1125—1210),字务观,号放翁。汉族,越州山阴 (今浙江绍兴) 人。南宋诗人,有"小李白"之称。
>
> 少年时受家庭中爱国思想熏陶,中年入蜀,投身军旅生活,官至宝章阁待制,晚年退居家乡,但收复中原信念始终不渝。创作诗歌很多,今存九千多首,内容极为丰富。抒发政治抱负,反映人民疾苦,风格雄浑豪放。词作量不如诗篇巨大,但和诗同样贯穿了气吞残虏的爱国主义精神,也有描写日常生活、感情生活之作。著有《剑南诗稿》《渭南文集》《南唐书》《老学庵笔记》。

本词就是一首旖旎婉转的爱情之作。

投放本词背景:

> 我们都知道著名南宋词人陆游和其妻有一段凄美的爱情故事,感人心脾又让人悲痛欲绝。词人陆游和其妻唐婉是青梅竹马的恋人,结婚之后夫妻伉俪情深,羡煞旁人,而然,唐婉却不被陆母所喜欢,陆母强迫陆游休妻,在爱与孝之间,迫于社会压力 (古代孝为先),词人不得不与妻和离。一段美丽的爱情故事被封建父母摧毁了,两个相爱的人不能在一起,只能在各自的世界里默默地想念着彼此。十年之后,在沈园,陆游和唐婉再次相见,但早已物是人非,唐婉已嫁他人,陆游已娶新妇。故人相见今非昨,唐婉和其夫招待了陆游,本来应该是快乐的春天宴会,却显得那么凄凉,忘不了彼此的两个人暗自悲伤。从沈园回家之后,陆游写了这首词,表达自己的凄凉之情,而为和陆游《钗头凤》唐婉也写了一首《钗头凤》,唐在此次宴会之后甚伤,于两年之后悲伤过度而逝。

投放本词:

> 红酥手,黄滕酒,满城春色宫墙柳。
> 东风恶,欢情薄,一怀愁绪,几年离索。
> 错!错!错!
> 春如旧,人空瘦,泪痕红浥鲛绡透。
> 桃花落,闲池阁,山盟虽在,锦书难托。
> 莫!莫!莫!

【朗读】配音乐教师有感情的诵读，奠定感情基调以及正音；

配音乐学生朗读，读完之后把对词的独特理解表达出来。

（满腔热血的爱国诗人旅游，原来也有柔情似水的一面。）

【开始讲课】（1）简单赏析诗歌。

红酥手，黄縢酒——写唐琬以酒肴款待事。《齐东野语》有"唐以语赵，遗致酒肴"的记载。红酥手，红润而又白嫩的手。黄縢酒，《耆旧续闻》说是"黄封酒"。黄封，是一种宫酒。

宫墙柳——以柳喻唐琬。她这时已嫁人，有如宫禁里的杨柳可望而不可及。（一说：绍兴原来是古代越国的都城，宋高宗时亦曾一度以此为行都，故有宫墙之称）

东风恶，欢情薄——正是对破坏美满婚姻的制度表示强烈的抗议。东风代表封建制度。

离索——离散，分居。

错错错——表示悔不当初。

泪痕红浥鲛绡透——沾染着脸上胭脂的红泪把手帕都湿透了。鲛绡，丝绸制的手帕。

山盟——盟誓如山不可移易，故称山盟。

锦书难托——书信难寄。（唐琬已被弃，而且另有丈夫，就道义说，不能再通书信）

莫莫莫——表示绝望，只好作罢。

再读课文——让多个同学用自己的语言（优美的）翻译诗歌——最后综合上面的简单分析完美理解诗歌句意、情景。

（2）分析词的形象、意境、情感和个别字词。

上面我们已经演绎过各个角色，进入过各个意境，切身体会了诗人的感受，下面我们来分析一下。

鉴赏形象：（同学举例，老师再总结）陆游的悔不当初，通过分析"错错错"体会出诗人的悲痛之情；陆游的无奈之情，三个"莫"字把诗人的无奈痛婉之情表达得淋漓尽致；唐琬悲痛思念的"瘦"形象，通过分析一个"空"字体味出一个人不但是形态上的瘦了，更是精神上的瘦，那叫空，叫思念。

鉴赏景物和意境：（同学意境演绎多情景，先让同学找出景物分析，教师再总结）分析出诗人是怎样用景物创造出一个一个引人入胜的意境的鉴赏情感：让同学分析陆游和唐琬的感情变化以及这首词的感情。

（3）演绎角色。让同学分饰角色，演绎各个情景（陆游唐琬恩爱情景——

陆母棒打鸳鸯情景——二人和离之后各自伤怀情景——沈园唐婉和其夫赵士程招待陆游情景——分开后陆游唐婉悲伤悔不当初情景)

演绎完之后让同学分组谈论感受心得,说出自己对这首词的独到理解。

(4)再读诗句。我们已经分析完了这首词,再读诗句,深刻体会诗人心境。

(5)比较加深。【多媒体】

唐婉《钗头凤》

世情恶,人情薄,雨送黄昏花易落。

晓风干,泪痕残,欲笺心事,独倚斜栏。

难!难!难!

人成个,今非昨,病魂常似秋千索。

角声寒,夜阑珊,怕人询问,咽泪装欢。

瞒!瞒!瞒!

让同学通过对比谈论总结诗歌情感:陆词写出了作者怀念前妻的真挚情感,同时也反映出当时古代社会旧制度下婚姻不自由的惨剧;唐词,是对陆游所作的《钗头凤》词的呼应。在唐琬看来,世道人情是那样的险恶,一条封建礼法就把她和陆游这对恩爱夫妻活活拆散。遭受打击的她犹如风雨黄昏中的残花。满腹心事无处诉说,只能忍受无奈和痛恨。此时唐琬,犹如秋千架上的绳索,飘飘荡荡,无法掌握自己的命运。而更为不幸的是,改嫁后,连表达的自由也没有了。长夜无眠,角声凄凉,欲诉痛苦,只能强作颜笑,唐词和陆的感情是一样的。

(6)展示本课学习成果。

同学一:这首词表现了爱的无奈,爱而不能相守的痛苦。

同学二:本词表现了封建制度对爱情的摧毁,孝与爱情不能兼得,"世上安得两全法,不负如来不负卿"。

同学三:本词告诉我们要正确对待爱情,不要等到不可挽回的时候追悔莫及。

教师:本词写出了词人的爱情悲剧,凄美而感人深思,我们体味词人心境的同时,要确立正确的爱情观,把握好自己的人生。

3. 问题设计(先让学生讨论再回答,教师最后总结,下面为总结答案)

(1)诗人为什么在上下阕结尾连用"错""莫",表达了诗人怎样的思想感情?

答:诗人连用"错"和"莫"是起强调作用,连用"错"字表现诗人深深的悔恨和悲痛之情,表现诗人错之大、错之深;连用"莫"字表现诗人的无奈之情,表现了诗人对不能挽回的痛婉。

（2）"人空瘦"的"空"能不能用其他字代替，比如"已"，为什么？

答："空"字不能用其他字代替，这里的"空"字不但是形体瘦的一个形容词，也是精神瘦的形容词，表现的不仅仅是人的憔悴，更要表现得是即使伤心难过、衣带渐宽也挽救不了什么，只能是白白地伤心。

（3）通过分析本词情感谈谈你对爱情的理解。

答：本词写了诗人陆游不可挽回的爱情故事，在封建制度之下爱情是脆弱的，但是诗人在当时一味服从没有抗争，造成了以后追悔莫及的状况。所以我们面对爱情，要像诗人一样真挚，但是要争取自己的爱情，不能像诗人一样失去了再后悔，同样对待人生也是这样，把握住自己的人生。

4. 板书设计

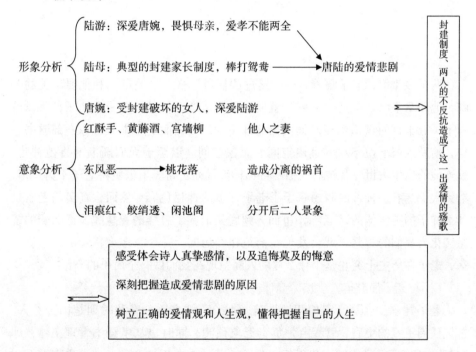

5. 总结

这是一首爱的殇歌，一段爱情的悲剧，我们从中学习到了真挚的爱情，也学习到了爱情的脆弱，本词用优美的语言和凄美的形象向我们展示了爱情的真谛，面对爱情我们要勇于争取，勇于维护，做一个爱情的守卫者。

6. 布置作业

（1）背诵诗歌

（2）写一篇关于本词的读后感

《道德经》教学设计

前　言

两千多年前，老子骑着青牛，路过"涵谷"关，"关吏"和他要出关的关牒，他却拿不出。于是"关吏"就要老子用传道来代替，老子没法子，所以就写下了五千言的《道德经》而西出流沙不知所终。而老子本人也像一部谜书一样，给后人留下说不尽的话语空间和想象空间。以至于人们渐渐地将他神化，就连他的出生去世，都被后人描绘得那样浪漫而传奇。道家更将老子奉为道祖，尊为太上老君，种种的遐想赋予了老子许多的神秘色彩。然而，真实的老子是什么样子的呢？他的《老子》里面，到底又记叙了怎样的智慧呢？把老子的智慧转化为我们的智慧，就会发现我们正在经历的，是一场多么精彩的人生。那么，老子在历史上究竟是个什么样的人呢？现在我们做一个简单的介绍。

（一）老子简介

老子姓李，名耳，字伯阳，号聃（dan）、即老聃。春秋时期楚国苦县人。曾担任周王室的史官，管天象，负责天象预测。同时也从事藏书管理工作，即"守藏室之史"，是中国古代思想先哲第一人，中国哲学之父，也是道家学派的创始人。他和孔子是同一时代人，年龄长于孔子。他的《道德经》仅有五千言，却给后人留下的是丰富的哲理宝藏。构造了朴素、自然、豁达、飘逸的宇宙观、人生观和方法论的宏大框架。我们可以从社会、文化、政治、经济等诸多方面获得《道德经》所蕴含的思想指导与启迪。《道德经》的精髓也为越来越多的人所惊羡。当前，人们在世界范围内掀起一股学习老子的热潮。据调查，在德国，几乎每个家庭都常备有一本德文版的《道德经》；在日本，《道德经》成为企业管理者的案头藏书，用以指导自己企业的经营和管理；在美国，一家出版公司竟花了 13 万美元的天价购得仅有五千言的《道德经》的英文版权；更值得一提的是，美国学者蒲克明声称：《道德经》肯定会成为未来社会家喻户晓的一部书。

（二）《道德经》简介

《道德经》分为上下两篇，共八十一章。上篇三十七章，起首"道可道，非常道。名可名，非常名。"人称《道经》。下篇四十四章，起首为"上德不德，是以有德。下德不失德，是以无德。"人称《德经》。

《道经》主要讲述了宇宙的根本，道出了天地万物变化的玄机，讲述了阴阳变幻的微妙。"道"是人类的自然观和世界观。人类一定要顺应宇宙的客观条件，合乎自然规律地生存。只有遵循宇宙的自然规律，并且与大自然融为一体，人类才能健康地生存下去。一旦我们破坏了大自然、违背了自然规律，那么我们就一定会遭到残酷的报应和惩罚，甚至会带来灭顶之灾。

《德经》主要讲述了处世的方略，道出了人事的进退之术，包含了长生久视之道。"德"是人类的人生观和社会观，要求人类顺其自然地与人和万物共处，合乎社会规律地生存。只有返璞归真地复归与自然的纯真状态。统治者谦卑若谷，民众为而不争，然后社会才能正常发展。

《道德经》一书中的智慧，源于老子对世态人情深彻洞察和深刻的思索。在老子的那个年代，战争频繁、社会动荡、人事纷争、生命无常，点点滴滴积淀成了老子关于人性的修养、处世哲学、治国之道、军事哲学、养生之道等的智慧之学。

《道德经》中包含的辩证法思想极为丰富，老子的辩证法，综合了阴阳对立和统一的观点，并加以发展和创造，形成了辩证的宇宙观。

（三）研究《道德经》的意义

老子《道德经》虽然只有短短的五千言，但它义理玄深，堪称哲理第一书。两千多年来，为历代学者苦心潜研，然而直到今天，人类对《道德经》的深奥义理、对老子透悟宇宙的神智，仍然未能深层探知和领悟。这不能不说是我们人类的一大遗憾。

人类的欲望无止境，人的潜能也是无止境的，对《道德经》的深刻探察不是没有可能的。鉴于此，我们要研究《道德经》，从另一种意义上说，继承和发扬我们人类的优秀文化成果是我们每一个人的责任。更现实的意义还在于随着社会的发展，人们在享受现代文明所带来的快乐时，同时不得不忍受着快感后的负面痛苦。例如，环境污染、水土流失、生态失衡、气候恶化……人与自然的矛盾日渐严重；精神空虚、缺乏信仰、道德沦丧、恶习流行……人与自然的矛盾与日俱增。《道德经》在某种程度上，能帮助我们解决面临的各种难题，克服人类的身心痼疾。

（四）古今中外的学者对《道德经》的评价

《道德经》是第一部用诗化语言阐述中国哲学的巨著；

是中国传统文化的优秀代表、是修身处世古老的"东方圣经"；

中国人生的第一书、是中国哲学的宝贵遗产；

老子是西方人最感兴趣的哲学家之一，从16世纪开始，西方人把《道德经》翻译成拉丁文、法文、德文、英文等。据西方学者统计，从1816年至今，各种西文版的《道德经》，已有250多种。如今几乎每年都有一到二种新的译本问世。所以是除《圣经》外，被译成外国文字发行量最多的世界文化名著。

两千多年来，《道德经》中的闪光思想已经渗透到了中国人的血液中，《道德经》的格言警句，已成为脍炙人口的行动格言。

明朝开国皇帝朱元璋认为《道德经》是："万物之至根、王者之师、臣民之至宝。"

清朝著名学者纪晓岚认为：道家思想"综罗百代，广博精微。"

鲁迅说："不读《道德经》一书，不知中国文化，不知人生真谛。"

周恩来在1939年引用《道德经》原文，对《战旅》杂志社的同志们说："生而不有，为而不恃，长而不宰。"

胡适说："老子是中国哲学的鼻祖，是中国哲学史上第一位真正的哲学家。"

足球皇帝贝肯鲍尔，非常崇拜老子，当他带领德国队夺得了大力神杯后，突然"隐退"，很多人表示不理解，后来《明镜》周刊采访时，他才引用老子的一句话"功成身退，天之道也"来表明心迹，几十年来，老子的《道德经》一直放在他的随身携带的公文包内，成为他必读的书。

日本学者卢川芳郎说："《老子》有一种魅力，它给在世俗世界压迫下疲惫的人们以一种神奇的力量。"

更有甚者，美国威尔·杜兰在《世界文明史》中说："除《老子》之外，我们将要焚毁所有的书籍，而在《老子》中寻求智慧的妙要。"

所以，不学道，不足以处世！

不学道，不足以经商！

不学道，不足以为官！

《道德经》可以净化我们的灵魂，提高我们的修养，开启我们的智慧，有助于我们处理好人与自然、人与社会的关系。

在21世纪的今天，我们更得将《道德经》当作解决新世纪人类社会各种矛盾和问题的睿智之书，从中汲取无穷的智慧和力量，帮助我们在人生的道路上，更好地生活和工作，使我们短暂的生命获得无尽的快乐与成功。最重要的是使我们得到"大道"光辉思想的哺育，早日成为"尊道贵德"的悟道修德人。

因此，我们每个人都很有必要学习老子的《道德经》。

上篇 《道经》

第一章　天地之始

【导入新题】

此章是全书总脉，文义很深奥，必读完全书才能逐渐了解大致。本章是浑括"道"的全体说。

西方学者常怀疑中国古代是否存在哲学，他们认为中国儒家等哲学更像道德说教，属于伦理学范畴。但是老子不是，他是真正的哲学意义上的先贤，他朗朗上口的哲学诗中所散发出的清新，至今仍然让我们神往。老子仍然在一个人类无法触及的认识的高度上等着我们。

【原文与直解】

道可道，非常道。大道，可以说出来的，就不是那恒常的大道。

名可名，非常名。名，如果可以叫得出来的，就不是那恒常的名。

无，名天地之始。"无"是天地未成形的状态，可以说是天地形成的开始。

有，名万物之母。"有"是生发万物的本源，可以说是万物的母亲。

故常无，欲以观其妙。所以常从无目的无拘束无局限的状态，来观察"道"的微妙。

常有，欲以观其徼。经常从有目的、有拘束、有局限的状态，观察"道"只看到万物的边界。

此两者同出而异名，同谓之玄。玄之又玄，众妙之门。这"无""有"都来源于道，是道的两种不同形式的同一真理，同谓之玄，玄之又玄，都可以叫深奥神秘，深奥而又神秘啊，众妙之门。这是洞察宇宙间一切奥妙变化的门径。

【释文】

本章老子说：大道是无形象可说的，最难形容的，能够用言辞表达出来或者说大道如果能指定一件事物，说得出的那就不是那不变之道，道是不能限定一件事物的，说得出的那就不是永恒的大道。天下有定名之物，能够叫得出名的，那就不是永恒的"名"，至于那没法指名的才是"常名"。试想开天辟地之物，混沌乾坤，名在何处？也可以说它是有，因为它是万物的母亲。到后来件件东西都有一定的名。妙是形容最细微之意，细小到说不出，就叫作妙。人能无欲才可以考究万物之妙，也就是说能以毫无目的、无拘无束、尚未成形的状态，来考查道无名无形的奥妙，所以从虚无的角度可以揣摩它的奥妙。从实有的角度可以看到它的踪迹，也就是说常常从有目的、受约束、受局限的状态来考查它有名有形之处的客观真实。"妙"和"徼"同出于道而异名，就是本源相同而名称不同，共同称之为大道变化，也就是"实有"与"虚无"只是说法不同，两者实际上是同出一源——"道"。这种同一，就叫作玄秘，玄秘而又玄秘啊，是宇宙间万般奥妙的源头。所以说"道"，说到玄，真是各种神秘的法门了。

【解析与众家之谈】

（1）道可道——第二个"道"作动词用，描述、称说、表达之意。第一个"道"是老子哲学的专用名词和中心范畴，它在《道德经》一书中频频出现，但在不同的地方有不同的含义，主要有三种意思：一是形而上的实存者，即构成宇宙万物的最初本原；二是指宇宙万物发生、存在、发展、运动的规律；三是指人类社会的一种准则、标准。这里的"道"是第一种含义，即指宇宙万物的本始。它是一种形而上的永恒的存在，可感而不可见，无形无象却又实实在在地存在着；它产生了宇宙万物，确定了宇宙万物的运动、变化，但它本身却是永恒不变的。

（2）非常道——非，不是。常，恒常、永远。这句话以否定句形式说明了作为宇宙万物的本原的"道"是不可以描述的。

（3）名可名——第二个"名"为动词，称呼、称为的意思。第一个"名"也是老子的专用名词，它指对"道"的具体称呼，含有概念的意思，但比概念更高，具有名称与内容相统一的意义。

（4）无，名天地之始——名，动词，命名、称呼。天地之始，天地形成的开端。

（5）有，名万物之母——有，可以叫作万物的根源。母，根本、根源。有，指天地形成以后，万物竞相生成的状况。

（6）徼（jiao）——边界。

（7）玄——老子哲学中一个重要的概念，表示幽昧深远的意思。老子研究的是"道"，"道"的形而上性质确定了它的神秘幽昧、深不可测。

（8）众妙之门——是一切变化的总门，也就是关于宇宙本原的门径。

"道可道，非常道。"初步揭示了"道"的真正内涵，道是《道德经》所要讲述的核心问题之一，它在天地未生之前就存在于浩瀚的宇宙中，当天地生成以后，道在万事万物中发生着自身作用，贯穿于万物生成、生长、发展、消亡的始终，作为一个自然规律客观地存在着。但是我们无论如何也看不到摸不着，正所谓"大道无形"，我们主观想象出来的道的样子，不是真正的道，只能称得上"名"。"名"这个概念也是不能用语言和文字来描述和形容的，语言文字的局限性比想象的局限性更大，如果用语言文字来描述大道，只能与大道背道而驰。不能用语言又不能用文字来描述大道，那如何才能认识大道呢？老子告诉我们"有"和"无"这两个"名"。

所谓"有"就是存在的意思，它代表着一种正在孕育万物的状态，是万物的生母，也就是说万物是从"有"中孕育生产出来的。"无"是没有的意思，代表天地还没有生成以前的混沌状态，说明天地是从无中生出来的。

所以我们可以将"道"理解为一种"无"的状态，一种"有"的能力，它的本原是"无"，却可以生出天地万物。正是如此，我们可以采取"无"的态度去体认大道的玄妙，大道的原始是空无，我们要体悟大道，就必须抛弃所有的杂念，将自己恢复到毫无思想意识的孩童时期，达到一种完全虚无的境界，只有这样，我们才能真正体悟到大道的奥妙和玄机。

"有"和"无"是我们必须把握的概念，它们是打开"众妙之门"的钥匙，只有通过它们，我们才能领悟大道的实质。

所谓"常有"，就是一种永恒的有，也叫"大有"，与此相对应的"常无"就是一种永恒的无，或叫作"大无"。

我们可以通过这种忘却自我一切的"大无"，体悟到天地初生时的"妙"；通过这种包容万物的"大有"，观察到万物未生之前的"徼"。

老子认为"有"与"无"同出而异名，"有"与"无"实际上是一回事，这个观点确实惊世骇俗，其意蕴深邃超远，不是西方的"否定之否定"哲学原理能简单涵盖的，只能说是玄之又玄，仿佛曹雪芹彻悟般地感慨"假作真时真亦假，无为有处有还无"，只可意会，难以言表，的确是"道可道，非常道。名可名，非常名"。

老子提出了"道"，又提出了"道"同时包含了"无"和"有"。"故常无，欲以观其妙；常有，欲以观其徼"就是老子讲到的两种认知"道"的方法，"观"就是认识的意思，"其"就是指"道"。

"常无，欲以观其妙"是说明一种从上至下的认知方法，你从"道"的本体"无"入手认知世界，就可以得到"道"的妙。妙的意思是精微奥妙。"妙"字可以拆分为"少"和"女"，少女不但处于妙龄，而且是纯真、纯洁的象征，这里用在"大道"中可以理解为天地的本始。

"常有，欲以观其徼"是说明一种从下至上的认知方法，你从"道"的作用"有"入手认知世界，就可以得到"道"的"徼"。徼（jiao）取交际、交媾的意思。交媾生万物，这是顺理成章的事情。在这里不论是"妙"还是"徼"都只是对宇宙大道中的某一状态的描述，还停留在概念这一层面上，都是"名"。"妙"在前而"徼"在后，所以概念的"相名"也就不同了，但它们都是由大道生出来的，都是大道的发展和变化，同称为"玄"。

"玄"意为转变。变化来变化去，就构成了天地万物的"众妙"，这里的"妙"和"观其妙"的"妙"本质意义不同，"观其妙"的"妙"表现的是万物中的生机，而"众妙"的"妙"表现的是天地未生之前的生机。

古代社会的物质匮乏，人们的精神世界却相对丰富，人类多能从"无"的角度入手看世间，从而产生了许许多多的哲学家，但实验科学相对薄弱。现代社会是一个物质社会，在大量物质的缭乱下，人类再难以从"无"的角度入手看世界，所以现代社会的哲学发展十分缓慢，但实验科学却能得到大力发展。

中医上有个说法叫作：上工治未病。意思是说高明的医生在疾病形成和发作之前就治好了，这种"常无欲以观其妙"的功夫，我们可以在扁鹊见蔡桓公时的对答中看到。西医注重实症分析，也就是在"常有欲以观其徼"反面下功夫。

老子认知世界的方法当然是"常无"，但老子并没有否定用"常有"的方法认知世界。不仅没有否定，而且郑重其事地把它写在了第一章。不过可惜的是，中国人太重视用"常无"的方法去认知世界（还越来越僵化），而忽视了用"常有"的方法去认知世界。老子早就指出，认知世界不只需要自上而下，也需要自下而上。哲学数学和实验科学是认知世界的两种方法。但后人却没有认识到他这句话的真正含义，不能不说是遗憾的事情！

但这句"故常无，欲以观其妙；常有，欲以观其徼"，有一种很常见的解释方法。首先，这种解释方法的断句是不一样的："故常无欲，以观其妙；常有欲，以观其徼"。讲究用超越功利和依靠功利两个途径来认识"道"。这样解释，应该是不对的。老子是反对欲，反对功利的，又怎能说"常有欲"呢？更不可能在第一章提出。而且这种断句和解释很容易使人误解，体会不到老子提倡的用两种方法看世界、认知世界的本意了。

回过头来看原文，我们不难发现，文中着重讲了这样几个概念：道的概念、名的概念、有和无的概念、妙和徼的概念、玄的概念。这些概念通称为"名"，借用老子的一句话"名可名，非常名"来说，这些概念并没有真正地揭示出道的真正内涵，这是因为"道可道，非常道"，任何语言和文字都无法揭示出"道"的真义。

我们学习和研究这些概念就是为了更好地理解"道"，它们可以作为理解"道"的桥梁。

为了更进一步理解本章的实质，下面就讲几个故事帮助大家理解：五代时有个宰相叫冯道，家中养了不少门客，所谓门客，就是寄食在名人门下的闲人，有时帮名人出主意。有一天，一个门客给别人讲《道德经》，不想一开头就遇到了天大的难题，因为古时候讲忌讳，尊者的名字是不能随便说的，（不像现在的人，儿子敢跟父亲称"哥们儿"）"道可道，非常道。"这一句怎么讲？"道可道"实在是不可道，因为这个道字正是主人的名讳，是不能讲的，于是他只得把"道可道，非常道"读作"不可说，不可说，非常的不可说"。这位门客没想到其实他这句话是歪打正着地一下触及了"道"的真谛。道的确是不可说，能说得出来的就不是道了。

还有一个故事，说的是春秋时期，齐桓公任用管仲为相，在国内实行改革、奋发图强，使齐国的经济逐渐发展起来，国库充实，兵强马壮，尔后他多次召集并主持诸侯国开会结盟，被推为各国首领，成为"春秋五霸"之首。

有一天，齐桓公闲暇，在殿堂上读书，一个叫扁的车轮木匠在殿堂下斫（zhuo）削材料，制作车轮，因为他善于制作车轮，所以人们称他为轮扁。轮扁看到齐桓公正在伏案看书，就放下斧凿等工具，走到殿堂前向齐桓公问道："请问君王，您读的是什么书啊？书里说的都是一些什么话啊？"

齐桓公觉得这个木匠会对他读什么书感兴趣实在难得，于是，就把轮扁叫上殿来，故意用模棱两可的话回答说："我读的是古代圣人的书，书里都是圣人说的话。"轮扁又问："那敢问君王这些人都还活着吗？"齐桓公笑笑说："你真只是个木匠啊，圣人当然不可能活着了，他们早就死了啊！"轮扁若有所思地想了想，然后说："既然是这样，那么君王你所读的书里的话，也不过是古人的糟粕罢了。"

齐桓公一听这话，心里怒火中烧。因为他当了这么长时间的国君，还从来没有人敢在自己面前这般无礼，更何况他现在是称雄一方的霸主，于是他把脸一沉，说道："大胆轮扁，以你这个小小的车轮木匠，胆敢如此放肆。本王在这里读书，又没有碍你的事，你只管做你的木匠活就是了。你却出来胡乱议论，也不想想你是什么身份。本王现在命令你解释清楚你刚才的话，若是能言之有理，我也就饶你不死；若不然，我就将你就地正法！"

看到齐桓公龙颜大怒，任谁都会胆战心惊。可是轮扁却并不害怕，他不慌不忙地说道："小人并不是有意冒犯大王，还请大王息怒，且听小人慢慢道来。我是从我制作的车轮的角度来看待这个问题的。车轮的制作不同一般，有的做得快，有的做得慢。制作得慢，虽然既省力又舒服，但是这样做出来的车轮是不牢固的；制作得快，虽然效率很高，制作得多，但是却要受累，而且由于速度快，会导致木头砍不深，做出来的车轮就有可能不合卯，显然也不是做车轮的好办法。凭我几十年做车轮的经验，我认为，要做好车轮既急不得也慢不得，要不紧不慢，随心所欲，想到哪里就做到哪里，这样才能做出好车轮。"

齐桓公问道："你讲了这么一大通，什么做车轮不做车轮的，这究竟与我读书有什么关系？为何说我读的都是古人的糟粕呢？"

轮扁接着说："那么怎么样才能不快不慢，又能得心应手呢？这里面的技巧只在我心里，嘴上是说不清楚的。要获得这些技巧只能从制作车轮中寻找。就像我的儿子，他想学习做车轮的技术，但是这些技术我却不能给他说明白，因为这是说不来的，所以他就学不到这门手艺，一直不能继承我。因此，我虽然年近古稀却还在做着这项工作，直到我死了，这些记忆就会随我一起埋进坟墓。如此看来，古代圣人们的道理和思想早已随他们一同死去了。留下来的写在书中的，不过是古人的糟粕罢了。"

齐桓公听后，若有所思地点了点头。

区区一个木匠能将普通的生活常理应用于高深的哲理之中，实在是可以称得上生活上的有心人和深沉的思考者。如他所言：真正的手艺是无法用语言来传授的，而只能用心去领会。这和老子的"道可道，非常道。"如出一辙，令人深思。

从前有一匹马在草原上游逛，不小心迷路了，走进了大沙漠。它以为前面就有草原，于是努力地往前走，结果越走越远，深入沙漠腹心。这只迷路的马很快就渴了饿了，它知道自己如果不能想办法喝到水，将很快死去。那么它该怎么办呢？

用"常道"就是：继续往前走，凭着感觉去找水。这样将按自然规律死去，生存率为0。这时要动用异常思维——"非常道"，而不是靠感觉——"常道"。

"非常道"就是：

（1）果断中止前行，不再幻想希望就在前方。仔细辨认来时的路，凭自己的足迹走回头路，回到草原去。这样及时回头的生存率为50%。

（2）暂时休息一下，聆听风声。向任何一个经过此地的人要水喝，或者杀死任何一个可以杀死的动物喝它的血，或者追随任何一个可以找到水的动物与它同行，如骆驼。这样自己制造机会的生存率为90%。万一什么也遇不见，至少自己可以休息一下，然后再回头。

如果把这匹迷途的马换成人，可以发现人在沙漠中迷路时通常使用"常道"，因此很多人最终渴死。

比较有智慧的人通常是选择（1）式回头走，用保守换生存。

最有智慧的人是用（2）式，自己制造机会，并坚信机会必定有，因为既然像我一样并不弱智的人都会迷路，那么肯定还有其他人将出现在这里或者是附近。

（2）式的关键在于变被动为主动，灵敏捕获有效信息，实现自救。

根据老牧人的经验：草原上的马如果不慎迷路误入沙漠，它们多半会跟着骆驼回来。这就是智慧，这就是"非常道"。

马与骆驼不是同类，平时不往来。草原上马厉害，沙漠里骆驼厉害，误入沙漠的马必须改变自己，不把自己当马，要当骆驼，向骆驼示好、求援，从而获得生存的机会。

老子说："道可道，非常道。"就是要我们突破惯性思维，用一种新的、随时处于学习状态的突变思维来做人做事，这样就可以成功。

老子还说：你要想了解现实中事物的变化，研究概念就可以了；你要想进一步研究概念产生之前的那个无名宇宙的奥妙，那你就得用另一套语言系统才行。至于这另一套语言系统是什么？还真不好说。其实研究宇宙奥秘的语言不只一套，有科学家用的，他们阐述观点的语言多是术语，对于一般人来说是听不太懂的；有佛家用的禅语，这种语言如果没有一定的悟性，也是很难明白的。而老子告诉我们时，所用的又是另一种语言，它虽然没有华丽的辞藻，但如果不是有道之士，也无法明白它的深远含义。这种语言就是"悟语"，不仅要参悟语言，就连心灵都得进行悟透，抛却欲望，忘却荣辱。所以说"常无，欲以观其妙"是无心之得，只有用心灵才能感受得到，而且不是一般人的心灵。

道即是《道德经》所要讲的核心问题之一，那么就让我们一同来探讨一下"道"的含义吧！在天地生成之前，这个"道"就存在于浩瀚的宇宙之中了。所有天体的运行与变化，都有"道"的迹象可寻。在这里，"道"所呈现的这一规律，就是我们现在经常说的自然规律。当天地形成之后，"道"的这种规律，就自然而然地存在于世间万物的生长、活动、变化以至灭亡之中了。

"道"，在天地未分之前就一直存在着，在天地形成之后仍然存在，并且能被我们意识、感觉得到。虽然我们无法看见和听到它，但是我们相信它的存在，并且按照它所设定的轨迹行走着。既然如此，我们就必须了解这种客观规律，让它成为我们的工具，更好地为我们服务。

自从有概念开始，这个世界就分成了两大部分：一部分是现实的、实有的世界，另一部分就是缥缈的宇宙。应该可以用肉眼看见，另一个只有用心灵才能感受到，而且还不是一般人的心灵。人类自从成为万物之灵后，有了自己的思维和语言，并且依靠它们进行生产活动，也依靠它们不断地发展壮大自己，从而成为地球的主人。然而我们人类的语言和思想活动有着很大的局限性，因此想认识和掌握这百亿年前已存在的"道"，还是相当困难的。但是，人类是一个充满信心的物种，能在不断的探索中去寻找和认识这种古老的终极规律。正是在这种永不停歇的探索和发展中，我们了解到人生和宇宙大道之间的距离，并且找到了一个新的角度，来让我们去思考宇宙大道和人类自身的真意。而提出这样思考方式的就是老子。

老子在《道德经》中讲述了"道"是宇宙间所存在的一种无法用语言来描述的规律，而这种规律视乎存在于我们的意识形态之中，但却无法被我们掌控。因此，在我们了解和认识它的过程中，就需要一个词冠于这个规律之上。然而无法用语言来形容的这种规律，也不可能有个长久的、恰当的名字予以冠之。这就是世界上没有绝对不变的真理，宇宙大道同样是在不停地变化的，所以它的奥妙仍需要我们不断地探索和研究！

但是，人类要想认识大道的真谛，仍需要一个概念性的词语来体现和解释。这就是"无"和"有"所能承载的状态。俗话说："无中生有"，在这里所讲的"无"就是"没有"的概念，表示一种虚空的境界，一种无法描绘的广阔，也就是大道存在的方式。而"有"的含义是从"无"中衍生出来的，它所代表的是一种孕育万物生机的能力和状态。当我们要认清宇宙和自然的这一规律的时候，"无"和"有"是我们必须把握的两个概念，只有从这两方面去探讨，才有可能帮助我们了解大道的实质！才有可能打开"众妙之门"！

小结

老子在本章用寥寥数语，就解释了哲学的核心问题。即他认为世界本原——天地之始是"无"，万物之母是"有"。人类要想认识大道的真谛，不能用常态思维、一般方法，而是用方法之外的方法、异常方法、新方法、异化思维、复杂思维、奇特思维、非常态思维，但又常有常新。它具有偶然性，通常是灵光一闪，但更具有必然性，是大脑在"无为"状态下科学运作的结果。同时，也需要有一个概念性的词语来体现和解释。这就是"无"和"有"所能承载的状态。俗话说："无中生有"，在这里所讲的"无"就是没有的概念，表示一种虚无的境界，一种无法描写、描绘的广阔，也就是大道存在的方式。而"有"的含义是在"无"的基础上衍生出来的，它所代表的是一种孕育万物生机的能力和状态。

当我们要认清宇宙和自然的这一规律的时候，"无"和"有"是我们必须把握的两个概念。只有从这两方面去深入探讨，才有可能帮助我们了解大道的实质，才有可能打开"众妙之门"！

2019 年 2 月

《声声慢》教学设计

教学目标

1. 通过反复诵读，结合意象特点、联系作者的生平事迹感知词中凄凉意境，深入体味词人"愁"的深刻内涵。

2. 掌握基本的诗词鉴赏技巧，并熟练运用这些技巧分析其他诗作，提高诗词鉴赏水平。

重点难点

1. 品味意象丰富内涵、感知意境、深入体会词人别样"愁"情。

2. 通过本词掌握诗词鉴赏的基本技巧。

教学方法

诵读感悟法。自主鉴赏与合作探究相结合。

教具准备

范读录音，多媒体

教学过程

一、熟悉《考纲》

《考试说明》对诗歌鉴赏的总体要求：①鉴赏文学作品的形象、语言和表达技巧。②评价文学作品的思想内容。能力层级 E。分值 8 分。在这些考点中，表达技巧显得很重要。纵观历年高考诗歌鉴赏试题，几乎总要涉及对表达技巧的考查。从近五年全国的考试情况来看，表达技巧这一考点命题率占 90%。四川近五年的诗歌鉴赏，从内容看，表面上都把重点放在了鉴赏诗歌的语言和评价诗歌的思想内容及作者的观点态度上，实际上重点也是考查鉴赏诗歌的表达技巧。

二、理解《声声慢》的思想感情

（一）引子

有人这样评价李清照"似水无痕胜有痕，不应有恨却还恨，凄凉一生浪足迹，漂泊孤单到黎明。"请问：你还知道有关对李清照的评价或有关她的作品吗？

例如，对联：词采秀千秋，看风雅流传，才情自古无男女；生年交两宋，究悲欢转换，命运从来系国家。初中学过的课文《如梦令》等。

李清照，在古代男权社会，她却凭自己的才情在南宋词坛竖起一面鲜明的旗帜，她的词作哀婉凄美，令多少文人雅士折服。她是我们女同胞的骄傲。今天我们一起来欣赏她婉约词中的杰作《声声慢》。

（二）诵读课文

1. 播放范读录音，配以"黄花满地，雁排长空，一女子翘首凝望"的图画，营造氛围，进入意境，感受音韵美。

2. 正音和书写：戚：qī，乍：zhà。注意"兼"的书写。（本词是高考默写篇目）

3. 学生自由朗读，揣摩作品的情感基调（悲凉凄惨）。

（三）整体把握作品的思想情感

1. 写作背景。

公元1127年（宋钦宗靖康二年）夏五月，徽宗、钦宗二帝被俘，北宋亡。李清照夫婿赵明诚于是年三月，奔母丧南下金陵。秋八月，李清照南下，载书十五车，前来会合。明诚家在青州，有书册十余屋，因兵变被焚，家破国亡，不幸至此。公元1129年（宋高宗建炎三年）八月，赵明诚因病去世，时清照四十六岁。金兵入侵浙东、浙西，清照把丈夫安葬以后，追随流亡中的朝廷由建康（今南京市）到浙东，饱尝颠沛流离之苦。避难奔走，所有庋藏丧失殆尽。国破家亡，丈夫去世，境况极为凄凉，一连串的打击使作者尝尽了颠沛流离的苦痛，亡国之恨，丧夫之哀，孀居之苦，凝集心头，无法排遣，于是写下了这首《声声慢》。

2. 把握作品的思想情感。

方法提示：①知人论世；②抓意象；③抓关键句（是否有直抒胸臆的句子）、词（诗眼或词眼等）。

本词特殊意象：（淡）酒、（急）风、（过）雁、（满地）黄花、梧桐、（点点滴滴的）细雨。这些意象的共同点：色调暗淡，抒悲情。

本词特殊句子：寻寻觅觅，冷冷清清，凄凄惨惨戚戚。

这次第，怎一个愁字了得！

这两句是直抒胸臆的句子，且"愁"是本词的词眼。

小结：本词通过描写残秋所见、所闻、所感，抒发了词人孤寂落寞、悲凉愁苦的心绪。

三、鉴赏作品的表达技巧

1. 诗歌的表达技巧（又可称作"表现手法"）应该从三个方面来分析：修辞手法、表达方式、构思技巧。表达方式里面主要是描写和抒情。

2. 本课表达技巧赏析。

（1）"寻寻觅觅，冷冷清清，凄凄惨惨戚戚。"和"到黄昏、点点滴滴。"两句都用了描写方法里面的"叠词"，其效果是增强了作品的音乐美和抒情性。"点点滴滴"又在构思技巧上前后照应，表现了作者孤独寂寞的忧郁情绪和动荡不安的心境。

（2）三杯两盏淡酒，怎敌他晚来风急？对比和拟人。"三杯两盏淡酒"的"淡"字可以看出作者心中满是愁，酒力压不住愁，压不住心愁自然觉得酒味淡了。用酒之淡，更衬托词人内心极其的苦楚愁闷，写出词人内心的惆怅。寓情于景，通过意向使愁变得具体可感又意蕴无穷，耐人寻味。

（3）满地黄花堆积。憔悴损，如今有谁堪摘？对比，寄寓作者昔盛今衰的个人身世之感。

（4）"乍暖还寒时候，最难将息……梧桐更兼细雨，到黄昏、点点滴滴。"寓情于景，情景交融（间接抒情），抒发了词人孤寂落寞的心绪。

小结：鉴赏诗歌的表达技巧可从三个角度切入思考。①修辞手法（优先）；②描写手法和抒情方式（其次）；③构思技巧（最后）。有时还要对语言特色进行赏析，但这类题在题干上都有明确的提示。

四、总结

如何准确把握诗词的情感，鉴赏古典诗词？①知人论世，联系作者经历背景；②寻找词眼，整体把握。抓直接抒情句子、直接表现情感词；③抓意象，关注特点；④明确技巧，品味效果。

五、巩固提高

诵读《醉花阴》，感知表达技巧。

板书设计：

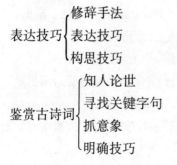

表达技巧 ｛ 修辞手法 / 表达技巧 / 构思技巧

鉴赏古诗词 ｛ 知人论世 / 寻找关键字句 / 抓意象 / 明确技巧

高三语文高考二轮复习教案
《小说阅读解题方法》

【考情分析】

小说是一种通过完整的故事情节和典型的环境描写，塑造具有典型性格的人物形象，多角度、多层次反映社会生活的文学体裁。

小说作为阅读命题材料，在 2007 高考中已占有一定的比例，如海南、宁夏卷的《林冲见差拨》，湖北卷的《日月行色》等。2008 年《江苏考试说明》将文学类文本阅读列入了必考内容，且明确说明"命题材料以散文、小说为主"，因此，在新课程标准背景下的新高考中，小说阅读应引起我们足够的重视。

小说阅读的取材多以微型小说为主，考查侧重点主要在于概括故事情节、鉴赏人物形象、把握小说的表达技巧和语言风格等，考生应对其相关内容和作用了如指掌。

一、相关知识链接

1. 概念：小说是以刻画人物形象为中心，通过完整的故事情节和具体环境描写来反映社会生活的文学样式。

2. 故事情节、环境描写、人物形象是小说的三要素。

3. 人物塑造方面：辨析人物描写的方法，除了外貌（肖像、神态、服饰）描写、动作细节描写、语言描写、心理描写等直接描写外，还要注意其他人或景的烘托。《林黛玉进贾府》中，林黛玉、贾宝玉、王熙凤的外貌描写非常传神；《项链》开头路瓦栽夫人的心理描写十分逼真；《药》中华老栓买药时，黑衣人的动作描写形象地刻画了人物的性格。

认识和评价人物的性格、品质、典型性、社会意义、作者的感情倾向等。《装在套子里的人》的结尾，写到别里科夫死后才一个月，生活又变得沉闷，清楚地表明了别里科夫是个典型人物，只要专制制度还在，别里科夫式的人物便不可能死绝。《阿Q正传》那叫读者笑中有泪的精神胜利法，明显地表达了作者哀其不幸怒其不争的思想感情。

4. 情节结构方面

辨析五个 w，即谁（who）、什么事（what）、什么时候（when）、什么地方（where）、为什么（why）。

懂得情节结构中的对比、悬念、倒叙、插叙、出人意料的结尾等。例如，《祝福》，采用了倒叙的结构形式，从祥林嫂临死前的肖像写起，再回顾祥林嫂初来鲁镇的情景，再次到鲁镇的经过，等等，设置了悬念。《项链》出乎意料又在情理之中的结尾，有力地突出了主题。

理清线索（明线、暗线）。多数短篇小说都只有一条线索，但也有一部分短篇小说设置了两条线索。例如，鲁迅的《药》，为了表明群众的愚昧，设置了买药、吃药、谈药、药效这条明线；为了表现辛亥革命，又设置了革命者被杀、革命者的血被吃、革命者成为闲人的谈资这条暗线。再以两条线的交织表现了群众的愚昧、革命者的悲哀。

5. 环境描写方面

自然环境描写，交代故事发生背景，烘托人物心情。社会环境描写，交代故事发生的时代，社会关系特征，人物活动的背景等。《祝福》《阿 Q 正传》开头的环境描写，把故事发生的背景、时代、社会关系做了明确的交代。

6. 主题内容方面

小说一般是通过人物形象或故事揭示人生哲理、社会问题、价值观念的。主题的表现形式大致有以下几种。

（1）以小说主要人物的性格特点、道德风貌、品格等揭示人性中的真善美和假丑恶。

（2）用故事的形式针砭时弊。

（3）通过寓言，寄寓人生哲理。

（4）虚构生活经历，反映人物生存状态和心理状态。

7. 语言

小说是语言的艺术，语言是欣赏的媒介，又是欣赏的对象，出题者有时会让我们欣赏遣词造句的奇妙，有时会让我们领悟语言的言外之意，含蓄之美，有时让我们初步感知作家的语言风格。

二、规律点拨

小说阅读训练题型：

（1）人物形象塑造的考查。

误区：分析人物形象时，不从实际出发，过分拔高人物的思想品质；没有立足原文，无中生有，概括出原文中没有的东西；以偏概全，不能全面分析评价人物。

解题思路应分四步走：

首先总体把握小说人物形象特点，确定作者的感情倾向是褒还是贬，是颂扬还是讽刺。然后画出小说中关于这个人物言行的语句，以及作者的议论或者作者借作品中其他人物对他的评价的语句。接着看用了什么描写方法，在此基础上进行归类概括。最后选择恰当的词句表述出来。

（2）重要情节（细节）作用的分析，解题时要注意其思考的方向。

①是对表现主题的作用。其作用一般来说是点题或突出主题。

②是对塑造人物形象方面的作用。或是发展了人物性格，或是表现了人物性格。

③是对整个故事情节的构成上的作用。一般来说是推动了故事情节的发展。

（3）分析环境描写的作用。

首先找到环境描写的语句在文章中的位置。处于不同的位置的环境描写其作用将会是不同的。然后再概括所描写的环境。

分析环境描写作用时，可从以下几个方面考虑。

①借环境描写交代故事发生的时间、地点、背景；

②增添或烘托某种气氛；

③衬托或突出人物的性格、心理等；

④有时有推动故事情节向前发展的作用。

⑤揭示主旨。

（4）思想内容（主题）和写作技巧的鉴赏和评价。理解主题主要看重要情节和主要人物；而小说主要的写作技巧也表现在重要情节的安排和主要人物形象的塑造上。

把握主题时，不从作品的客观实际出发，不能避免认识上的偏见和情感、情绪上的偏激，没有认真阅读原文，拿自己已知的道理去硬套，评价作品缺乏针对性，这是学生做这类题最大的误区。

鉴赏评价小说思想内容和写作特点时的误区是，过分拔高小说所表现的主题和哲理；偏激地看待创作技法的成败，认为已发表的文章总是好的，不敢提出批评的意见；以自己头脑中固有的观念看待作品和作者，要求作品和作者符合自己先入为主的思想观念；以自己的兴趣爱好作为评价小说的标准，合自己口味的说好，否则，就说不好。

（5）重要词语、关键语句的理解与散文的阅读差不多，这里不再赘述。

【试题示例】
阅读下面的文章，完成1—4题。

最后一片绿叶

凌仕江

谁能想到一片普通的叶子会把两个人的情感连在一起呢？

那是我从军以来到的第一个边防连队，也是我军旅生涯最后一个让人念念不忘的远在天边的连队。那里不长树，我们每天只能欣赏风雪和尘土。连队唯一的一棵树是我们费尽心思从一百多公里远的村庄移植过来的梧桐。

每年一次的老兵退伍工作都在梧桐叶飘零的冬天举行。进入11月，服役期满的老兵喜欢聚在阳光下，数一片片被寒风刮落在地的叶子。自从我由八班抽调到连部当文书后，工作明显比以前烦琐起来，我再也没空陪老兵数叶子了。这一天，我刚统计完连队新的花名册后，便奉命对退伍老兵的行李进行安检。

我是个特别受领导信任的人，平时对上级下达的各项任务都完成得十分出色。这次安检事关重大，出了差错，关系到连队的荣誉，不仅退伍老兵上不了飞机，还要处分安检人员。于是，我把眼睛睁得比任何时候都大，仿佛一粒尘埃也躲不过我的视线，生怕一粒脱壳的"花生米"成为隐患。

安检快要结束时，排在倒数第二的那个老兵拎着行李站在我面前，神情很不镇定。我请他打开提包接受检查，他却呆呆地望着我，那眼神像是在求我替他保守什么秘密。凭经验，我猜想他的提包里可能有违禁物品，请他立即打开提包接受检查。他紧张地瞟了我一眼，依然没有打开包。我急了，立马将此事向保卫股作了汇报。

保卫股火速跑来两个高大的干事，将这个退伍兵叫到了一边查问。我小心翼翼地打开他的提包，物品逐件被我抖落在地。这些物品有藏药、哈达、松耳石项链等。其实，这些东西对于任何一个在青藏高原当过兵的人来说，算不上什么违禁物品，许多老兵告别西藏都要买点回去，送人作纪念。我搜遍他的包中包，未能找到一颗哪怕是从地底下挖出来的生了锈的"花生米"。最后，我把他的提包翻了个底朝天，谁也没有想到，包里居然会飘出一个信封，我拾起一看，信封上什么字也没写。

风过无声。

打开信封，我发现里面是一片用塑料袋保鲜的树叶，树叶中间贴着一张小照片，是个笑容可掬的女孩……事后，我才得知，就在这个老兵退伍前的一天，他的未婚妻死于乳腺癌。

当时，所有在场的人都惊呆了。战友们纷纷接过镶在绿叶上的照片，表情很复杂。很快，照片传到了营长手里。正准备登车送退伍老兵前往机场的营长看见照片，突然一转身抱着老兵哽咽起来：我们，是我们对不住你呀……原来，两天前营长就接到老兵家里发来的电报，说他未婚妻不行了。营领导在会上反复强调：老兵退伍在即，谁也不要让他带着悲伤踏上归途。没想到，老兵早就得知自己的未婚妻患了绝症，直到连队宣布退伍名单时，他也没向任何人透露此事，只是悄悄摘走树上为数不多的一片绿叶安慰期待中的未婚妻。

送行的战友知道老兵的心事后，情不自禁地抱紧了他。面对一双双潮湿的眼睛，老兵异常平静地举起右手向大家敬了个礼：亲爱的战友们，我就要离开军营了，原本我的未婚妻是不允许我退伍的，她要我等着她上高原来看我们连队里种活的第一棵树上的绿叶……

听了他的话，我怀着无比沉重的心情将所有物品整齐地放回老兵的提包里。经过请示，连队官兵一致同意，特批我将树上最后一片泛绿的叶子摘下送给老兵的未婚妻。

那个冬天，所有的树叶没有枯黄，它们一直绿在我的记忆深处，绿在连队每个战友的心中。

1. 首段"一片普通的叶子会把两个人的情感连在一起"一句中，"两个人的情感"具体指什么？"普通的叶子"在此起什么作用？

2. 末段画线句子有怎样的蕴意？

3. 第二段写战友们从很远的地方移植梧桐，第三段写退伍老兵在阳光下数落叶，这些在结构上起了什么作用？

4. 本文直接写老兵，间接写他的未婚妻，对两人之间的情感点染十分到位，这源于作者娴熟地运用了"藏"的艺术。请结合文章内容简要说明。

参考答案：

1. 退伍老兵对病重的未婚妻的抚慰之情、未婚妻对守卫边防的未婚夫的牵挂之情；"普通的叶子"在此起了凝聚感情的作用。

2. 运用诗意的联想，表明退伍老兵与未婚妻的真挚感情产生了巨大的精神力量，给人以强烈的震撼。

3. 前面写战友移植梧桐，表明梧桐的珍贵；接着写老兵们在阳光下数落叶，蕴含着他们对军营生活的留恋之情。这些对后面写那位退伍老兵的行为以及他与未婚妻的真挚感情作了得当的铺垫。

4. 这种"藏"的艺术表现在两个方面：一是退伍老兵在临行之际"藏"绿叶。第五段中写老兵拎着行李，"神情很不镇定"，"呆呆地望着"，"紧张地瞟了我一眼，依然没有打开包"，这些细节描写设置了悬念，把一片蕴含真情的绿叶"藏"得很严实。二是退伍老兵隐瞒未婚妻患绝症的消息，未向任何人透露。这种强压悲痛的"藏"，显示了他刚强、坚毅的性格。本文运用"藏"的笔法，增添了行文的可读性，也有助于主旨的深化。(答题时只答一个方面即可)

2018 年 3 月

杜甫："万方多难"中成就的"诗圣"

【教学目标】

1. 了解诗人关注国计民生，感时忧国的情怀，在逆境中不懈追求人生价值的抱负与忍耐和承受苦难的人格；注重学生人格和人文精神的养成。

2. 了解这篇传记文学性与艺术性的统一，体会文学真实性的特点，以及此传记中人、诗、史三者有机结合的特点。

3. 充分利用教材，调动学生积极主动地阅读传记，有效利用教材提供的各种资料。

【教学重难点】

1. 本文学术性强，牵涉到许多历史时间，学生阅读可能有难度。

2. 阅读时需提醒同学不要把主要精力放在对历史时间的讨论上，重点应放在大致了解杜甫的文学生涯及诗人在"万方多难"中生发的诗歌创作上，体会杜甫的人格追求。

【教学安排】

4 课时。

【教学过程】

第一课时

一、导入新课

1000 多年前，当唐朝岌岌可危、风雨飘摇之时，伟大的爱国诗人杜甫就是用他的一支笔写下了无数的诗篇。

"江汉思归客，乾坤一腐儒"，这是杜甫逝世前一年对自己的写照。后人从这孤独的形象中看到了他包容乾坤的博大胸怀以及回旋天地，与元气同在的精神力量。

这篇冯至所写的传记，展现了杜甫生命中的一个片段。《杜甫传》原有 13 节，大约 3 万字，限于篇幅，本文只选了其中的"长安十年""流亡""侍奉皇帝与走向人民"三节,部分段落有删节。

这节课就让我们跟随着诗人冯至的笔迹,再次回到那个时代,同诗人杜甫一起去感受那个兵荒马乱的年代,通过他的诗歌一起去感受一份与人民命运息息相关的炽热而跳动的心灵。

二、写作背景与作者简介

本文写于 1946 年,历时三年。冯至从青年时代就非常喜爱杜甫。抗战期间,无论是在颠沛流离的途中,还是在相对沉静的昆明山中,冯至都没有停止对杜甫人生的思考。正是在这个时期,他开始了写作《杜甫传》的准备,并在1945 年发表了《杜甫和我们的时代》和《我想怎样写一部传记》两篇相关文章。

冯至(1905—1993),出生于河北省涿州市,曾就读于北京大学德文系和德国海德堡大学,先后在同济大学、西南联大、北京大学等校任教。作为"中国最杰出的抒情诗人"(鲁迅语),其诗歌创作主要有诗集《昨日之歌》《北游及其他》《十四行集》等;作为学者,他的杜甫研究和歌德研究都十分优秀。此外,他的散文作品《山水》和小说《伍子胥》也是中国现代文学史上的名篇。

三、介绍杜甫

杜甫(公元712—770),字子美,唐代著名诗人。祖籍襄阳(今属湖北),生于河南巩县。杜甫出生于一个有着文学传统的家庭中,他的爷爷杜审言也是唐朝(武则天时期)著名的诗人,所以他 7 岁开始学诗,15 岁时就已扬名。杜甫的诗歌现存 1400 多首,它们深刻地反映了唐代安史之乱前后 20 多年的社会情况,生动地记载了杜甫一生的生活经历,同时,这些诗歌把社会现实与作者个人生活紧密地结合起来,达到思想内容与艺术的完美统一,也代表了唐代诗歌的最高成就。所以,杜甫的诗歌被后代称为"诗史"。

四、学习指导与阅读文本

1. 学习指导

这篇传记文学性较强,牵涉到的历史事件较多,阅读起来有一定的困难。学习本文之前,同学们一定要先对文章中的一些内容做一些预习,最好能够做一些笔记和摘录。

①从时代背景入手,分析杜甫生活的时代有什么特点?

②从杜诗入手,分析诗人、感情、社会之间有什么关系?

③从杜甫其人入手,分析杜甫为什么被称为"诗圣"?

2. 快速浏览全篇,重点阅读第一部分"长安十年"内容,填写表1。

表1　长安十年

时间	社会状况	杜甫经历	代表作品	诗歌特点	人格追求
746—755	这时的政治正显露出日趋腐化的征象。长安被阴谋和恐怖的空气笼罩着，几年前饮中八仙的那种浪漫的气氛几乎扫荡无余了	初到长安时，漫游时代的豪放情绪还没有消逝。但随着与现实的接触渐多，豪放的情绪逐渐收敛，随之产生一种矛盾心理：一方面羡慕自由的"江海人士"；另一方面又想在长安谋个官职	《兵车行》《丽人行》《自京赴奉先县咏怀五百字》	①诗歌常有这样的对句：上句说要脱离使人拘束的帝京，下句紧接着说不能不留在这里。②在现实主义的诗歌创作道路上迈开了坚实的第一步	忧国忧民，关心民生疾苦，形成沉郁顿挫的诗歌风格

①解读《赠特进汝阳王二十韵》和《投简咸华两县诸子》二诗。

汝阳王李琎是唐玄宗的侄子，杜甫能到他府上走动，多半有某种背景。何人举荐却无据可查。杜甫的袖袋里，可能有几封举荐信的。他进京献诗《赠特进汝阳王二十韵》，前提是要踏进王府的门槛。经济上的困顿使他追求功名，但改变不了他的病和饥寒的现状。

②解读《兵车行》。

车辚辚，马萧萧。行人弓箭各在腰。爷娘妻子走相送，尘埃不见咸阳桥。

牵衣顿足拦道哭，哭声直上干云霄！道旁过者问行人，行人但云点行频。

或从十五北防河，便至四十西营田。去时里正与裹头，归来头白还戍边。

边庭流血成海水，武皇开边意未已！君不闻汉家山东二百州，千村万落生荆杞。

纵有健妇把锄犁，禾生陇亩无东西。况复秦兵耐苦战，被驱不异犬与鸡。

长者虽有问，役夫敢申恨？且如今年冬，未休关西卒。

县官急索租，租税从何出？信知生男恶，反是生女好。

生女犹得嫁比邻，生男埋没随百草。君不见青海头，古来白骨无人收。

新鬼烦冤旧鬼哭，天阴雨湿声啾啾！

这首诗的深刻之处，在于作者没有把笔墨局限在一时一事的描写上，而是通过征夫之口，把此次征丁放在连年征战的大背景下，从而在最大程度上表现了人民群众所受的兵役之苦，在最深的层面上揭露了唐玄宗不顾人民死活，频举开边之战的卑劣心肠。作者的立场显然在人民一边，这标志着杜甫在现实主义的诗歌创作道路上迈开了坚实的第一步，这首诗可以看作是他的一座里程碑。

③解读《自京赴奉先县咏怀五百字》。

杜陵有布衣，老大意转拙。许身一何愚！窃比稷与契。

居然成瓠落，白首甘契阔。盖棺事则已，此志常觊豁。

穷年忧黎元，叹息肠内热。

第一部分是自述平生之志，并揭示理想与现实的巨大矛盾。杜甫以"稷契"作为立身的标准，稷和契是辅佐虞舜的两个贤臣，他们爱民如子，政绩显著。然而，这种高尚的志向却遭到了世俗之辈的嘲笑和当权者的冷漠，把杜甫长期置于衣食不保的境况之中。相反，那些经营私利的"蝼蚁辈"们却衣食饱暖，飞黄腾达。

赐浴皆长缨，与宴非短褐。况闻内金盘，尽在卫霍室。

中堂有神仙，烟雾蒙玉质。暖客貂鼠裘，悲管逐清瑟。

劝客驼蹄羹，霜橙压香橘。

诗的第二部分是记述途经骊山时的观感。杜甫半夜从长安出发，行至骊山脚下，天已黎明，这时，他听到从骊山行宫里传来震天动地的音乐声，想到君臣们正在通宵达旦地作乐，于是便依据平素所闻，用大量的篇幅描写他们的享乐生活，揭示了统治者靠掠夺民财以膏腴自身的社会本质——朱门酒肉臭，路有冻死骨。

北辕就泾渭，官渡又改辙。群冰从西下，极目高远兀。

疑是崆峒来，恐触天柱折。河梁幸未坼，枝撑声窸窣。

行旅相攀援，川广不可越。

第三部分是叙述路过泾渭时的艰难情形和到家后的见闻感受。以上 10 句，笔墨集中在过河这件事上，写得曲曲折折，感慨淋漓。先是渡口移动，不得不改道；到了新渡口，又无船可渡，从上游漂下来的巨大冰块，汹涌而来；幸而有座桥，却又摇摇晃晃，走在上面，心惊胆战。这一情节实为作者 10 年长安艰难生活的缩影。作者使用以小见大，寓情于事的艺术手法，展示出久历的坎坷和积郁的心境。

④总结。

长安十年的生活磨砺，杜甫已变成一个忧国忧民的诗人。他不但在思想上已经成熟，而且在艺术上也已形成了沉郁顿挫的诗歌风格。

第二课时

一、回顾旧课

二、填写表格 2，分析课文

表 2　流亡生活

时间	社会状况	杜甫经历	代表作品	诗歌特点	人格追求
755—757	安史之乱开始，唐代的政治经济发生了剧烈变化：政治上，丧失中央集权的统治力量，对外抵御不了外族的入侵；经济上，生产力下降，社会贫困日渐加深	杜甫在长安沦陷前的一个月离开了长安	《春望》《月夜》《北征》	时代的变化反映在杜甫的诗中，他在这些诗中抒发了他爱祖国、爱人民的情怀；此后唐代的诗歌有一部分走向现实主义的朴质的道路	充满忧国忧民的情思，反映了当时的政治形势和社会现实，表达了人民的情绪和愿望

①解读《春望》。

国破山河在，城春草木深。感时花溅泪，恨别鸟惊心。

烽火连三月，家书抵万金。白头搔更短，浑欲不胜簪。

这是一首五言律诗，作于至德二载（757）。诗人当时为安史叛军所俘，身陷长安。杜甫眼见山河依旧而国破家亡，春回大地却满城荒凉，在此身历逆境、思家情切之际，不禁触景生情，发出深重的忧伤和感慨。这首诗反映了诗人热爱国家、眷念家人的美好情操。

②解读《月夜》。

今夜鄜州月，闺中只独看。遥怜小儿女，未解忆长安。

香雾云鬟湿，清辉玉臂寒。何时倚虚幌，双照泪痕干。

这首诗借看月而抒离情，但所抒发的不是一般情况下的夫妇离别之情。题为《月夜》，字字都从月色中照出，而以"独看""双照"为一诗之眼。"独看"的泪痕里浸透着天下乱离的悲哀，"双照"的清辉中闪耀着四海升平的理想。"独看"是现实，却从对面着想，只写妻子"独看"鄜州之月而"忆长安"，而自己的"独看"长安之月而忆鄜州，已包含其中。"双照"兼包回忆与希望：感伤"今夜"的"独看"，回忆往日的"同看"，而把并倚"虚幌"（薄帷）、对月舒愁的希望寄托于不知"何时"的未来。

③解读《北征》（选段）。

况我堕胡尘，及归尽华发。经年至茅屋，妻子衣百结。

恸哭松声回，悲泉共幽咽。平生所娇儿，颜色白胜雪。

见爷背面啼，垢腻脚不袜。床前两小女，补绽才过膝。

海图坼波涛，旧绣移曲折。天吴及紫凤，颠倒在裋褐。

老夫情怀恶，呕泄卧数日。那无囊中帛，救汝寒凛栗。

粉黛亦解包，衾裯稍罗列。瘦妻面复光，痴女头自栉。

学母无不为，晓妆随手抹。移时施朱铅，狼藉画眉阔。

生还对童稚，似欲忘饥渴。问事竞挽须，谁能即嗔喝？

翻思在贼愁，甘受杂乱聒。新归且慰意，生理焉得说！

这首长篇叙事诗，实则是政治抒情诗，是一位忠心耿耿、忧国忧民的封建士大夫履职的陈情，是一位艰难度日、爱怜家小的平民当家人忧生的感慨，是一位坚持大义、顾全大局的爱国志士仁人述怀的长歌。本诗于平实的叙述中反映重大的生活感受，显示出诗人在诗歌艺术上的高度才能和浑熟技巧，足以得心应手、运用自如地用诗歌体裁来写出这样一篇"博大精深、沉郁顿挫"的陈情表。

④总结。

充满忧国忧民的情思，反映了当时的政治形势和社会现实，表达了人民的情绪和愿望。

第三课时

一、回顾旧课

二、填写表格3，分析课文

表3　侍奉皇帝与走向人民

时间	社会状况	杜甫经历	代表作品	诗歌特点	人格追求
757—759	唐军收复长安，肃宗也回到长安	杜甫和家属再次回到长安	《新安吏》《石壕吏》《新婚别》	不仅反映人民的痛苦，而且深刻表达了自己内心的矛盾	从思想感情上完成了日渐远离皇帝而走向人民的痛苦过渡

①解读"三吏"之一《新安吏》。

肥男有母送，瘦男独伶俜。白水暮东流，青山犹哭声！

莫自使眼枯，收汝泪纵横。眼枯即见骨，天地终无情。

《新安吏》是写未成人的少年被征当兵。新安（今河南新安）县在洛阳西70里。作者从洛阳出发，傍晚时抵达县城，见县吏征点少年入伍，惊问其故，方知是上边下达公文：壮丁征尽，次选少年。杜甫怀着沉痛的心情望着这群身材短小的孩子，用笔录下送行的场面。

就粮近故垒，练卒依旧京。掘壕不到水，牧马役亦轻。

况乃王师顺，抚养甚分明。送行勿泣血，仆射如父兄。

杜甫对人民的苦难是同情的，但他也十分清楚，面对敌人的疯狂进攻，必须用战斗去回答；为了安慰这些悲哀的送行者，当时只得说些宽心话了。

②解读"三吏"之二《石壕吏》。

暮投石壕村，有吏夜捉人。老翁逾墙走，老妇出看门。

吏呼一何怒，妇啼一何苦！听妇前致词：三男邺城戍。

一男附书至，二男新战死。存者且偷生，死者长已矣。

室中更无人，惟有乳下孙。有孙母未去，出入无完裙。

老妪力虽衰，请从吏夜归。急应河阳役，犹得备晨炊。

夜久语声绝，如闻泣幽咽。天明登前途，独与老翁别。

这首诗深刻地揭露了差吏的狠毒无情，抓丁所及，连老太婆都不放过，由此可见当时的兵役制度已经黑暗到何种程度！

③解读"三别"之一《新婚别》。

兔丝附蓬麻，引蔓故不长。嫁女与征夫，不如弃路旁。

结发为君妻，席不暖君床。暮婚晨告别，无乃太匆忙！

君行虽不远，守边赴河阳。妾身未分明，何以拜姑嫜？

父母养我时，日夜令我藏。生女有所归，鸡狗亦得将。

君今往死地，沉痛迫中肠。誓欲随君去，形势反苍黄。

勿为新婚念，努力事戎行！妇人在军中，兵气恐不扬。

自嗟贫家女，久致罗襦裳。罗襦不复施，对君洗红妆。

仰视百鸟飞，大小必双翔。人事多错迕，与君永相望！

诗中描写了一对新婚夫妻的离别，塑造了一个深明大义的少妇形象。头天结婚，第二天新郎就去当兵，这完全违背当时新婚者不服兵役的常理和习俗。一想到丈夫就要到九死一生的战场上去，新娘悲痛得心如刀割。但她同样认识到，丈夫的生死，爱情的存亡，与国家民族命运，是不可分割地联结在一起的，要实现幸福的爱情理想，必须做出牺牲。于是，她强抑悲怨痛楚，在离情别绪中，平静而深情地鼓励丈夫，同时炽热坚定地表达至死不渝的爱情誓言。这首诗写出了当时人民面对战争的态度和复杂的心理，以及他们对正常人生和亲情的留恋，他们为国家承担责任的勇气。

④小结。

从思想感情上完成了日渐远离皇帝而走向人民的痛苦过渡。

三、总结

"长安十年"的困顿，孕育了杜甫思想变化的种子；"安史之乱中的流亡生活"则使得杜甫有机会接触下层社会，丰富了自己的爱国思想和同情人民的感情。杜诗中反复呈现的两种感情旋律：①无论"慨世"还是"慨身"，杜甫个人的喜怒哀乐总是与人民的命运息息相通；②杜甫无论遭遇多少挫折与艰难，始终不放弃对生活的承担与执着的意志。

第四课时

一、问题探讨

（1）杜甫的诗歌被称为"诗史"，它深刻反映了唐代安史之乱前后 20 多年的社会风貌，生动记载了杜甫一生的生活历程。试结合选文内容，谈谈：为什么杜甫的诗歌会被称为诗史？

提示：杜甫的诗之所以被称为"诗史"，就在于他在诗歌中真实记录了唐代安史之乱前后 20 年间的社会历史状况，这其中有重大历史事件的描述，也有普通老百姓痛苦呻吟的写照，不同于正史只关注帝王将相的文治武功，他的诗歌把目光投向广大的人民，在个人身世的感喟中，我们能看到时代的影子。

（2）"还杜甫的本来面目，他的伟大之处和历史局限都要写够，写出分寸。"请从原文中找出一两处具体，说说冯至是如何实践他的这种写作要求的？

提示：杜甫是一个伟大的现实主义诗人，他关注现实，关心民生疾苦，这些在他的诗歌中都有很具体的体现。但是，杜甫并不是一个高大全的人物，他是一个有血有肉的历史人物，由于时代的原因，他也有自己的局限性。

①"他在长安一带流浪，一天比一天穷困，为了维持生活，他不能不低声下气，充作贵族府邸的'宾客'。"

②"他 40 岁以前存留下来的作品并不多，一共不过 50 来首，其中固然有不少富有创造性的诗句，但歌咏的对象不外乎个人的遭遇和自然界的美丽和雄壮。"

③最后一节结尾指出杜甫对统治阶级的某些幻想，这也是杜甫历史局限性的表现之一。

……

通过上面的例句，我们可以看出冯至在作品中刻画了一个为贫困和仕进心折磨的真实的杜甫。但是，作者如实写出杜甫的局限性，不会削弱杜甫的伟大，相反，我们看到的却是一个真实的、有血有肉的历史人物。

二、总结

在杜甫生活的近 60 年的时间中，随着年代的不同、环境的不同，以及作者本身思想、情绪的不同，所创作的诗歌的思想内容也有所不同。杜甫的诗歌，有的记叙时事、议论时政，有的表达了作者忧国忧民的思想感情，还有的流露出其热爱生活、热爱大自然的情感，以及对亲朋邻里的真挚情意。但无论内容如何，杜甫诗歌总体来说具有"沉郁顿挫"的风格，同时，有着精于锤炼而又天然自成的语言。

三、布置作业

（1）课后再细读课文，选择自己喜欢的章节，进一步通过杜甫的诗章去感受那伟大的声音。

（2）完成《优化设计》相关部分。

（3）课下寻找资料，最好能阅读《杜甫传》全文。

高三语文试卷讲评教案

一、试卷评价

1. 试卷难易适中，着重对基础知识的考查，着重对文本知识的考查。

2. 非常切合新课标思想理念，切合学生实际，能够考查学生的基本知识和技能。

3. 试卷与教学实际切合，学生能够立足课本，发挥出应有的水平。

二、成绩分析（只做前面 8 个小题，总分 34 分）

1. 成绩统计

最高分：30 分。

$34 * 0.7 = 24$，24 分以上：18 人

最低分：2 分

2. 得分率统计（主观题得 70% 算对）

1 题	2 题	3 题	4 题	5 题	6 题	7 题	8 题
93.8%	68.7%	3.1%	70.3%	49.6%	95%	96.9%	18.7%

结论：①第 3 题最差；

②第 5、8 题较弱，说明对文言文的掌握存在问题。

3. 表扬与鞭策

表扬：24 分以上的，有进步的学生。其中 8 题得了 8—10 分的学生：邓敏、曾传燕、李琴。

鞭策：后退的学生。

三、讲评要点

重点讲解3、5、6、7、8题。

（一）小组讨论1－2题，教师检查讨论效果，答疑解难

（二）重点讲解部分

3. 下面是一个生活片段，读后请写出你的感悟。（3分）

帮忙

在邮局大厅内，一位老太太走到一个中年人跟前，客气地说："先生，请帮我在明信片上写上地址好吗？"

"当然可以。"中年人按老人的要求做了。

老太太又说："再帮我写上一小段话，好吗？谢谢！"

"好吧。"中年人照老太太的话写好后，微笑着问道："还有什么要帮忙的吗？"

"嗯，还有一件小事。"老太太看着明信片说，"帮我在下面再加一句：字迹潦草，敬请原谅。"

【感悟】_____

分析：

A. 审题。

B. 找出总领，找出关键词，顺藤摸瓜。

C. 通读材料，抓住关键句子，或者关键词语，注意层次关系。

D. 注意，评分要求为错一个都不行。

（三）文言文释疑

以自然段为单位，学生提问，教师答疑。

（四）略讲5、6、7题

（五）重中之重，文言文翻译

把下列句子译成现代汉语。

（1）弃复与书，言用兵讲和利害甚悉。（3分）

（2）愿留印，使弃得抱以死，死不腐矣。（3分）

（3）吾官受之本朝，有死而已，誓不易以辱吾君也。（4分）

小结：

1. 翻译原则：略。

2. 翻译方法：留、删、补、换、调。

3. 翻译思路：联系语境 落实重点字词 注意句式和语气。

四、布置作业

1. 摘录错题，写出体会。

2. 回归课本，重新翻译原文中重点句子。

五、教后反思

1. 学生水平参差不齐，统一讲解无法面面俱到，课后还应个别辅导。

2. 解题技巧有待进一步提高。

注：试卷附后

2010 年 1 月 12 日

公开课《作文审题》教学课堂设计

课题：作文审题

讲课人：汪　平

班级：2010 级 12 班（文补）

时间：2010 年 5 月 29 日　第四节

教学重点：明确审题决定立意，立意决定文章的品位。

教学难点：审题准，立意高。

教学安排：一课时。

授课提纲：

一、作文审题的重要性

1. 评分标准中的重点

题意、内容、语言和文体。

2. 实际评判的重点

A：

语言（表达）＞内容（真情实感）＞题意、文体

角度与题意

B：

中心角度——切合题意

重要角度——符合题意

次要角度——基本符合题意

靠边——偏离题意

不沾边——离题

3. 四川省自主命题四年作文题

作文的关注点：生活、社会、生命。

作文　　　做人

立文　　　立人

二、2010 年高考预测

关注生命、自我价值判断。

1. 2010 年命题形式（预测）：

2. 2010 年命题内容（预测）：

3. 2010 年作文备考（建议）：

加强文体训练，拓展立意空间。（一定枪毙"四不像"）

一句话，在审题立意上要下足功夫。无论是何种作文，立意的高下是考场作文水平高低的试金石、风向标。同时，在素材运用方面也应做足文章。

三、命题形式与审题

1. 命题式作文：完全式

例1. 阅读材料，按要求作文。

在生命的每个重要转折点上，没有人唱歌给你听，但生活总会让你知道：你什么时候合拍，什么时候走调，当你做事情顺利时，你做的事情就是与你的歌合拍的；当你感到很不顺利的时候，你做的事情就是跟你那首歌不合拍。我们每个人都要知道自己的那首歌，把它唱好。也许你现在唱得不太好，不要泄气，要知道，最伟大的歌唱家也有唱不好的时候。只要你不断地唱下去，你就不会迷路。

请以"唱好自己那首歌"为题作文，文体不限，写一篇 800 字的文章。

审题要领：把握着落点，突出重点。

写作导引：略。

例2. 阅读下面一段文字，按要求作文。

"正值冬季，它使我们想起那些曾经的冬天。"平时我们关注更多的是春天，其实冬天也给了我们很多……你感受过冬天吗？

请以"冬天"为题写一篇作文。除了诗歌外，文体不限，字数 800 左右。

写作导引：略。

2. 独字式

例3. 阅读下面的文字，根据要求作文。

《现代汉语词典》中对"惜"的释义如下：①爱惜：珍~光阴，~墨如金。②可惜；惋惜：痛~。③吝惜；舍不得：~别，~力，不~工本。

参考以上材料，任选角度，结合自己的生活体验，以"惜"为题写一篇文章。

要求：①文体自选　②不少于800字　③不得抄袭。

写作导引：略。

3. 半命题式

例4. 阅读下面的文字，根据要求作文。

青春是一个耀眼的词语。青春，如同一轮活力四射的太阳，托出明媚的天空，充满梦想，充满期待，充满力量。青春，是我们最大的一笔财富，是我们创造出更美好明天的最大的资本。身处美好的青春时光的你，有什么感触和思考呢？

请以"在充满_____的青春日子里"为题，结合自己的体验和感受，联系现实生活，写一篇不少于800字的文章，文体自选（诗歌除外），立意自定。

四、考前提醒

1. 背几篇精美短文。

2. 整理十来件生活细节又有鲜活的材料。

3. 熟记30句陌生化的名句（分类）。

4. 记住10件典型事件（分类）。

5. 理出核心判断的句子放在开头。

6. 认识改卷是老师的工作：行文线索要清晰。

7. 认识改卷老师大多数是不写文章的，但清楚写作技巧。

8. 认识改卷老师不是一个真正的读者，而是评卷者。

9. 认识改卷老师都有好奇心。

10. 认识改卷老师群体都富有同情心。

诗歌鉴赏之表达技巧复习教案

【教学目标】

1. 了解诗歌表达技巧的范畴与内涵。

2. 明确高考试题有关考查表达技巧的命题特点。

3. 掌握试题解题思路和方法。

【教学重点】解题思路和方法

【教学方法】讲授、练习、归纳

【课时安排】6—8 课题

【把脉高考】诗歌表达技巧是历年高考考查的重要内容之一（09 年 10 套试题考查），但学生得分率不高。对近几年全国和各地高考试题进行分析归纳，我们发现在诗歌鉴赏的五个考点（形象、语言、表达技巧、思想内容、观点态度）中，评价作者的观点态度考得最少，表达技巧和思想内容涉题最多。

【备考策略】

一、提问方式

这首诗用了怎样的表现手法？提问变体：请分析这首诗的表现技巧（或艺术手法，或艺术特色）。诗人是怎样抒发自己的情感的？有何表达效果？

二、知识储备

表现手法是诗人用以抒发感情的手段方法，要准确答题，提高得分率，必须熟悉常用的一些表现手法。表现手法一般可以分为抒情手法、描写手法、修辞手法三大类。

（一）抒情手法（直接抒情和间接抒情）

1. 直接抒情（直抒胸臆）：诗人在其诗作中袒露襟怀，不假掩饰地抒发激情、快意或愁绪，如"安能摧眉折腰事权贵，使我不得开心颜。"（《李白·梦游天姥吟留别》）

2. 间接抒情：诗人们往往借助多种艺术方式，委婉地表达自己的思想感情。

（1）借景抒情（寓情于景、以景结情、缘情写景、情景交融），诗人把要表达的思想感情，全然寓于眼前的自然景象之中，借自然景物抒发感情。一般情况是乐景写乐情，哀景抒哀情，但也有以乐景衬哀情或哀景写乐情的写法。例如，李白的《黄鹤楼送孟浩然之广陵》："故人西辞黄鹤楼，烟花三月下扬州。孤帆远影碧空尽，唯见长江天际流。"全诗没有一字说惜别，没有一字说伤怀，但伤怀惜别之情悠悠无尽，随水长流，滚滚江水犹如对友人的不断思念。

（2）托物言志（又叫借物抒情），诗人借自然界中的某物自身具有的特征，来表达某种志向或情感，诗中的物带有人格化的色彩。例如，"咬定青山不放松，立根原在破岩中。千磨万击还坚劲，任尔东西南北风。"（郑板桥·《竹石》）借以表达作者刚烈、不屈不挠和高风亮节的品格；"千锤万击出深山，烈火焚烧若等闲。粉身碎骨全不怕，要留清白在人间。"（于谦·《石灰吟》）借以表达为国尽忠、不怕牺牲和高洁情操的决心。一般是咏物诗。

（3）托物寓理，如"半亩方塘一鉴开，天光云影共徘徊。问渠那得清如许，为有源头活水来。"（朱熹·《观书有感》）。这首诗抒写的是有关读书的意义和情趣。通篇借"方塘"见意，把人的大脑比喻"方塘"，把大脑中的知识比作"天光云影"，以塘清是活水注入，比喻人们要想保持大脑的鲜活的思维，就应当不断地从书中汲取知识。一般是哲理诗。

（4）叙事抒情：通过记叙人物的经历或事情的发生、发展、变化的过程，抒发作者的内心感受。例如，"楼船夜雪瓜洲渡，铁马秋风大散关"（陆游·《书愤》）用叙述的方式写自己亲临抗金前线值得纪念的往事，暗示南宋人民有力量保卫自己的国家，表达抗金复国的决心。

（5）用典抒情：用典有用事和引用前人诗句两种。

用事是借用历史故事来表达作者的思想感情，包括对现实生活中某些问题的立场和态度、个人的意绪和愿望，等等，属于借古抒怀，如"周公吐哺，天下归心。"（曹操·《短歌行》）、"出师一表真名世，千载谁堪伯仲间。"（陆游·《书愤》）

引用或化用前人诗句目的是加深诗词中的意境，促使人联想而寻意于言外，如姜夔的《扬州慢》："过春风十里，尽荠麦青青。""春风十里"引用杜牧的诗句，表现往日扬州十里长街的繁荣景况，是虚写；"尽荠麦青青"写词人今日所见的凄凉情形，是实写。这两幅对比鲜明的图景寄寓着词人昔盛今衰的感慨。

（6）借古讽今：这是咏史诗中常见的表现手法，借历史上的事件来讽喻当时社会，如"山围故国周遭在，潮打空城寂寞回。淮水东边旧时月，夜深还过女墙来。"（刘禹锡·《石头城》）

（二）描写手法

1. 衬托，分正衬和反衬。正衬如"桃花潭水深干尺，不及汪伦送我情"。反衬有动静衬，如"明月松间照，清泉石上流"；声寂衬，如"蝉噪林逾静，鸟鸣山更幽"；以乐景衬哀情，如"映阶碧草自春色，隔叶黄鹂空好音"等。

2. 联想和想象（又叫虚实结合），多为浪漫主义诗人所采用。在诗歌欣赏中，虚与实是相对的，如书上所言，有者为实，无者为虚；有据为实，假托为虚；客观为实，主观为虚；具体为实，隐者为虚；有行为实，徒言为虚；当前为实，未来是虚；已知为实，未知为虚，等等。首先，介绍一下诗歌中的"虚"。在中国画的传统技法中，虚是指图画中笔画稀疏的部分或空白的部分。它给人以想象的空间，让人回味无穷。诗画同理，诗歌借鉴了中国画的这种方法。诗歌的"虚"，是指直觉中看不见摸不着，却又能从字里行间体味出那些虚象和空灵的境界。具体说来，诗歌中的"虚"包括以下三类。

（1）神仙鬼怪世界和梦境。诗人往往借助这类虚无的境界来反衬现实。这就叫以虚象显实境。例如，《梦游天姥吟留别》里的仙境就是一个虚象。诗云："日月照耀金银台""霓为衣兮风为马""虎鼓瑟兮鸾回车""仙之人兮列如麻"。李白描绘了一幅美好的图景，图景的美好反衬出现实的黑暗。

（2）已逝之景之境。这类虚景是作者曾经经历过或历史上曾经发生过的景象，但是现时却不在眼前。例如，李煜《虞美人》中"雕栏玉砌应犹在，只是朱颜改"，句中"故国"的"雕栏玉砌"存在，但此时并不在眼前，也是虚象。作者将"雕栏玉砌"与"朱颜"对照着写，颇有故国凄凉，物是人非之感。再如苏轼的《念奴娇·赤壁怀古》中的"谈笑间，樯橹灰飞烟灭"再现了火烧赤壁这一史实。显然不是发生在眼前，故也是虚景。

（3）设想的未来之境。这类虚境是还没有发生的，它表现的情景将一直延伸到未来而不断绝。故写愁，将倍增其愁；写乐，将倍增其乐。例如，柳永《雨霖铃》中云："今宵酒醒何处，杨柳岸晓风残月"这是设想的别后的景物：一舟离岸，词人酒醒梦回，只见习习晓风吹拂萧萧疏柳，一弯残月高挂柳梢。再看看诗歌中的"实"。在中国画中，实是指图画中笔画细致丰富的地方。而在诗歌中，"实"是指客观世界中存在的实象、实事、实境。例如，《梦游天姥吟留别》中的黑暗现实；《虞美人》中的"春花秋月何时了"；《念奴娇·赤壁怀古》中上阕的"乱石穿空，惊涛拍岸，卷起千堆雪"，写赤壁险峻的形势；《雨霖铃》中上阕所写的两人分别的情形，如"寒蝉凄切，对长亭晚""执手相看泪眼，竟无语凝噎"等。虚实相生"是指虚与实二者之间互相联系，互相渗透与互相转化，以达到虚中有实，实中有虚的境界，从而大大丰富诗中的意象，开拓诗中的意境，为读者提供广阔的审美空间，充实人们的审美趣味。虚景和实景的关系，有时是相反相成形成强烈的对比，从而突出中心的。例如，姜夔《扬州慢》中的虚景是指"春风十里"，写往日扬州城十里长街的繁荣景象，实景是"尽荠麦青青"，写词人今日所见的凄凉情形。由这一虚一实两幅对比鲜明的图景，寄寓着词人对扬州昔盛今衰的感慨。

3. 动静结合就是指对事物或景物作动态或静态的描写，两者互相映衬，构成一种情趣。例如，"星垂平野阔，月涌大江流"（杜甫·《旅夜书怀》），一静一动，意境雄浑开阔。

4. 正侧面结合就是对描写的事物形象特征更加鲜明突出。例如，《陌上桑》中的罗敷的形象，就通过对"行者""少年""耕者"见到罗敷时的表现来把罗敷的美丽展示了出来，这比直接的正面描写给读者留下了更多想象的空间。

（三）修辞手法

1. 比喻。化平淡为神奇，化深奥为浅显，化抽象为具体，使诗歌所描绘的意象更加形象生动。例：不知细叶谁裁出，二月春风似剪刀。（贺知章·《咏柳》）

2. 借代。以简代繁，以实代虚。"两岸青山相对出，孤帆一片日边来。"（李白·《望天门山》）以船的一部分"帆"借代船。"男儿何不带吴钩，收取关山五十州。"（李贺·《南园》）"吴钩"借代武器，"带吴钩"借代从军出征一事。

3. 比拟。色彩鲜明，描绘形象，表意丰富。"感时花溅泪，恨别鸟惊心。"（杜甫《春望》）

4. 夸张。提示本质，给人以启示；烘托气氛，增强感染力；增强联想，创造气氛。"黄河之水天上来。"（李白·《将进酒》）"白发三千丈，缘愁似个长。"（李白·《秋浦歌》）

5. 对偶。有音乐美，表意凝练，抒情酣畅。"两个黄鹂鸣翠柳，一行白鹭上青天。窗含西岭千秋雪，门泊东吴万里船。"（杜甫·《绝句》）

6. 反问。加强语气。"本是同根生，相煎何太急。"（曹植·《七步诗》）

7. 设问。引人注意，启发思考。"问君能有几多愁？恰似一江春水向东流。"（李煜·《虞美人》）

8. 双关。意在言外，在特定的语言环境中获得双重意义，使语言更加含蓄、风趣。"东边日出西边雨，道是无晴却有晴。"（刘禹锡·《竹枝词》）

9. 对比。让事物、形象突出，情感表现更鲜明。"桃花潭水深千尺，不及汪伦送我情。"（李白·《赠汪伦》）

10. 比兴。先言他物引起所咏之物。如"关关雎鸠，在河之洲。窈窕淑女，君子好逑。"（《诗经》）

三、解题技巧

（一）答题格式：手法＋表达作用

赏析修辞方法：揭示手法＋分析表达作用（句意＋文意＋主旨情感）。

赏析表达方式：怎样叙（描写）＋叙（描写）什么＋抒什么情。

赏析表现手法：手法＋表达作用（句意＋文意＋主旨情感）。

（二）答题步骤：回答时应包括三个要点：（1）准确指出用了何种手法。（2）结合诗句阐释为什么或怎样运用了这种手法。（3）此手法有效传达出诗人怎样的感情。

【考题范例】

早　行

陈与义

露侵驼褐晓寒轻，星斗阑干分外明。

寂寞小桥和梦过，稻田深处草虫鸣。

【赏析】第一句，不说"鸡唱"，不说"晨起"，不说"开门"，不说"整车"或"动征铎"，而主人公已在旅途行进。"行"得特别"早"，既不是用"未五更"之类的语言说出，又不是用"流萤""栖禽""渔灯""戍火""残月"之类来烘托，而是通过诗人的感觉准确地表现出来。"驼褐"，是一种用兽毛（不一定是驼毛）制成的上衣，露水不易湿透；诗人穿上此衣，其上路之早可见。而"露侵驼褐"，以至于感到"晓寒"，其行之久，也不言而喻。第二句，诗人不写"月"而写"星斗"。"星斗阑干分外明"，这是颇有特征性的景象。"阑干"，纵横貌。古人往往用"阑干"形容星斗，如"月没参横，北斗阑干"之类。月明则星稀，"星斗阑干"，而且"分外明"，说明这是阴历月终（即所谓"晦日"）的夜晚。此其一。露，那是在下半夜晴朗无风的情况下才有的。晴朗无风而没有月，"星斗"自然就"阑干"、就"明"，写景颇为确切、细致。此其二。更重要的还在于写"明"是为了写"暗"。黎明之前，由于地面的景物比以前"分外"暗，所以天上的星斗也就被反衬得"分外"明。第三句"寂寞小桥和梦过"，可以说"立片言以居要，乃一篇之警策"。以梦与"寂寞小桥"结合，意象丰满，令人玩索不尽。赶路而做梦，一般不可能是"徒步"。独自骑马，一般也不敢放心地做梦。明乎此，则"寂寞小桥"竟敢"和梦过"，其人在马上，而且有人为他牵马，不言可知。第一句不诉诸视觉，写早行之景；却诉诸感觉，写寒意袭人，这是耐人寻味的。联系第三句，这"味"

也不难寻。过"小桥"还在做梦，说明主人公起得太"早"，觉未睡醒，一上马就迷糊过去了。及至感到有点儿"寒"，才耸耸肩，醒了过来，原来身上湿漉漉的；一摸，露水已浸透了"驼褐"。睁眼一看，"星斗阑干分外明"，离天亮还远呢！于是又合上惺忪睡眼，进入梦乡。既进入梦乡，又怎么知道在过桥呢？就因为他骑着马。马蹄踏在桥板上发出的响声惊动了他，意识到在过桥，于是略开睡眼，看见桥是个"小"桥，桥外是"稻"田，又朦朦胧胧，进入半睡眠状态。第一句写感觉，第二句写视觉；三四两句，则视觉、感觉、听觉并写。先听见蹄声响亮，才略开睡眼；"小"桥和"稻"田，当然是看见的。而"稻田深处草虫鸣"，则是"和梦"过"小桥"时听见的。正像从响亮的马蹄声意识到过"桥"一样，"草虫"的鸣声不在桥边、而在"稻田深处"，也是从听觉判断出来的。诗人在这里也用了反衬手法。"寂寞小桥和梦过"，静中有动；"稻田深处草虫鸣"，寂中有声。四野无人，一切都在沉睡，只有孤寂的旅人"和梦"过桥，这静中之动更反衬出深夜的沉静，只有梦魂伴随着自己孤零零地过桥，才会感到"寂寞"。"寂寞"所包含的一层意思，就是因身外"无人"而引起的孤独感。而"无人"，在这里又表现天色尚"早"。"寂寞"所包含的又一层意思，就是因四周"无声"而引起的寂寥感。而"无声"，在这里也表现天色尚"早"，比齐己《江行晓发》所写的"鸟乱村林迥，人喧水栅横"要"早"得多。这首诗的最突出的艺术特色，就表现在诗人通过感觉、视觉和听觉的交替与综合，描绘了一幅独特的"早行图"（甚至可以说是"夜行"）。读者通过"通感"与想象，主人公在马上摇晃，时醒时睡，时而睁眼看地，时而仰首看天，以及凉露湿衣、虫声入梦等一系列微妙的神态变化，都宛然在目；天上地下或明或暗、或喧或寂、或动或静的一切景物特征，也一一展现眼前。

此诗主要用了什么表现手法？有何效果？

【参考答案】这首诗主要用了反衬手法（步骤一）。天未放亮，星斗纵横，分外明亮，反衬夜色之暗；"草虫鸣"反衬出环境的寂静（步骤二）。两处反衬都突出了诗人出行之早，心中由漂泊引起的孤独寂寞（步骤三）。

【高考真题】

1. 阅读下面这首词，完成下列各题。（09 安徽卷）

小重山·端午

[元] 舒 頔

碧艾香蒲处处忙。谁家儿共女，庆端阳。细缠五色臂丝①长。空惆怅，谁复吊沅湘②。

往事莫论量。千年忠义气，日星光。《离骚》读罢总堪伤。无人解，树转午阴凉。

[注]①五色臂丝：荆楚风俗，端午节以五彩丝系臂。②沅湘：沅水和湘水。湘水支流中有汨罗江。

【赏析】本曲以端午节为载体，从眼前所见的荆楚端午风俗写起，描画出一幅热闹繁忙的景象，与下片的"无人解"形成鲜明对比。但沅湘之水却把作者带入了历史，通过纪怀屈原抒发自己对元朝覆灭的感伤和不仕明朝的节烈，"空惆怅，谁复吊沅湘""《离骚》读罢总堪伤。无人解"等诗句传达的就是作者的伤感失落，而"往事莫论量。千年忠义气，日星光"则表明了作者对元朝的忠贞决心。"树转午阴凉"，以景结情，情在景中，是古诗词的常用收尾法。可以收到"曲终人不见，江上数峰青"的余韵缭绕的效果。作者的悲观绝望之情溢于言表。

(1) 从全词看，"空惆怅"和"无人解"分别表达了作者怎样的思想感情？

【参考答案】空惆怅：慨叹世人忙于节日的喜庆，而不理解或淡忘了端午节厚重的历史内涵；表达对爱国诗人屈原的怀念之情。无人解：抒发了作者不为世俗理解的孤寂落寞情怀，也表达了对屈原忠义气节的崇敬。

【解析】本题是对关键词语所表达的思想情感的理解，结合上下文，尤其是下文"谁复吊沅湘""树转午阴凉"，含义不难理解。

(2) 这首词最突出的表现手法是什么？请分别结合上阕和下阕做简要分析。

【答案】手法：对比。简析：上阕中众人的繁忙喜庆和作者的独自惆怅形成对比；下阕中世俗对屈原的不理解和作者读《离骚》的深切感伤形成对比。（答"反衬"，且简析合理也可）

【解析】本题是对表现手法的考查。对比或衬托应该说是准确的，但题目说的是"最突出的表现手法"，那么，"用典"算不算呢？本人认为应该可以。

2. 阅读下面这首诗，然后回答问题。(09 福建卷)

江 行

[宋] 严 羽

暝色蒹葭外，苍茫旅眺情。

残雪和雁断，新月带潮生。

天到水中尽，舟随树杪行。

离家今几宿，厌听棹歌①声。

〔注〕①棹歌：行船时船工所唱的歌。

【赏析】译文：我坐船在江上行驶，极目远眺，夜色笼罩在岸边的芦苇上，一片苍茫。雪已残，雁声断了，新月初升，潮水汹涌，蓝天照到水面，好像天已到尽头。船行驶在映着树梢的江面上，好像船跟着树梢在前行。我离开家已几个夜晚了。这时，船工在划桨时尽情地唱着渔歌，而我却因离家多时听起来感到厌烦。

赏析："暝色兼葭外，苍茫旅眺情"。兼葭苍茫，这让我们想起了《诗经·兼葭》篇中的句子"兼葭苍苍，白露为霜；所谓伊人，在水一方"，其中对水中伊人的思慕和追寻成了后世诗人心中一个永恒的情节。因为"道阻且长"，伊人可望而不可即，所以才成为永恒。这伊人并不专指情人，也可以是家人、朋友，有时还指皇帝，而更多的时候指的则是诗人心中的理想。只有理想才真正具备这种因可望而不可即而成为人们永恒追求的特性。严羽对于江边丛生的兼葭所造成的苍茫境界颇为敏感，兼葭是他诗中的常客，在他的《临川逢郑遐之之云梦》中有这样的句子："明发又为千里别，相思应尽一生期。洞庭波浪帆开晚，云梦兼葭鸟去迟"。都是"旅情"，一思家乡亲人，一思旅中好友。然而无论思念的对象如何变化，思念的媒介却是一如既往，这就是"兼葭"。而傍晚的"暝色"更为丛丛兼葭增添了苍茫之感，也更加突出了诗人心中的茫然和疑问："日暮乡关何处是？烟波江上使人愁"，作者并非不知道自己的乡关何处，只是因避乱才来到江楚，有家而不能归比无家可归更痛苦。"残雪和雁断，新月带潮生"。古人喜欢用残断的意象来表达心中的无奈和绝望，如"残月""笛声残""梦断""肠断"，等等。残雪本是天气转暖春将至的信息，应该是喜讯，可春节又是家人团聚的日子，而诗人却有家不能归，不仅不能归，就连传书的大雁都断绝了。诗人的希望和绝望尽在其中了。"新月带潮生"一句，使我们很容易想起张若虚的"海上明月共潮生"，化用的痕迹很明显。但与"残雪和梦断"对仗得却极为工整，于此我们可见诗人的功力。明月与兼葭一样，都是蕴含相思的意象，而用明月寄相思在古诗中更为常见和频繁。"海上生明月，天涯共此时"，此时为何时？"不知乘月几人归，落月摇情满江树"，乘月而归，古今几人？大概没有吧！如果能够乘月而归，那份喜悦也早已把月亮给淹没了；"我寄愁心与明月，随风直到夜郎西"，既然雁声已断，不能传书，所以只能许愿与月，托它打探故乡的消息了。"天到水中尽，舟随树杪行"。舟中远眺，天在水中，水与天接，江天一色，彼此不分；小舟起起伏伏慢慢前行，树杪隐隐约约缓缓后退。天无尽，水亦无尽，而行舟又悠悠，这样的行旅何日是尽头呢？

"离家今几宿，厌听棹歌声"。离家的日子，诗人是每天都在心头盘算的。天天盘算着，日子一长也就茫然了，"今几宿"的疑问，一则说明诗人离家之久，二则表明诗人心中盘算着回家的次数之频繁。桨声一如游子心中的离家悲歌，一声声、一阵阵，把心都敲碎了，更敲倦了。"惆怅此时频极目，江南江北路迢迢"(严羽·《和上官伟长芜城晚眺》)。虽然棹歌已听厌，但回家的路却"迢迢"；纵然厌听，但还是得遥遥无期地听下去。人生，注定是一次永无归途的苦旅。

（1）诗人为什么"厌听棹歌声"？

【参考答案】（1）诗人离家日久，思乡情切，厌倦了长期的漂泊生活，所以听到棹歌声便心生厌倦。

【解析】本道试题考查评价文章的思想内容和作者的观点态度，能力等级为D，鉴赏评价。从整首诗来看，作者那种离家日久、思乡情切的情感主要通过"厌听棹歌声"尤其是"厌"来得以表露。前三联主要写自己旅途所见，最后一联写自己的感觉。

（2）请从"景"与"情"的角度，赏析本诗的颔联。

【参考答案】（2）诗歌颔联妙在融情于景。诗中描写了雪"残"、雁"断"、月"新"、潮"生"的凄迷景致，景中寄寓了诗人的羁旅之情、思乡之感。

【解析】本道试题考查鉴赏文学作品的形象、语言和表达技巧，能力等级为D，鉴赏评价。考生通过解答第（1）题以后，对本诗的情感有一个全面的把握，因而，在解答本道题时，要紧密结合第（1）题的答案，进而从命题者所指定的"景"与"情"的角度进行赏析。在组织答案时，要涉及几个方面的内容：一是赏析的"景"的区域为颔联，"情"为全诗；二是答出运用的表达技巧；三是指出这种表达技巧下的"景"；四是写出诗中所体现出来的"情"。

3. 阅读下面的曲词，回答问题。（09 重庆卷）

【折桂令】问秦淮

孔尚任

问秦淮旧日窗寮，破纸迎风，坏槛当潮，目断魂消。当年粉黛，何处笙箫？罢灯船端阳不闹，收酒旗重九无聊。白鸟飘飘，绿水滔滔，嫩黄花有些蝶飞，新红叶无个人瞧。

【赏析】译文：看秦淮河上，旧日小屋小窗，如今眼前，一派破败模样。叹窗纸扯碎，风中沙沙作响，门槛尽坏，对面潮落潮涨。怎不让人望穿眼，愁断肠。当年红粉娥眉俏娇娘，今日箫断笙哑无声响。船头灯都灭，冷清里度个端午。门前酒旗收，无聊中过个重阳。飘飘白鸟飞旋，滔滔绿水满江。嫩菊花新开放，只有蝶流连徜徉，新红叶恰经霜，都没人上眼打量！

赏析：《折桂令·问秦淮》出自孔尚任的《哀江南》，选入高中语文第四册戏剧单元，教材所选的七支曲子以教曲师傅苏昆生游南京的踪迹为线索，由远而近，从城郊写到孝陵，从故宫写到秦淮，从板桥写到旧院，描写南明灭亡后南京各处的凄凉景象，展现了南京的变化。在景物描写中蕴含了怀念故国的无限哀思，不言情而情自在景中。而试题材料选自第四支曲子【折桂令】，写苏昆生重访秦淮的所见所感，突出南京荒凉残败的景象，表达了昔盛今衰的感慨。第一问："黄花"指菊花，"红叶"是树叶经秋霜染成，再看有"嫩、新"的暗示，所以应该是写的初秋景象。第二问："飘飘""滔滔""有些蝶飞""无个人瞧"写出了江山依旧，人事不存，黄花、红叶无人赏的冷清寂寞。既然是重访，对比以前灯红酒绿、游人如织的秦淮河，歌唱者自然会心生昔盛今衰的感慨。

（1）"当年粉黛，何处笙箫？"用了什么修辞手法？

【参考答案】借代，反问。

【解析】"粉黛"借指歌伎，"笙箫"代指箫声，均属借代；"何处笙箫？"自然是反问。"粉黛"在课文中有注释"借指歌伎"，即使没看课文注释也应该知道属借代，因为在所学过的文言课文中出现类似的情况还不在少数，与"粉黛"类似的有《柳毅传》"娥眉不舒"中的"娥眉"，课文也有注释，代指漂亮女子，其他有"红颜、倾国"等都是代美女。与"笙箫"类似的有"丝竹、胡琴、羌笛"大诗句中常代音乐。

（2）"白鸟飘飘，绿水滔滔，嫩黄花有些蝶飞，新红叶无个人瞧"描写了什么样的景色？表达了什么样的感情？请简要分析。

【参考答案】通过"白鸟""绿水""嫩黄花""新红叶"等描绘了初秋景色。又通过"飘飘""滔滔""有些蝶飞""无个人瞧"等表达了因昔盛今衰引发的冷寂落寞之情。

4. 阅读下面这首宋诗，然后回答问题。(09 湖北卷)

题西溪无相院

张先

积水涵虚上下清，几家门静岸痕平。

浮萍破处见山影，小艇归时闻草声。

入郭僧寻尘里去，过桥人似鉴中行。

已凭暂雨添秋色，莫方修芦碍月生。

【赏析】译文：一场秋雨过后，天空上下清澈，天光水色连成一片，临雨之门户都格外的清净。岸边也因雨的冲刷而平整。浮萍冲破水面之处可以见到山的倒影，(雨后水清) 小船归来可以听到划破水草的声音，(以动衬静，反衬) 到无相院寻找僧人，可是僧人都往尘世里去了，(不在院内) 过桥人好像在镜子中行走一样 (鉴：镜子)。已凭着暂时的秋雨增添了一些秋色，秋雨之后芦苇勃生，莫让它肆意得长高，使人领略不到深潭月影。

赏析：孟浩然《望洞庭湖赠张丞相》写道："八月湖水平，涵虚混太清。气蒸云梦泽，波撼岳阳城。"写得豪迈壮阔，气势不凡。此诗首句即从孟诗来，但意在写静谧之景，且能与全篇构成一个和谐的整体，可见其善于借鉴。首句既点明水光天色都是一片清虚，下面则就水来写，紧扣"西溪"二字。一切都是那样的安静，没有人声，甚至没有一丝微风，所以溪面上波纹不起。颔联写得非常细致。水面长满浮萍，本无所见，而水底小虫或游鱼微动，使得浮萍绽开，随意一瞥，竟映出山影；岸边的草丛本和溪水一样宁静，但不经意间，仍能听到虫儿活动时的窸窸窣窣的声响。这两句，一写目睹，一写耳闻，极形大自然之静，却又显示出生命力量的无所不在。颈联照应题面"无相院"，以入郭之尘反衬禅院之清，以人行鉴中表现物我两忘，是诗歌境界的进一步深化。末联回应"积水涵清"，以担心芦苇长高，影响观赏溪中之月作结，使我们想起了"千江有水千江月"的禅典。写禅意而无禅语，此诗的高明之处就在此。张先在当时就有一个绰号，叫作"张三影"，意谓他在词中写过三句带"影"的名句。其实并不止三句。如《天仙子》："沙上并禽水上暝，云破月来花弄影。"《青门引》："那堪更被明月，隔墙送过秋千影。"《归朝欢》："娇柔懒起，帘押卷花影。"《剪牡丹》："柳径无人，堕飞絮无影。"《木兰花》："中庭月色正清明，无数杨花过无影。"应该说，此诗"浮萍破处见山影"也一样精彩。看起来，这位作者在词和诗上的追求是一致的。

（1）这首诗多处写到"影"，有的是明写，有的是暗写。请找出两处暗写"影"的诗句，并加以说明。

【参考答案】①过桥人似鉴中行，暗写人影（或桥影）。②莫放修芦碍月生，暗写月影（或芦影）。

【解析】第一小题：明写好找，暗写相对难些。"暗写"也就是侧面描写，结合诗歌和平时所学，一般不难判断。如白居易《钱塘湖春行》："孤山寺北贾亭西，水面初平云脚低。几处早莺争暖树，谁家新燕啄春泥。乱花渐欲迷人眼，浅草才能没马蹄。最爱湖东行不足，绿杨阴里白沙堤。"通过"几处""新燕""浅草"等表现"早"。

（2）第二联是怎样写景的？请简要分析。

【参考答案】上句着眼于视觉，写浮萍破处，山影在水中显现出来，呼应了第一联的"清"字。下句则着墨于听觉，以细微的草声衬托出环境的宁静，呼应了第一联的"静"字。

【解析】题目考查写景的手法、角度。考生明白了这一点，就可以从修辞、写景的顺序、角度、炼字等方面作答。

"优美的作文语言" 公开课教案

教学目标：体味优美语言的魅力，掌握塑造语言美的方法。

教学设想：能化抽象为具体，化直白为含蓄，化无形为有形。

教学方法：讲练结合。（点拨为主导，训练为主线）

教学步骤：

一、导入

曾经在语文杂志看到一段话：现在高中生学习语文有"三怕"（一怕文言文，二怕周树人，三怕写作文），（提问……）可以说，不管你的作文构思多么巧妙，不管你的立意多么深刻，离开生动、优美的语言作依托，是难以让阅卷老师一见钟情的。

二、高考满分作文展示

黄山松，我读懂了你！

你能读懂黄山峭壁上的那株迎客松吗？

云缠它，雾绕它，雨抽它，风摧它，霜欺雪压，雷电轰顶，大自然仿佛容不得它的存在，定要除之而后快。然而，它不低头，不让步，不畏风刀雪斧的剔抉，在数不尽的反击和怒号声中，练就了一身铮铮铁骨，凝聚了一腔朗朗硬气。

一次次，它在风雨中抗争呐喊；一回回，它把云雾撕扯成碎片；它以威严逼迫霜雪乖乖逃遁；它以刚硬驱逐雷电远避它方……

一切生之渴望、生之奋斗、生之抗争，都在这由苍松摇出的命运交响曲中展现出来了。

读黄山松，你不觉得我们的安徽正是一棵伟岸挺拔的劲松吗？

安徽，襟江带淮，千年激荡，几经兴衰，这片辽阔的大地上曾上演过多少群雄逐鹿、惊心动魄的故事啊！

　　这里曾经是华夏文明的发祥地之一。老庄道学，三曹华章，新安文学，桐城散文……这些，都是中华文化中不可或缺的一部分。

　　一句"祸兮，福之所倚；福兮，祸之所伏"道出了多少人世沧桑；一句"锄禾日当午，汗滴禾下土"道出了安徽人民的勤劳和艰辛。

　　"相看两不厌，独有敬亭山"，"天门中断楚江开，碧水东流至此回"，"五岳归来不看山，黄山归来不看岳"……这些，不正印证了文人墨客们对江淮秀丽景色的向往吗？

　　众人皆知大禹"三过家门而不入"，却有几人清楚那倚门而立翘首遥望、"人面桃花相映红"的正是咱安徽潜山姑娘呀！"乔公二女秀所钟，秋水并蒂开芙蓉"令诗人充满了无限的向往，而那"举手长劳劳，两情同依依"的焦刘之恋不也跨越时空感动今人吗？

　　文房四宝，徽派建筑，芜湖铁画，黄梅戏，凤阳花鼓……这些，全是江淮儿女智慧的结晶啊！

　　千年前推翻了秦王朝残暴统治的轰轰烈烈的陈胜、吴广起义，千年后在抗日战争、解放战争中浴血奋战的无数勇士可歌可泣的事迹，无不印证了江淮儿女不畏压迫、抵御欺凌的铮铮铁骨。

　　黄山松，我读懂了你！黄山松，你是徽魂！

　　简评：本文立意深远，作者以"黄山松"为象征物，通过对黄山松的描写，表达了对安徽文化、安徽人民的精神的讴歌、赞美之情。从黄山松入手，切入口小，但能小中见大，虚实相间，构筑黄山松与"徽魂"的相似点。这篇文章倍受阅卷老师的青睐，不止在于它的立意，语言也很值得我们学习，你认为语言好在哪里？（学生交流）文采飞扬是其一大特点，整散句交错使用，"引用＋排比"的修辞，抒情酣畅，气势充沛，扩充了文章的内涵，强化了对黄山松、对徽魂的赞美之情。

　　三、解读考纲

　　高考《考试说明》关于"有文采"这样描述：词语生动，句式灵活；善于运用修辞手法；文句有意蕴。要做到使文章"有文采"，就要摒弃枯燥乏味干瘪的信息语言，学会运用生动形象的语言。

　　例如，她很忧愁。

　　她是一棵孤单的树，忧愁宛如层层水雾将她笼罩。（借用比喻）

　　她的忧愁"剪不断，理还乱"，恰如春水绵绵不绝。（借用古诗词）

　　过渡语：这节课我们就从修辞和引用化用诗句的角度打造作文语言。

四、技法指导

（一）巧用修辞

【例1】责任，是一块蘸满高尚情愫的海绵，倘若你愿挤，总有光辉闪烁的思想渗入你生命的夹层之中；责任，是一块久已蒙尘的水晶，倘若你愿擦，它会照得你的心灵亮堂起来；责任，是一支先人遗失的生花妙笔，倘若你愿拿，它会把你短暂的一生描绘得流光溢彩……

1. 学生大声读一遍，初步感知语言文采的魅力。

2. 提问：你认为这一段文字语言上有什么特点？（学生交流）

（1）比喻？将什么比作什么？有什么好处？——它使语言生动形象，具有形象美。

（2）排比？有什么好处？——读起来朗朗上口，富有气势，读起来很有感染力，具有气势美。二者合用形象开阔。由上面的分析，我们可以得出这样的结论：特点：比喻＋排比。（形象之中彰显气势之美）

【例2】品读人生，要学会品读失败和痛苦。爱迪生品读一千多次的失败，最终成功地发明电灯；越王勾践品读丧国的失败与苦涩，卧薪尝胆，最终一举灭吴雪辱；兰斯·阿姆斯特朗品读癌症的痛苦，最终战胜了病魔，回到了深爱的自行车赛场。失败与痛苦是一种磨砺，一种考验，让真金在火炼中焕发光彩，让凤凰在浴火中涅槃重生。

1. 学生大声读，初步感知语言文采的魅力。（学生交流）

（1）为了说明一个道理，作者没有空洞的说教，而是列举了三个典型的史事。并且它们不是简单地堆积在一起，而是运用了排比的修辞手法安排材料。这样，不但营造了一种文化意境，而且语言动人。

（2）用对偶，严谨整齐，使语言具有对称美。由上面的分析，我们可以得出这样的结论：

①特点：排比＋引用＋对偶。（气势之中蕴含深刻哲理）

②师：修辞，犹如语言百花园中的一朵奇葩，如果能在文章中适当地插上几枝，那就会为我们的文章增添几分亮丽的色彩。（板书：巧用修辞）

［学生练笔］

1. 展开联想，巧用两种以上修辞手法，以"母亲"为话题，写一组句子。（交流评点）

示 例：母亲是疲惫时的一杯龙井，当你软弱无力时，只消几口就使你神清气爽；

母亲是烦恼中的一曲古筝，当你意懒消沉时，优雅的旋律一飘荡，眼前立即一片青翠；

母亲是冬夜里的一床棉被，当你瑟瑟发抖时，贴心的呵护和温暖使你安然入梦；

母亲是黑夜中的一颗明星，当你辨不清方向时，一束柔光指引你迈开坚定的脚步……

2. 老师小结：用与不用修辞，确实有着天壤之别！但要注意：多用并非越多越好，我们千万不能抓来就用，生搬硬套。修辞一定得用得自然、贴切、精妙，方能起到形象生动的作用，否则只会给人矫揉造作的感觉。

（二）引用诗文

老师陈述：古代诗文是一座巨大的艺术宝库，许多诗词名句犹如一粒粒明珠，放射着迷人的光芒。因此，适当引用一些诗文名句，会使你的文章流光溢彩，给人以美的享受，也会体现考生较为扎实的文字功底和深厚的文化素养。（板书：化用诗文）

【例3】诗意地生活，或许应该如陶潜"采菊东篱下，悠然见南山"般的悠然自得。诗意地生活，或许应该如李白"仰天大笑出门去，我辈岂是蓬蒿人"般的飘逸洒脱。诗意地生活，抑或应如易安居士"知否？知否？应是绿肥红瘦"般的温婉简约。（指名读）

【例4】"大江东去，浪淘尽，千古风流人物。"语文从那古人口里娓娓道出；语文被当阳桥前头的张飞一声吼出；语文从忧国忧民的范仲淹的笔端流出；语文在浔阳江头的琵琶女琴弦上回荡；语文带我们到天姥山的仙人洞里体验神奇，到景阳冈的青石上感受惊险；它让我们深味"逝者如斯"的感慨，"才下眉头，却上心头"的忧愁，"对酒当歌，人生几何"的无奈，"秋阴不散霜飞晚，留得残荷听雨声"的萧瑟……

老师提示：写作时适当地引用、仿用与化用古诗词文，可让作文语言锦上添花。但名句、诗文的运用，可以分为明引和暗引两种。明引，是指引用时明白指出所引文字的出处，我们刚才的用得都是明引；有时也可直接将引文编织在自己的语言中，属于"暗引"。

【例5】乐观就是那直上青天的一行白鹭，乐观就是那沉舟侧畔的万点白帆，乐观就是那鹦鹉洲头随风拂动的萋萋芳草，乐观就是那化作春泥更护花的点点落红。

［学生练笔］

2. 人生一路，处处关情。亲情、友情、爱情，无不让生命充满感动与绚丽。"_____"是亲情的关爱；"_____"是友情的牵挂；"_____"是恋情的思念……

素材：

亲情：

1. 慈母手中线，游子身上衣。临行密密缝，意恐迟迟归。谁言寸草心，报得三春晖。（孟郊·《游子吟》）

2. 煮豆燃豆萁，豆在釜中泣。本是同根生，相煎何太急。（曹植·《七步诗》）

3. 国破山河在，城春草木深。感时花溅泪，恨别鸟惊心。烽火连三月，家书抵万金。白头搔更短，浑欲不胜簪。（杜甫·《春望》）

4. 洛阳城里见秋风，欲作家书意万重。复恐匆匆说不尽，行人临发又开封。（张籍·《秋思》）

5. 独在异乡为异客，每逢佳节倍思亲。遥知兄弟登高处，遍插茱萸少一人。（王维·《九月九日忆山东兄弟》）

6. 但愿人长久，千里共婵娟。（苏轼·《水调歌头》）

友情：海内存知己，天涯若比邻。——王勃·《送杜少府之任蜀州》劝君更进一杯酒，西出阳关无故人。——王维·《送元二使安西》孤帆远影碧空尽，惟见长江天际流。——李白·《送孟浩然之广陵》桃花潭水深千尺，不及汪伦送我情。——李白·《赠汪伦》莫愁前路无知己，天下谁人不识君。——高适·《别董大》

爱情：

愿得一心人，白头不相离。汉·卓文君《白头吟》；身无彩凤双飞翼，心有灵犀一点通。唐·李商隐《无题》；在天愿作比翼鸟，在地愿为连理枝。天长地久有时尽，此恨绵绵无绝期！唐·白居易《长恨歌》；相见时难别亦难，东风无力百花残。春蚕到死丝方尽，蜡炬成灰泪始干。唐·李商隐《无题》；曾经沧海难为水，除却巫山不是云。唐·元稹《离思》；红豆生南国，春来发几枝。愿君多采颉，此物最相思。唐·王维《相思》；花开堪折直须折，莫待花空折枝！唐·杜秋娘《金缕衣》；执手相看泪眼，竟无语凝噎。多情自古伤离别。此去经年，应是良辰好景虚设。便纵有千种风情，更与何人说？宋·柳永《雨霖铃》；寻寻觅觅，冷冷清清，凄凄惨惨戚戚。这次第，怎一个愁字了得？宋·李清照《声声慢》；十年生死两茫茫，不思量，自难忘。小轩窗，正梳妆，相顾无言，惟有泪千行。宋·苏轼《江城子》；柔情似水，佳期如梦。两情若是长久时，又岂在朝朝暮暮。宋·秦观《鹊桥》。

示例："慈母手中线，游子身上衣"是亲情的关爱；"海内存知己，天涯若比邻"是友情的牵挂;"何当共剪西窗烛,却话巴山夜雨时"是恋情的思念。

3. 请引用诗文写一段话,表达你对春季的认识。(交流评点)

素材:

春晓(孟浩然):春眠不觉晓,处处闻啼鸟。夜来风雨声,花落知多少。咏柳(贺知章):碧玉妆成一树高,万条垂下绿丝绦。不知细叶谁裁出,二月春风似剪刀。清明(杜牧):清明时节雨纷纷,路上行人欲断魂。借问酒家何处有,牧童遥指杏花村。春来——爆竹声中一岁除,春风送暖入屠苏。春雨——小楼一夜听春雨,深巷明朝卖杏花。春花——惆怅东栏一株雪,人生看得几清明。春夜——更深月夜半人家,北斗阑干南斗斜。春水——春水碧于天,画船听雨眠。春风——春风又绿江南岸,明月何时照我还。春光——等闲识得东风面,万紫千红总是春。春寂——春潮带雨晚来急,野渡无人舟自横。春愁—问君能有几多愁,恰似一江春水向东流。春恨——人生自是有情痴,此恨不关风和月。春归——落红不是无情物,化作春泥更护花。

示例:春天是什么?是白居易"日出江花红胜火,春来江水绿如蓝"的红花蓝波;是志南"沾衣欲湿杏花雨,吹面不寒杨柳风"的和风细雨;是韩愈"天街小雨润如酥,草色遥看近却无"的柔情朦胧;是孟浩然的"春眠不觉晓,处处闻啼鸟"的莺啭花香。

五、小结

本节课我们学习了让作文语言"靓丽"起来的两种方法,巧用修辞可以使形象美,化用诗文能达到古典美的效果,在写作中合用多法一定能美不胜收。

(板书:形象美　古典美合用多法　美不胜收)

大家一定要在语言表达上狠下功夫,字斟句酌,精心锤炼,不求"语不惊人死不休",也应"言不细雕不入文",为你的思想披上华丽的外衣。但是一定要注意"语言优美"不等于"语言炫耀",不能因辞害意,影响文章内容的表达。请看一位考生作文片段:"诚信在哪里?诚信也许在维纳斯的断臂上,诚信也许在蒙娜丽莎的微笑里,诚信也许在罗密欧与朱丽叶的传说中……"(屏显)这段文字就形式来说也许是美的,但写的是什么内容,让人很费解。过分刻意地追求形式,把形式作为第一性,必然事与愿违,妨碍作品内容的表达。事实上形式和内容应该是有机和谐的统一,对作品形式的惨淡经营必须和对作品思想内容的苦苦探索相结合,才能收到预期的理想效果。语言能力的提升不是一日之功,但只要大家积极自觉地阅读,表达时精心组织,你的作品语言就一定能靓起来。

六、布置作业

以"思念"为话题，用引用的手法，写一段话。（交流评点）

示例：思念使诗圣叹故乡月明，思念使女词人瘦比黄花，思念使豪放派鼻主幽梦还乡相顾无言泪千行，思念使婉约派泰斗酒醒杨柳岸晓风残月，思念使摩诘先生每逢佳节走入"遍插茱萸少一人"的心境，思念使爱国词人"铁马冰河入梦来"……

板书设计：

让作文语言"靓丽"起来

巧用修辞形象美　　　合用多法
化用诗文古典美　　　美不胜收

2010 年 10 月

中考语文总复习教案（应初中学校之邀讲课稿）

仿写句子

一、教学目标

A. 知识与能力：

1. 通过例题分析、课堂训练，认识"仿写句子"的特点，掌握操作方法。

2. 教会学生掌握仿写方法、技巧，提高学生运用语法、修辞知识、炼字炼句和创造思维的能力。

B. 过程与方法：学会分析问题、解决问题，善于总结概括，培养自我学习的能力。

C. 情感、态度、价值观：激发学习兴趣，增强学习信心。

二、教学重点

教会学生掌握仿写方法、技巧。

三、教学难点

注意句子形式的相同，注意修辞手法的运用，考虑句子内容的联系，考虑语意语境的结合。

四、课时安排

二课时。

五、教学方法

仿写主要有仿句式、仿修辞、仿创意等，这些题目的内容大都贴近生活实际。解题时要结合语境，推敲前后句子的形式和语意。语句运用要体现"简明、连贯、得体"原则。

六、教学内容要点

"你无法改变容貌，但你可以展示笑容。你无法左右天气，但你可以改变心情。你无法预知明天，但你可以把握今天。你无法样样顺利，但你可以事事尽力。"同学们，随着年龄的增长，知识的深化，在以后的学习过程中，我们会遇到越来越多的知识点，今天我们要学习的就是近年来一直是中考一个重要的知识点——仿句，希望大家一起来努力，在这一节中展示自己最灿烂的笑容！

（一）什么是仿句

仿句是按照题目已经给出的语句的形式，再另外写出与之相仿的新句，仿句只是句式仿用，文字内容不能完全一样。只要被模仿的是句子的形式，不管是单句或复句，都列入仿句。

（二）仿句的特点

句式就是句子的结构方式。对于句式，同学们可以从两个角度来理解。一是句子的类别：句子包括单句和复句两大类；单句又有非主谓句和主谓句，复句又有多种类型。二是修辞的角度：要研究哪一种句子最能恰如其分地表达思想感情，更具有说服人、感染人的表达效果。从句子的类别研究句式是对语言现象的静态伤进行分析的，偏重于认识和理解，主要解决怎样做到使语言表达正确无误的问题。从修辞的角度研究句式是对语言现象的动态分析，偏重于运用，主要解决怎样做到使语言表达形象、生动、鲜明、有力的问题。

（三）仿句考查的知识点

1. 考查同学们对语法、修辞等知识的综合运用，要求同学们根据不同的语境和要求，写出与例句内容和形式相同或相近、意义上有密切关联的句子。

例如，生活就是一块五彩斑斓的调色板。

希望就是_____。

［解析］这道题目从句式上看是陈述句。在修辞上运用了比喻，同学们要注意比喻运用的得体，比喻的艺术贵在创新，要寻找新鲜、活泼的喻体，保持上下文的协调性。如：希望就是一颗永不陨落的恒星。希望就是一盏永不熄灭的明灯。

2. 考查同学们的语言表达能力，联想、想象能力，创新思维能力。

例如，什么样的年龄最理想？什么样的心灵最明亮？什么样的人生最美好？什么样的青春最辉煌？鲜花说，我开放的年龄多妩媚；月亮说，_____；海燕说，_____；太阳说，_____。

［解析］该题是问答式的仿写，在回答上运用拟人的修辞，要求天下们针对性进行回答，有一定的开放度，但是在解题时，要注意结合回答对象的特点。例如，我纯洁的心灵多明亮；我奋斗的人生极美好；我燃烧的青春极辉煌。

3. 是对同学们思想认识水平的检测，包括道德素质、审美意识、审美情趣，乃至世界观、人生观、价值观等。

例如，人生的意义在于奉献而不在于索取。如果你是一棵大树，就撒下一

片阴凉；如果你是一泓清泉，就滋润一方土地；＿＿＿＿＿＿＿＿＿＿，
＿＿＿＿＿＿＿＿＿；＿＿＿＿＿＿＿＿＿，＿＿＿＿＿＿＿＿＿。

［解析］这道题既是续写又是仿写，要求同学们对句子进行仔细分析品味，揣摩出句中所阐明的意义。除了要把握仿句的句式（如果……就……）及修辞（比喻、排比）外，尤其要注意句中所蕴含的思想内容（奉献精神）。这就要借助自己的感悟，写出富有生活哲理、启迪人们树立正确人生观的句子。

（四）解题思路

从上面的考查点上，同学们可以了解到，仿例造句难度大，要答好这类题应从几个方面入手。

1. 审清题干，明确仿照内容。找出例句中的显形信息或者隐性信息。但是一部分同学总认为题干就那么几句话，有什么好审的，我一眼都能背出来。殊不知，背出来了也不等于你就审清楚了。另一种情况是一部分同学心中似乎明白了，但不能在答案中有效地体现出来，可谓"心中有，手中无"。要真正做到明确显性要求，可采用分项列举的办法，把题干的要求进行分解，把每一小点写在草稿纸上，并标上序号；或者用铅笔轻轻地在题干上标上序号。我们可以分解出三个显性要求：①添上恰当的主语。②句意与下句密切关联。③句式基本一致。（检查答案时，我们要反躬自问：有主语吗？主语恰当吗？与下句的关系密切吗？句式一致了吗？）仿写的句子只有符合了这三个要求，才能算是正确的。隐性信息所隐含的内容要通过例子进行综合分析才可以得到。隐性要求也是复杂的。但是不管例句如何变化，我们大致可以从这样几方面来考虑它的隐性要求：看例句是单句还是复句，是陈述句还是疑问句，是整句还是散句，是肯定句还是否定句，是长句还是短句；看单句内部短语的结构，看复句中分句之间的逻辑关系；看语体色彩，看感情基调；看关键性词语，等等。同学们要十分重视对隐性要求的分析。

2. 找全其模仿点，确定陈述对象。

（1）句子形式：因为句子的类别不同，语气也就不同，表达效果也就随着有所不同。

这方面的研究内容除了"语气句式"（陈述句、疑问句、祈使句、感叹句）之外，还应包括特殊语序、主动句、被动句、肯定句、否定句、连动句、兼语句、提示句、总结句等要一一加以分辨，防止"走形"。在复句的仿写中有假设句、因果句、条件句、转折句等，也就是要侧重于整句。如是复句，仿句也应是复句，且假设、因果、递进、并列等复句关系也应一致；如是单句，仿句也应是单句，且主、谓、宾、定、状、补的位置相一致。

（2）修辞角度：这种题型往往要做到修辞一致，这就要求同学们对常用的八种修辞能正确理解，并能熟练运用。这八种修辞是比喻、比拟、排比、反问、对偶、借代、设问、夸张。如修辞使用不当，就会"失之毫厘，谬以千里"。同学们在初中阶段主要要掌握的有比喻句、排比句、对比句、对偶句等形式。比喻句的要求是要有本体和喻体，要有相似点，讲究贴切、通俗、形象；而排比句的要求则是讲究结构相似、意思连贯、语气一致等。

（3）色彩角度：如1994年全国高考题的例句主要内容是"古往今来，彪炳史册的杰出人物，都曾做出过非常的努力，因而在事业上创造了辉煌的业绩。"这句话从感情上讲，饱含褒扬之情。而且仿写的语句大多是要求富有哲理的，或者意蕴含蓄的，这就要求同学们首先应该领会或领悟其中蕴含的哲理，把握上下文的意脉，防止"形合而意离"的仿写。

［例句分析］钱能买到佳肴，不能买到胃口；钱能买到书籍，不能买到知识；＿＿＿＿＿＿＿，＿＿＿＿＿＿＿；＿＿＿＿＿＿＿，＿＿＿＿＿＿＿。仿写这个句子，从形式上看，必须与例句相同，肯定否定的两个句式组成转折复句，几个复句又必须组成排比句；从语意上看，"能买到"的都是有形的、可感的、物质的东西，"不能买到"的都是无形的、抽象的、精神的东西，仿写的时候要注意分析这些隐含的信息。例如，钱能买到药品，不能买到健康；钱能买到时装，不能买到美丽；钱能买到朋友，不能买到友谊。钱能买漂亮的眼镜，但买不来明亮的眼睛；钱能买高档的钢笔，但买不来敏捷的文思；钱能买来芬芳的玫瑰，但买不来真正的爱情；钱能买来名贵的篮球，但买不来精湛的球技；钱能买来精确的钟表，但买不来流逝的光阴。

（五）尝试仿写

同学们留意过仿写句子有哪些类型吗？现在我们知道，仿写类试题往往带有很大的综合性，有哪些形式呢？

1. 套用式仿写。

考题要求：仿照例句的形式，写一个句子，内容自定。

例句：人们都爱秋天，爱她的天高气爽，爱她的云淡日丽，爱她的香飘四野。

仿句：＿＿＿＿＿＿＿，＿＿＿＿＿＿＿，＿＿＿＿＿＿＿，＿＿＿＿＿＿＿。

［解析］做此类试题，首先要明确题意，辨明例句所用的修辞手法，然后直接套用。例句从内容上看，写出了秋天的三个特点；从句式上看，采用了排比的修辞手法。因此本题的仿写重在仿句内容的选定，其句式只需直接套用例句。内容的选择可以是景，可以是人或物，关键要把握其特点。例如，人们都爱春

天，爱她的风和日丽，爱她的花红柳绿，爱她的雨润万物。

2. 续写式仿写。

考题要求：仿照下面的句子，续写一个句子，与画线的两句构成语意连贯的排比句。

例句：如果没有想象，思维就像花儿失去了营养；如果没有想象，思维就像鸟儿折断了翅膀；如果没有想象，_____。

[解析] 这道题既是续写又是仿写，要求学生对句子进行仔细分析品味，揣摩出句中所阐明的意义。除了要把握仿句的句式（如果……就……）及修辞（比喻、排比）外，尤其要注意句中所蕴含的思想内容。这就要借助自己的感悟，写出富有生活哲理、启迪人们树立正确人生观的句子。例如，如果没有想象，思维就像鱼儿离开了海洋。

3. 造句式仿写。

考题要求：仿造下面的句子。另写一组句子，要求选择新的本体和喻体。

例句：适应是什么？适应是泰山悬崖上迎风劲舞的青松，是寒冬腊月里傲雪盛开的蜡梅，是电闪雷鸣中高傲飞翔的海燕。

仿句：_____？_____，_____，_____。

[解析] 这道题一眼看来，似乎给了同学们很大的仿写空间，但仔细推敲，会发现，对该题要严格的注意例句的句式特点和修辞特点，这个例句是设问和比喻构成的。而且要求进行重新选择新的本题和喻体。题目中不提供语言材料，只有内容或形式的要求；或提供语言材料，但所写内容自定。解题时，同学们要注意。例如，友谊是什么？友谊是联系情感的纽带，是相互沟通的桥梁，是化解矛盾的良药，是团结奋进的火炬。

4. 嵌入式仿写。

例句：友情，是人生一笔受益匪浅的储蓄。这储蓄，是患难中的倾情相助，_____，_____，是错误道路上的忠言逆耳。

[解析] 从题型上看，所写句子夹在已供材料的中间，一般限定了句子表达的思维空间，要求与前后语句搭配得当，句式或前或后要相同。例如，是跌倒时一把真诚的搀扶，是痛苦时抹去泪水的一缕春风。

5. 命题式仿写。

例句：下列一个句子写到"虚伪"。直接表述，言简意赅，请在"友谊""勇敢""信任"中任选一个词，仿写一句话。

虚伪和欺诈产生罪恶。（[美]爱迪生）_____。

[解析] 这类题目没有前后文，不需要考虑意义内容上的前后关联，只考虑

句子本身的句式和意义关系。往往是设定一个语言材料，再另外命题确定内容。对应练习：请用一个话题，比如"时间""金钱""朋友"等，依照下面的句子，写一段话。

（六）要点总结

1. 努力从"形似"到"神似"。形似：结构、修辞、关联词等方面相同或相近。神似：语境契合、格调高雅、思想健康、鼓励创新。

2. 给仿写的句子"体检"。看它是否有语病，是否和原文内容一致、句式一致、修辞一致。能否与原文语意相连、文脉相通、融为一体。

3. 语言格调要高雅。仿句答案丰富多彩，但是同学们如果不正确审题，在仿写时会流露出消极悲观的情绪，对生活产生厌倦的态度。流露出悲观念头，体现出做人素质方面的不足。有的甚至是盲目逆反，写出了是非判断标准偏颇的怪论。由于思想格调不高，甚至错误的思想，降低了仿句的品位，这样即使表达再通畅，也难以得到理想的分数。

［例句分析］仿照例句"金钱，能买来佳肴，买不来好胃口；能买来书籍，买不来知识"，重写两句话。有的学生写道："金钱，能买来美女，买不来芳心；能买来豪宅，买不来幸福。金钱，能买来二奶，买不来婚姻；能买来贵礼，买不来真诚。"

类似的例子还有许多，难以尽举。这些例子，从语言表达的形式上看基本都符合要求，但仔细剖析，不难看到学生思想上存在的问题。一是思想幼稚化，身心发展极不协调，思想认识缺少应有的深刻性。更谈不上启发性、哲理性，也无法给人以美的熏陶和享受。二是思想上流露出一种低趣味、低格调、低品位的倾向。明显地折射出当今社会上种种不良现象、不良风气对身处象牙之塔的莘莘学子的思想的冲击，所写内容虽然也不能算是完全错误，但总体上给人的感觉是格调不高，情趣不浓，同样无法给人以美的熏陶和享受。

（七）利用教材自主训练法

1. 仿关键句。

对关键句的仿写，不仅有利于同学们清晰地把握课文思路，深入地理解文章意蕴，而且可以从中揣摩出起承转合的技巧和升华主题的方法，从而在自己的作文中合理地借鉴利用。

如《出师表》中关键句：诸葛亮'鞠躬尽瘁，死而后已'，这是他许身社稷的誓言，也是他作为两朝辅臣忠心报国的见证。同学们可以仿写：

鲁迅先生："横眉冷对千夫指，俯首甘为孺子牛。"这是他自己的写照，也是他作为一个伟大作家的全部人格的体现。

李白："天生我材必有用，千金散尽还复来。"这是他人生价值的宣言，也是他作为一位天才诗人高度自信达观豪放的写照。

李煜："问君能有几多愁，恰似一江春水向东流。"这是他对强烈的亡国之痛的描述，也是他作为一个薄命君王的悲苦境遇的反映。

陆游："王师北定中原日，家祭无忘告乃翁。"这是他临终的遗嘱，也是他作为一位爱国诗人终生追求未遂的梦想。

2. 仿哲理句。

哲理句是指那些能够启迪人深思或鼓舞人奋进的句子。同学们如果从更深更广的角度去思索，并尝试着模仿创造，会由一条"名人格言"引出多条"凡人格言"，相信这样的训练对仿写者本人甚至对其他同学都能起到一定的警醒和鞭策作用。仿写哲理句的过程，也就是接受生命拷问，探讨价值取向，树立正确人生观的过程。经常进行这样的训练，学生会更多地关注自然、社会、人生等深层次的话题，并逐渐养成深入思考的习惯。例如，《紫藤萝瀑布》中"花和人都会遇到各种各样的不幸，但是生命的长河是无止境的。"可以仿写成："景与人都会碰到形形色色的变化，但是追求的念头是不停息的。"《理想》中"理想是石，敲出星星之火；理想石火，点燃熄灭的灯；理想石灯，照亮夜行的路；理想石路，引你走向黎明。"可以以"希望、追求、奋斗等"进行仿写。

3. 仿优美句。

优美句主要是指借助各种修辞手法而使文采斐然的句子。多进行一些优美句的仿写，不仅能够有针对性地攻克高考仿写题，而且充分响应了作文发展等级中"有文采"的要求。例如，《春》一文中"春天像刚落地的娃娃，从头到脚都是新的，它生长着。春天像小姑娘，花枝招展的，笑着，走着。春天像健壮的青年，有铁一般的胳膊和腰脚，领着我们向前去。"同学们可以依据这些句子自己仿写训练，不仅能学习和积累优美的意象和优美的语言，而且能接受高尚的情感教育。

（八）能力训练

1. 依照下列的句子，另写一句。

人生如一首诗，应该多一些悠扬的抒情，少一些愁苦的叹息。

答案：

人生如一幅画，应该多一些亮丽的着色，少一些灰色的基调。

人生如一支歌，应该多一些昂扬的吟唱，少一些哀婉的咏叹。

人生如一局棋，应该多一些主动的出击，少一些消极的畏缩。

2. 依照下面的句式，在横线上在续写两个句子。

你是严冬里的炭火，＿＿＿＿＿＿＿，你是湍流中踏脚石，＿＿＿＿＿＿＿，你是看不见的空气，你是摸不着的阳光，啊，友情，你在哪里？

答案：你是沙漠里的绿洲，你是黑暗中的灯盏。你是酷暑中的浓荫，你是雾海上航标灯。

3. 依照例句，为另一旅游胜地写一广告语。

让人心醉的海南，热风，碧浪，使无数游人流恋忘返。

答案：令人陶醉的西湖，青山，秀水，使千万游客乐不思蜀。

令人神往的黄山，奇松，怪石，让多少旅人牵肠挂肚。

醉人心魂的桂林，奇山，异水，令多少游子魂牵梦萦。

4. 根据所给的例句仿写句子。

书中自有千钟粟，书中自有黄金屋，书中自有颜如玉。

答案：

（1）人生自有悲与欢，人生自有离与合，人生自有甜与痛。

（2）书中自有苦辣酸甜，书中自有悲欢离合，书中自有喜怒快乐。

（3）书中自有少年五彩的梦；书中自有中年朴质的影；书中自有老年夕阳的红。

（4）书中自有感人的亲情，书中自有纯洁的友情，书中自有诚挚的感情。

烛之武退秦师

【三维目标】

（一）知识与能力

1. 了解《左传》及有关文学常识。

2. 烛之武形象分析。

3. 烛之武如何退秦师。

4. 归纳整理文言文常见字词、句式。

（二）过程与方法

1. 问题式。以问题层层推进，梳理故事情节。

2. 探究式。烛之武退秦师原因及现实影响力。

3. 对比式。烛之武、邹忌、魏征、触龙等说话艺术之对比。

（三）情感态度与价值观

1. 学习烛之武临危授命，维护国家安全的爱国主义精神。

2. 通过烛之武的说话艺术，学会如何与人交流、沟通。

【教学重难点】

1. 烛之武如何劝退秦师。

2. 烛之武的说话艺术带给我们的启示。

3. 重点文言词语及句式。

【课时安排】2 课时。

第一课时

【教学目标】

1. 了解《左传》及有关文学常识。

2. 相关故事背景。

3. 梳理故事情节。

【教学过程】

一、导入新课

在秦王威风八面的朝堂，蔺相如轻启三寸不烂之舌，挫败秦王夺璧的阴谋，使宝璧平安归赵；在群儒唇枪舌剑的进攻面前，诸葛亮轻动三寸不烂之舌，折服东吴的饱学之士，使孙刘迅速结盟；在郑国危如累卵之际，老迈的烛之武轻摇三寸不烂之舌，虎狼之师不击自退，铁桶之围不攻自破。

烛之武在剑拔弩张的敌对情势下，是如何说服秦伯不仅撤走了围郑的秦军，反而派兵保护郑国的呢？带着这个疑问，我们一同走进《烛之武退秦师》。

巧设悬念，利用阅读期待，激发学生急于阅读课文的欲望。

二、了解《左传》

《左传》是我国第一部叙事详细的编年体历史著作，相传为春秋末年鲁国史官左丘明所作。依孔子修订的鲁史《春秋》编次，主要记载了东周前期240多年间各国政治、经济、军事、外交和文化方面的一些事件，是研究我国先秦历史很有价值的文献，也是优秀的散文著作。《左传》善于描写战争和记述外交辞令，记事条理清楚，详略得当；写人简洁生动，人物形象栩栩如生，是历代散文的典范。

《左传》别名《左氏春秋》《春秋左氏传》。

《春秋》三传（解说《春秋》）《左传》《公羊传》《谷梁传》。

三、推进新课

该环节主要是疏通情节，在文中寻找关键句，由学生自主完成。

1. 烛之武如何退秦师的？

明确：

①欲扬先抑，以退为进。（郑知之矣）

②阐明利害，动摇秦君。（邻之厚，君之薄也）

③替秦着想，以利相诱。（君亦无所害）

④引史为例，挑拨秦晋。（君之所知也）

⑤推测未来，劝秦谨慎。（唯君图之）

文言句式及词语。

①邻之厚，君之薄也。

②敢以烦执事。

③焉用亡郑以陪邻？

④何厌之有？

⑤行李之往来，共其乏困。

分组朗读第三段。

2. 烛之武为什么要退秦师？（齐读第一自然段，然后由学生回答）

①以其无礼于晋。

②且贰于楚也。

补充故事背景：

秦晋围郑发生在公元前 630 年。在此之前，郑国做了两件对不起晋国的事。一是晋文公当年逃亡路过郑国，郑国没有以礼相待；二是公元前 632 年的晋、楚城濮之战中，郑国曾出兵帮助楚国，结果楚国大败。

3. 烛之武退秦师的结果如何？

①秦伯说，与郑人盟。

②乃还。

③微夫人之力不及此。

④吾其还也。

⑤因人之力而敝之，不仁；失其所与，不知；以乱易整，不武。

4. 齐读一、三、四段。

以上教学环节，引导学生从诵读和寻找关键句中感知课文内容，把握文章脉络线索。

四、结束新课

对照板书，回忆故事情节。一、三、四段读熟。

五、布置作业

1. 背诵一、三、四段。

2. 整理文言词语及句式。

板书设计

①欲扬先抑，以退为进。

②阐明利害，动摇秦君。

③替秦着想，以利相诱。

④引史为例，挑拨秦晋。

⑤推测未来，劝秦谨慎。

第二课时

【教学目标】

1. 复习上堂课内容，并归纳总结文言词语及句式。

2. 分析烛之武形象，并延伸讨论说话艺术的现实意义。

【教学过程】

一、导入新课

以烛之武"怎么退——为什么退——退的结果"三个问题引出文章相关语句，再次熟悉情节。并归纳一些词语用法及宾语后置句。

以 ┤ 敢以烦执事。
   焉用亡郑以陪邻？
   越国以鄙远。
   以其无礼于晋，且贰于楚也。

之 ┤ 邻之厚，君之薄也。
   何厌之有？
   微夫人之力不及此。

焉 ┤ 焉用亡郑以陪邻。
   若不阙秦，将焉取之。
   且焉置土石。
   以俟夫观人风者得焉。

宾语前置句

何厌之有？（"之"提宾标志词）

①何陋之有？

②莲之爱，陶后鲜有闻。

③菊之爱，同予者何人？

④牡丹之爱，宜乎众矣。

二、推进新课（从文本出发，逐步引进社会和人生）

1. 朗读第二段，思考：

烛之武究竟何许人也？（学生探讨，分析其个性化及爱国情怀）

①佚之狐："若使烛之武见秦君，师必退"。（侧面描写）

②（烛之武）辞曰："臣之壮也，犹不如人；今老矣，无能为也已。"（语言描写）

③（烛之武）许之。

④（烛之武）夜缒而出。（动作描写）

明确：

①才华横溢、深明大义的爱国志士。

②知难而上、义无反顾的勇士。

③不卑不亢、机智善辩的辩士、外交家。

2. 烛之武为什么会成功？

①烛之武——委婉，抓住对方心理。

②佚之狐——慧眼识英雄的伯乐。

③郑君——善于纳谏、勇于自责。

以上教学环节的设计，充分调动学生的积极性，主动从课文中筛选有用的信息，并发挥想象，对烛之武加深认识，使这一形象在学生心目中明晰起来，避免了就课文讲课文的单调枯燥乏味。

三、合作探究

通过本课的学习，谈谈烛之武出色的劝谏艺术对于古人和现代人的处事有什么意义。

（一）对于古人

中国有句古话："伴君如伴虎。"批"龙鳞"，逆"圣听"，需要大勇与大智。作为君王，则应虚心采纳，方可成就霸业。

1. 邹忌与齐威王？

齐王接受邹忌的进谏，听取群臣吏民的意见，于是有"此所谓战胜于朝廷"的美谈。

2. 触龙与赵太后

抓住赵太后爱子、怜子之心，触龙拿人心比自心，以己子做诱引，动之以情，申明大义，进而解开太后心结。

3. 魏征与唐太宗

唐太宗虚怀若谷，善于纳谏，终成一代名君。唐太宗"夫以铜为鉴，可以正衣冠；以史为鉴，可以知兴替；以人为鉴，可以明得失。今魏徵殁，朕失一鉴矣！"

4. 管仲与齐桓公

齐桓公豁达大度，听了鲍叔牙的话，不但不办管仲的罪，还立刻任命他为相，让他管理国政。后来齐国就越来越富强了。

5. 比干与纣王

纣王拒谏饰非、耽于酒色、暴敛重刑，甚至将比剖腹挖心。最终是民怨四起。

6. 召公与厉王

周厉王"防民之口，甚于防川"，"止谤"使得老百姓"道路以目"。三年之后，被"流于彘"。

（二）对于现代人

1. 注重对方感受，委婉劝说，文明交流。

2. 听取别人意见，完善自我，少走弯路。

3. 宰相肚里能撑船。有则改之，无则加勉。

通过比较阅读与回忆感受，使学生从更广阔的视野中感受语言艺术的重要性，通过对现实生活的关注，鼓励学生更好地把理论用于实践。

四、结束新课

烛之武委婉劝说的艺术在今天的人际交往中仍有着十分重要的意义。在给别人提意见和建议时，我们要充分尊重被劝说者，使之受到启发，从而愉快地接受意见。同时我们还应学会倾听与交流。善于听取别人的意见，还要善于自己思考，把好的意见总汇起来，唯有这样才能成就一番事业。

五、布置作业

背诵全文。

专题讲练 修改病句

（2012 届高三复习）

教学目标：能判断病句，分析原因并能修改。

教学课时：3 课时

教学形势：讲解和练习为主

病句是指不符合语言规范的句子。辨析和修改病句是衡量语言表达能力的重要标志，也是初中生备考的基本能力之一。无论是近几年中考，还是各地区中考试卷，修改病句已成为必考考点，难度也不相同。对考生来说，一方面，要能掌握病句的常见类型及辨识病句的方法；另一方面，需要提高修改病句的语感能力。

1. 常见的病句类型

（1）搭配不当。

句子成分的搭配不当包括主谓搭配不当，动宾搭配不当，定语、状语、补语和中心语搭配不当及关联词搭配不当。

①春风一阵阵吹来，树枝摇曳着，月光、树影一齐晃动起来，发出沙沙的声响。（主谓搭配不当，"月光"不会发出声响。）

②解放前，爸爸和哥哥两人挣来的钱还不够养活一家人的生活。（动宾搭配不当，"养活"的只能是人，不能是"生活"。）

③这次大会上，对工资问题交换了广泛的意见。（修饰语和中心语搭配不当，并不是意见广泛，而是交换的范围广泛，应改为"广泛地交换了意见"。）

④我们中学生如果缺乏创新精神，也不能适应知识经济时代的要求。（关联词搭配不当，应将"也"改为"就"。）

（2）成分残缺。

成分残缺，常见的有缺主语、缺谓语、缺宾语和必要的修饰限制语。

①通过特级老师的这次讲课，对大家的启发很大。（缺主语，多用了介词或介宾结构，使原来的主语变为状语。应去掉"通过"或"对"）

②他就主动参与社会灾害性事故处理，化解风险，安定社会生活的责任。（缺谓语，在"参与"前加上"承担"）

③只要有勤奋、肯吃苦，什么样的难题都难不倒你。（缺宾语，在"肯吃苦"后加上"的决心"）

④细菌是有害的。（缺必要的限制语，应加上"有些"）

（3）重复多余。

句子结构完整，句意清晰，仍使用了不必要的词语作句子的成分，也叫赘余。常见的情况有：第一，语法成分重复；第二，语意堆砌。

①篮球场上十位队员正在激烈地打比赛。（谓语重复，应删去"打"）

② 其实这是过虑的想法。（语意堆砌，"虑"就是想，应删去"的想法"）

③走近美丽的丹阳中学，我停下脚步驻足欣赏。（停下脚步和驻足意思重复，删除一个）

（4）语序不当。

语序不当是多种多样的，要结合语意、语言结构等灵活分析。常见的情况有：词语的前后顺序排列不当；修饰语和中心语的位置颠倒；多层修饰语语序不当；不符合语言习惯；关联词语位置不当。

①文件对经济领域中的一些问题，从理论上和政策上作了详细的规定和深刻的说明。（词语的前后顺序排列不当，"深刻说明"应照应"理论"，"详细的规定"应照应"政策"）

②我国棉花的生产，现在已经自给有余。（定语和中心语的位置颠倒，应改为"生产的棉花"）

③在休息室里许多老师昨天都同他热情地交谈。（多层状语语序不当，表对象的介宾短语一般紧挨中心语，应改为"热情地同他交谈"）

④这首歌是广大音乐爱好者倍受欢迎的。（语序不合习惯，应把"倍受"移至"广大的"前面）

⑤要是一篇作品里的思想有问题，那么文字即使很不错，也是要不得的。（"即使"应移到"文字"前。照原句就变成了只是文字要不得，不是作品要不得。）

（5）句式杂糅。

句式杂糅指把两个意思或两种句式杂糅在一句之中，造成结构混乱，意思不清。

①我们向政府提意见是人民的责任。（把"我们向政府提意见"和"向政府提意见是人民的责任"两句意思凑在一块儿，应该删去"我们"）

②听了他的报告，对我启发教育很大。（把"他的报告对我启发教育很大"与"听了他的报告，我受到很大的启发教育"两种句式杂糅在一起，应选其中一种）

（6）句意歧义。

所谓有歧义的句子，是指失去了确定性，可以这样理解，也可以那样理解的句子。

①局长、副局长和其他局领导出席了这次表彰会。（其他局领导是本局领导还是别局领导，不明确）

②巴勒斯坦游击队对以色列的进攻是早有准备的。（是"巴勒斯坦游击队进攻以色列"还是"以色列进攻巴勒斯坦游击队"，不清楚）

③现全渠已勘测完毕144华里。（没说全渠有多长，如果全长144华里，那么144华里只是全渠的一部分，那么不能说"完毕"，该说"现全渠已勘测了144华里"）

④介绍菲律宾的一种权威著作。（可以解释为"介绍一种权威著作"，也可以解释为"介绍菲律宾"。如果作者意思是后者，就应把"一种"提到句首）

（7）不合事理。

不合事理是指在表述中，或违反人们的逻辑思维，或违背客观现实情况，或前后矛盾，或顾此失彼等，造成不合事理。

①他是多少个死难者中幸免的一个。（既然"幸免"，自然是没有死，怎么能说是"死难者中的一个"呢？应改为"多少人死难了，他是幸免的一个。"）

②再就业工程能否顺利实施，是维护社会安定的重要条件。（"能否"包含正反两方面的意义，只能说"再就业工程的顺利实施，是维护社会安定的重要条件。"而不能说"再就业工程不能顺利实施也是维护社会安定的重要条件。"）

（8）用词不当。

用词不当包括词性使用不当，词义使用不当，词的感情色彩使用不当等。

①这次试验能否成功，还是个怀疑。（动词"怀疑"误用作名词，应改为"疑问"）

②大家对于我很热情友好。（介词运用不当，表示人与人之间的关系，只能用"对"，不能用"对于"。）

③他的父亲仍然健在，享年83岁，精神尚佳。（"享年"一词称死去人的岁数，前后矛盾，属于用词错误。）

2. 辨析及修改病句的基本方法

辨析。

（1）语感法。辨析句子正误，首先得认真阅读，仔细考虑，从整体把握，看看句意是否明确，内容是否合理，句意间关系与关联词语是否一致等，凭借语感，就可以发现一些句子的毛病。

（2）紧缩法。找出句子的主干，检查主谓宾（中心语）是否残缺，是否搭配得当。

（3）分解法。理清枝叶（附在主、谓、宾上的附加成分），检查枝叶同相应的主干是否搭配得当。

（4）聚焦法。对于句中出现的修饰性词语、关联词应格外留意，尤其是成对出现的词语，先检查有无滥用、错用、或搭配不当的毛病，再看分句次序是否合理。

修改。

修改病句的方法有增、删、调、换，即增加字词、删去多余字词、调整字词顺序、更换字词。无论用哪种方法，修改病句都要遵循两条原则：一是保留原句基本意思不变，二是多就少改。

3. 经典题解

例1. 下列语句中，没有语病的一项是（　　）（2003. 淮安）

A. 《西游记》的作者是吴承恩的故居坐落在风光秀丽的淮安。

B. 增强法律意识，提高自我保护能力，是青少年健康成长的需要。

C. 在酷热的夏季，雪碧、娃哈哈、农夫山泉等矿泉水是深受考生喜爱的夏季饮品之一。

D. 中国珠峰登山队之所以能成功登上珠峰，是因为全体队员不畏艰险、团结协作的精神。

［解析］A项将"《西游记》的作者是吴承恩"和"吴承恩的故居坐落在风光秀丽的淮安"两句式杂糅，应选取其中一种表达。C项列举的是三种饮品，与"之一"矛盾。D项滥用关联词，应去掉"之所以"。答案B正确。

例2. 下列各句中没有语病的一项是（　　）（2004. 盐城）

A. 华南农业大学兽医学院使用并研制了禽流感灭活油乳剂疫苗，在实验室检测中，免疫有效率可达100%。

B. 经过阿富汗和伊拉克两次战争，美国得出无须依靠大型军事基地也可以打赢一场战争。

C. 今年以来，随着国产儿童动画图书《哪吒传奇》的全套上市，《哈利·

波特》这部风靡全球的少儿读物在中国少儿图书界的霸主地位被打。

D. 国家发展和改革委员会日前发出通知，大幅度降低 24 种常用药最高零售价，平均降价幅度为 30%，降价金额约 35 亿元左右。

［解析］A 项语序不当，应将"使用"和"研制"交换位置。B 项"得出"后缺少了宾语中心语，可在句末加上"的结论"。D 项"约"和"左右"语意重复。答案 C 正确。

例 3. 下面语段中有两个病句，请把它们找出来，并加以改正。（2004·南通）

①有关医学人士与心理学家认为，一些青少年长期迷恋上网，会患上一种病——"网络成瘾症"。②这种病的主要症状有：精神依赖、茶饭不思、记忆力减退和焦躁不安等。③一些家长没有意识到这是一种病，而采用简单粗暴的方式阻止孩子不上网。④为此，专家建议，我们在强化网络监管的同时，也要有效的寻找治疗疾病的方法。

第一句，修改意见：_____

第二句，修改意见：_____

［解析］第③句，修改意见：否定不当，删去"阻止孩子不上网"中的"不"。第④句，修改意见：语序不当，应将"有效的"调至"寻找"后面。

例 4. 下面语段中有四处语病，请选择其中的两处加以改正。（2004. 镇江）

①爱因斯坦是杰出的 20 世纪科学家。②他生于德国，后迁居美国。作为一位可以同牛顿相媲美的科学巨匠，③他在物理学的许多领域内做出了重大贡献，④其中最重要的是发现了"相对论"。英国大物理学家汤姆生激动地宣称：⑤爱因斯坦是"人类思想史上最伟大的成就之一"。1921 年，⑥爱因斯坦荣获了诺贝尔物理学奖的殊荣。

第____处，改为_____

第____处，改为_____

［解析］第①处语序不当，改为"爱因斯坦是 20 世纪杰出的科学家"，第④处、第⑤处、第⑥处均属搭配不当，可分别改为"其中最重要的是创立了'相对论'""爱因斯坦的相对论是'人类思想史上最伟大的成就之一'""爱因斯坦荣获了诺贝尔物理学奖"（或"爱因斯坦获得了诺贝尔物理学奖的殊荣"）。

05

五彩的文学徜徉

五彩的文学徜徉

初心不忘再出征　杏坛永驻献青春

——致辛勤耕耘在国贫县的园丁们

当六月的骄阳熨帖着两江大地
当青春的日子积蓄着饱满激昂
烈日下，我们加快了奔向三尺讲台的步伐
阵雨中，我们依旧怀抱着沉甸甸的教科书
青春永远没有地平线
年轻仍然无须避风港
屏山教坛的辛勤耕耘者们
早已铆足了干劲蓄势待发
闪烁着耀眼的时代光芒
不忘初心　斗志昂扬

2012 年，是"县城搬迁"后的开局之年
我们厉兵秣马，豪情万丈
这是一个承前启后的历史转折点
把建设"美丽屏山"的总目标扛在肩上
义无反顾，是每一个屏山教育人的素养
我们都站得出，挺得住，争着上
这是人生的价值在奉献青春的岗位上升华
让青春的旋律在不忘初心的号召中荡漾
无数个平凡付出的日子，编织出夺目的光环
波澜壮阔的事业，需要无数个默默支撑的脊梁

笔耕不辍的教育人

坚持用行动践行着"两学一做"的党中央号召
无数教育人挥汗在岗位争先创优的热潮中
我们脚踏实地，还要星空仰望
我们是屏山发展史中的一分子
更是助推屏山赶超发展的熠熠之星
不忘初心
陪同新县城迁建、发展的我们
至今仍记得那汗水挥洒的辛勤
至今仍记得那忙碌的批阅身影

仰望城区高耸的楼林
它气宇轩昂，巍然屹立
那是开拓者"不忘初心　勇攀高峰"的梦想起航
更是后来者"继续前行　再创佳绩"的奋斗导航
我们用坚强和自信去迎接惊涛骇浪
我们用勤劳和智慧去书写壮丽篇章

前进吧，永不疲倦的屏山教育人
用行动把战鼓擂响
前进吧，矢志不渝的屏山教育人
用红心把历史书畅

再出征，不忘初心
岗位立足献青春
让我们一起撸起袖子加油干
让我们一起实现中国梦的铿锵

孔　雀　泪

　　冉被一个几乎大上她一轮的歪哥看上了。歪哥个儿高，当过兵，搞建筑，十分大方豪爽……加上很有手段，不谙世事的小冉就被俘虏了。于是，小冉来到了歪哥远在川南大山里的老家。她被哥哥姐姐们戏称："我们漂亮的孔雀东南飞了！"

　　歪哥经常在外出差，但对小冉的照顾还算周全。不久，他们有了一个女儿，这对重男轻女的歪哥父母来说，是无法接受的。于是，公婆的冷眼、小姑子的恶语铺天盖地而来……

　　公婆整天阴着脸，絮絮叨叨，双眼骨碌碌地转，想着法地骗取小冉珍藏的金银首饰……小姑子更不甘落后，本来就羡慕嫂子那一捏就要浸出水的皮肤和飘逸的长发，以及俊俏的面容，现在趁机找各种借口向嫂子要钱要物，还当面背面风凉话不断……

　　自从女儿出生后，歪哥就很少回家，花天酒地、夜不归宿成了家常便饭。他的女人不知有多少，有时甚至带回家来，他的朋友们说他堪比西门庆。家里的经济也拮据起来，但就算是寅吃卯粮还是要绷住"富豪之家"的面子，亲戚往来的排场依然庞大。

　　全部家务也压在小冉娇小的身上。这些，她都能忍受，但最寒心的还是丈夫的不理解和背叛。

　　她默默地承受着一切。

　　想过放弃，想过离家，甚至想过……哥哥姐姐们也劝她归去。但为了未成年的女儿，她咬着牙，白天强颜欢笑，维持着"富太太"的光鲜，晚上独守空房，常常是以泪洗面。

　　……

　　"把你爹的羽绒服给我手洗了！"一声老妇的嚎叫把小冉拖回到了现实，她默默地捧起公爹那蘸满酒味的羽绒服，走向水池。耳边，响起小姑子幸灾乐祸的笑声……

　　如梭的日子很快，转眼好几年过去了。

　　由于长期沉迷于温柔乡，歪哥身体跨得厉害。在一个寒冷的季节，歪哥撒手西去了。

　　家里的大山突然轰塌，冲击了整个家庭。势利的小姑子和姑爷看再也捞不到油水了，赶忙回到了自己家，再也不露面，怕出赡养费；平时常来蹭酒食的亲戚们，也躲得远远的，再也不登门。

　　小冉没有离开，依然默默地忍受着一切。

　　她没有流泪，因为用二姐的话说："你这只孔雀啊，眼泪怕都流干了！"

满江红·夫子吟

序：屏山高中教育历经磨难，逐步突出重围；现临教育改革发展，正是内外兼修、走向辉煌的大好机遇。屏中人奋起直追的号角吹响了。

教海搏浪，登临望，荡荡浮沉。挺胸头，仰天长啸，环舞三鞭。数年厉秣风和雨，育海无涯泪空流。莫贪闲，霜打了白头，空发泄。

夫子路，犹未尽；天地转，光阴迫。争朝夕直捣，杏林探幽。立志奋笔书山河，笑吟频生复求何？再从头，重拾越吴钩，畅天游。

念奴娇·赞十九大

神州大地，晴空里，一派盎然生气。十九大号角吹启，国徽闪熠欣喜。百工志扬，千夫竞技，华夏子孙屹。全民筑梦，中华腾飞开辟。

忆昔春秋峥嵘，牛鬼猖獗，中土迫泯灭。雄鸡破晓驱黑夜，国人垒长城壁。装点山河，励精改革，上九天揽月。放眸寰宇，人间歆奏鼓乐。

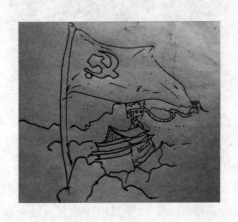

母　亲

　　母亲于我，总是温暖的。

　　记得那时的赵家有条黑母狗，十分凶恶，要咬人，尤其欺负小孩，是我当时的第一怕。但我从未去过莲花场，平时老幻想着那里有诱人的小吃，可是赵家的狗怎么办？

　　灵机一动的我，连忙爬坡纵坎，跨过菜地，也不怕有无虫蛇，一路狂奔，追上了母亲。她笑了笑，拉着我的脏手洗净了，带着我到了集上，买了两碗凉糕，都让我吃了，那味儿真甜，真凉爽……

　　五岁时，舅公张煜先生病了，母亲杀了只鸡，准备去看望养她并供她读书的舅舅。我也死缠着母亲要同去，因为可以坐火车，还可以拣城里人乱扔的烟牌（纸烟盒），这些足以让我在赵家几兄弟中吹上半年的牛了。也许是上次赶场表现得好，母亲欣然应允了。听母亲说，她舅舅是秀才，古文功底深，一直当教书先生，母亲8岁时便跟着他，学了许多规矩和技能，以至于读初中时，学校老师篮球比赛，她当裁判；全校七八百学生做操，她喊口号……

看到舅公后，一米八的个头，心里怕。母亲悄悄跟我说，愿不愿意留下来，在舅公的学校里生活、读书。舅公买了双黄胶鞋送我，说只要留下来，再买双白网球鞋。不知咋的，默许的我在母亲准备离开回家时又反悔了，哭着撵上了母亲。

母亲从小跟着她的舅舅，在学校里成绩很好，后来考上了卫校，也有好的工作。那时父亲在地区速成师范学校毕业后，被省教厅选上，在省城工作。那段时间，也许是父母最幸福的时候。可惜，几年后，某领导倡导精兵简政，表现好工作能力强的必须回原籍，支援家乡建设。于是，父亲回到老家务农，母亲毅然放弃了安逸的生活，跟着父亲返乡。从未做过农活的她，啥也做不来，乡民背地里都说她好日子过早了。忍着别人的耻笑，母亲从点滴学起，速度虽慢，却极仔细。一株豇豆藤，她要慢慢理好，绕在竹杖上，再用草绳一节一节拴住；菜秧下地后，每匹叶子也要理巴适……

母亲学的是妇产科，专业水平极高，改革开放时，县计生委邀请她去当专家，许以编制，待遇优厚。母亲去待了几天，放不下家中的几个小孩，又回来了，急得计生委主任直骂人。乡邻都知道她技术好，当产妇遇到大问题，就请母亲帮忙。不管是深更半夜，还是大清早，母亲有求必应，她总说，一救就是两条命啊！为此，她的人缘极好，有她的地方就有她的笑声。

拨乱反正时，父母都向原单位申诉，希望回去工作。可是需要的证明材料太复杂，且我们兄弟姐妹又多，一大摊子，他们最后放弃了。

读大一时，一次偶然回家，只有母亲一人在家。在厨房一起煮饭时，母亲用两只手舀着一瓢水，淡淡地对我说，她右手没得力的……分明，我从她眼神中看到了渴望、无助、不甘……可是，当时的我无力，这一直是心中的痛……

1991 年冬天，母亲又病了。我忙将菜票换成钱，到地区卫校排了几小时队，找老中医抓了几包药。从学校赶回家，准备送母亲去柒树看病。她却说浪费钱，不去。我叫上三姐，拉着母亲上路。实际上她当时身体浮肿，体重 60 多公斤，脚趴手软的，走了几里便不行了。我背着她，三姐在后推，我们拼命赶路……在爬上一坐山顶后，我们都无力。坐在岩石上，望着坝下几公里外的目的地，我那个悔呀，为什么不多干点体力活呢？否则就不会是这样。

最后，我决定先赶去大姑家，请两个老表帮忙。我拼力在田坎小路上跑着，不时回头远望母亲和三姐，她们两人眼巴巴地望着我，影子虽然越来越小，可是，我似乎清楚地看见了她们眼泪在眼眶中打转……这个镜头，一直在我的心中十分清晰。

1992 年底，母亲走了，去另一个世界拯救别人了。

可是，我总觉得她就在身边。有了她，冬天再也不冷；有了她，什么路都好走。

世界上最遗憾的事
莫过于"子欲养而亲不在"
在外打拼的你
有多久没回家了
今天是母亲节
一定要回家或给妈妈打个电话
说声："妈妈，我爱你"
还记得
母亲年轻时候的模样吗？
笑容灿烂
洋溢着青春气息

怀胎十月
你呱呱坠地
这个昔日被宠爱有加的公主
变成一边照顾你
一边上班的"超人"

你第一天上幼儿园
她不放心
躲在教室外窗户旁
偷偷观察，默默抹泪

当你假期结束
她不得不把你送上列车
她在月台上站了好久
把自己哭成了泪人

"妈妈不哭，我一定会乖乖的"

成人礼上
你鞠躬的刹那
她百感交集
眼泪夺眶而出

高考时
考场内，你奋笔疾书
考场外，她比你还紧张
双手合十，虔诚地为你祈祷

跨入大学
一切都那么新鲜
你迫不及待地要去尝试
她提着行李，不愿离去
只想再多看一眼军训的你

拿出手机不停地录着小视频
背影里都是浓浓的不舍

毕业后
你要去远方寻找自己的梦想
你不在身边的日子里
这模糊不清的照片
是她珍贵的念想

你步入婚姻的殿堂
人群簇拥，热闹非凡
送走你后
她一个人孤独地转身回屋
默默流泪

在家的日子总是过得飞快
启动汽车的那一刻
她笑容慈祥
专注地看着车里的你
眼神里透出无限留恋
世界上最幸福的事情莫过于
你长大，妈妈未老
给她打个电话
回家陪陪她
就是母亲节最好的礼物
一声简单的问候
一个温暖的拥抱……
"妈妈，我爱你"！

凄美的风

重阳过后，又至深秋。

这个季节的风，夹着些寒意，肆虐了江南。

落木萧萧，星星点点，江南竟然下起了黄色的雨。

人们倒是埋怨起这秋风了。她勾走了片片绿叶，独独放生了那一树树的枝条，让山们露出粉红色的肌肤。

我却不以为然。

君不见，那空中翩翩起舞的黄叶，留恋着树，极不情愿地离开枝头，划出一条条优美的弧线，慢慢飘向那红红的土地……这是自然界活生生的拆散，是人间爱情悲剧在重演！

此时此景，无所不能的人类也无计可施……

突然，大地刮起的风，扑向那快着地的落叶，努力向上托起，不让她们碾作尘泥。这种努力，只起到了一时的效果，风一驻足，叶子们又纷纷下落，此时，风儿又鼓起勇气，卷起叶子，送向空中……如此反复，绝不停止。

我不禁战栗了：原来秋风不是杀戮绿叶的凶手，他一直都在拼力保护她们！

自古以来，"秋风扫落叶"的罪名牢牢扣在他的头上。但是，他没有辩解，他只是默默地做着他认为该做的事情！

人间尚有"六月飞雪""血溅白练"，他有什么呢？

　　为了让叶子和枝条不分离，他顶着骂名全力撮合他们，至少在整个秋季，他都从未停滞过。这是怎样的情怀呢？这难道不是一种凄美的壮举吗？这难道不是一种凄惨的美吗？

　　冬季来临了，大地冬眠了，秋风也沉默了。他本来就没有勾引绿叶，更不愿破坏人类的好心情。他相信，春姑娘来时，会证明他的清白。

　　好凄美的风。

秋　雨

明月清空洒人间，秋雨丝丝思依然。

霜菊丹桂吐芳蕊，一语痴痴梦中见。

我拿什么赞美你?

——刍评《平凡的世界》

20世纪刚入90年代,我进入师专,本来喜欢英语和历史,却鬼使神差地加入了中文系。开学初期,抽烟、喝酒、打牌、跳舞成了我生活的主题,课堂上看书更是家常便饭。一个偶然的机会,一本平凡的书改变了我对中文系的看法。

它,就是路遥先生的《平凡的世界》。

路遥先生用了三年时间,在黄土高原体验生活后,写出《平凡的世界》。然而,让人心痛的是,这朵正在文坛盛开的鲜花却突然凋零了。他,路遥先生,永远地离我们而去了。这部小说被世人称为路遥先生生命的结晶。

在中文系的日子里,我反复读了《平凡的世界》,不下十遍,觉得每次都有新的收获,觉得每个人,无论他的年龄、职业、地位,在其中都能找到熟悉的影子。工作后,我把它介绍给我的学生,鼓励了一批又一批后进生成才。据说,近期有人投资拍摄《平凡的世界》,高兴之余,有了写几笔的冲劲。

黄土高原上的黄原县,双水村,那些窑洞,那些我们所熟悉的情节,一种温馨瞬间袭来,无形中已温暖了我们的心,那黄黄的土地透露出的全是浓浓的爱,对土地、对父老乡亲、对亲情、对友情、对爱情以及对人生的追求与希望。

《平凡的世界》是一曲久唱不衰的爱之赞歌。对亲情的爱,少安与他的父亲:当他在参加全县升初中的考试中,名列第三被录取的时候,"他的父亲在他面前抱头痛哭流涕,他第一次看到刚强的父亲在他面前流泪,他自己也哭了,是的,他将要和学校的大门永远地告别了,他多么的不情愿呀,他理解父亲的痛苦……爸爸不愿断送他的前程……"或许,我们的印象里,父亲总是高大与坚强的象征,又有谁能够明白那笑容背后的艰辛与无奈?可是少安知道,为了那个家他牺牲了太多太多,没日没夜地忙碌着,从来没有休息过。他是一个多么有情有义的男子汉呵!还有妹妹兰香与少平、少安的兄妹情谊,一个平凡的家因那相扶相携的亲情而变得富有。想一想我们许多人的家又何尝不是那样的情形，多少年来只因有了父亲的不断拼搏与闯荡，母亲的默默相辅，兄妹们才不至于受冻挨饿，这种情愫只有在相同的环境中才能真正地心领神会。

《平凡的世界》也写友爱之情。田润叶和孙少安的那些细腻的爱，似乎掺杂的是爱的成分，但只到了每个人都接受了现实，秀莲与少安草草结婚，田润叶嫁给了李向前那一刻回顾起两人曾经的那一抹朦胧的情愫来，却成了至死不渝的友谊了。还有金俊武与孙少安的那种沟通，只是在那个黄土高原上两个平凡的男子汉之间那种心与心的理解，他们没有高谈阔论地去谈个人理想，也没有不切实际地大侃未来，只是介于他们的背景，他们的现状，以及他们承受的和面对的种种相似……一缕基于相同背景下的无限深情的理解与支持。

何为爱情，何为亲情，何为责任，何为生活。《平凡的世界》中，也很大程度地将孙少安对田润叶的态度讲述清楚。田润叶与少安是青梅竹马，从两人的情感中来说，具备很好的恋人基础。但是，两人的身份差别太大。在中国当时那个讲究门当户对的年代，这是一个难以逾越的鸿沟。尽管在书中，田润叶的父亲及叔叔比较明理、开通，甚至在书中隐约都有点不去阻挡田润叶和孙少安发展。但是从路遥后面给我们讲述的这个性格饱满的孙少安来说，他拒绝田润叶正是他的性格使然，是他极具责任的性格使然。他知道，他与田润叶结合，是不可能让田润叶过上幸福的日子，因为田润叶肯定会为他放弃城里的干部工作。只说这一点，作为一个堂堂男子汉，你会愿意让你最亲最爱的女子为你牺牲这么多吗？更不要说她为你牺牲这么多之后，还要回到农村和你一起艰苦奋斗。孙少安对爱情这样的取舍，应了时下流行且被验证了的一句话：爱一个人，就要让她过得幸福。书中少安为了少平和兰香能够读书做出了牺牲，生活中父母为了子女，这些不都印证了这个道理吗？

主人公孙少平的爱情最能打动人。那个黄土高原上有着成熟思维、脚踏实地、重情重义、忍辱负重、不卑不亢的少年，那种以上进求尊严，从不好高骛远的情怀也深深地打动着少女的芳心。田小霞的出现，让我们的主人公人生有了目标与方向，从此他也可以自信去面对，小霞一度是他精神上的最大的支柱与鼓舞，让他有了奋起的支点和勇气，成为一盏照亮前进路上的灯，他们的爱让人奋进，是向上的，在物质上他们没有要求太多，在精神上却相扶相携，那是跨越了所有的界线将心与心的交汇。我认为这才是爱情上最真挚的追求，这也正是我们这个年代的人们所缺少的。

然而，我们的主人公孙少平那曾经视作生命全部的爱却因田小霞的牺牲而破碎，小霞的死带走了孙少平那一缕生活的阳光，所有的幸福终因这个善良的女孩儿的走而一去不返，曾经历的快乐与相知，理解与相携，幸福甜蜜的往事都已不在了，读这一章节的时候，许多读者总情不自禁地潸然泪下，有时候也想去怀疑，作者这样子安排是否太过于残酷？但转念的去思考或许这便是命运，这就是生活，有甜蜜也会有苦涩，有幸福也会有破灭。尽是快乐尽是完美，那不是生活，平凡的世界平凡的人们平凡的生活，人生就是这样的现实。

与田润叶与孙少安的爱相比，他们至少爱得勇敢爱得执着，爱得坚贞爱得热烈，当然在这个平凡的世界里，少安与秀莲的相互扶持，只为生活而一起走过也是那样的真实，还有田润叶和李向前的爱，初一见似乎让人难以理解，可当你仔细地读下去，润叶的那种近似于固执的执着，在那个平凡的世界里是那样的真实与贴切。

美女作家张爱玲的笔下不知捧红了多少俊男少女，可无一例外的都是那些乾清满宫的王公贵族的爱恨情仇是是非非，又有几点能够找到生活？试问又有谁做过贵妃，谁当过太监谁当过皇帝呢？要么就是一言九鼎，人头落地；要么就是缠绵绯恻，爱得死去活来；一人殉情另一人也必然共赴黄泉。

平凡的世界，平凡的生活，平凡的人们，只有平凡的才是大众的，也才是最真切的，当人们在一遍又一遍地看青春偶像剧的时候，那些夸张的体裁与情节，总会让人感觉出"水分"来，甚至后背发凉，真正的生活是平凡的。

是的，生活是平凡的，人生是平凡的，想一想人生就是那么短短的来去一瞬，与其好高骛远，不切实际地索取，不如将我们平凡的人生付诸平凡的生活，或许这样子才是最为平凡最为真实也是最为幸福的感觉。

我常对我的学生们说，我不知道用什么语言来赞美《平凡的世界》，我只能说亲情、友情、爱情，还有奋斗，在这本书里，你们对这几个词，都能找到最好的诠释。

致梦中的蒙娜丽莎

你的微笑
总是那么甜
秀发飘然
总是半遮面
想你痴痴
痴痴想你回还
对你讲的情话
永远讲不完

你的回眸
总是那么赧
风姿依然
总是半羞艳
等你痴痴
痴痴等你回还
对你唱的情歌
永远唱不完

躬耕杏园育桃李　平凡世界谱人生

彭亚丹

汪平，男，46 岁，汉族，宜宾县人，四川省首批正高级教师，四川省特级教师，市优秀教育工作者、市教学质量检测专家库成员，屏山县第七批拔尖人才，被德阳市和宜宾市聘为"高评委"。1994 年参加工作，在新市中学担任过教务主任、校长助理、副校长（分管后勤、教学）；在金江中学担任过副校长（分管德育）；2006 年 7 月至今，在屏山中学任教高中语文，先后担任办公室主任、副校长（2007—2013 年分管教学）、党委书记。其中，2005—2006 年参加清华大学"教育扶贫研究生核心课程"进修并结业；2016 年参加北京大学"宜宾教育行政干部培训班"学习；2018 年参加教育部组织的由北师大系办的"特级教师暨京师大学堂"训练营学习。

老师这个职业在别人眼里或许太过单调枯燥，总是被学生围绕的世界或许太过平凡渺小，但是只要心沐阳光，充满爱心，追求幸福，就能在这平凡的杏园里，培育出不平凡的人生。汪平老师曾经在接受记者采访时说："我从来不把自己当官看，在学校我就是一名教师。"这句话包含了对学生的关爱，对工作的热爱，对家人的挚爱以及对文学的酷爱。

桃李满天，竹兰遍苑

大学毕业后，汪平被分配到了屏山县新市中学。在那里他翻开了教书生涯的第一篇乐章，也定格了 10 年的青春岁月。汪老师回忆：初到新市中学，自己被眼前所见震惊了，从来没有见过那么多绵延起伏、高险陡峭的大山，也从来不知竟有那么偏远穷僻的地方。对于一个刚刚大学毕业、满怀壮志雄心的男孩来说，心顿时就凉了大半截。但是接下来的事情却让这颗凉了半截的心渐渐地温暖了起来。

汪老师说："新市中学的学生大多来自冒水、夏溪地区，学生们家庭条件十分艰苦。大冬天的，很多孩子还只是穿着解放胶鞋，连袜子也没穿，裤腿都短到脚踝上面了，衣服也十分单薄。"汪老师看在眼里，倍感心酸，连忙找些衣服送给个子高点儿的学生。有一次，他组织班级搞野炊，两个女生没钱就打算不参加了。由于这是班里的集体活动，汪老师不想让两个孩子落单，就帮她们把钱垫付了。之后学生们在课堂上朗读自己的作文提到这些事时，许多同学眼里噙满了泪水……学生这种饮水思源、怀师感恩的精神和行为深深地感动了汪老师，于是他有感而发，写下了一篇名为《我的老师》的小文章发表在《宜宾日报》。这些朴实而又坚强的孩子们给这个刚毕业的大学生上了一堂课，他们成了老师的老师。后来，在成都某双语学校、宜宾市某中学等省市名校皆抛来橄榄枝时，他婉拒了，只淡淡地说："贫瘠的大山里有志不穷的魅力！"自此汪老师就定下心来，决定要留在这个穷山沟里帮助孩子们飞出大山。

在谈到自己的学生时，汪老师眼中泛着骄傲的光，让人感叹之余而又心生佩服的是，汪老师能脱口而出学生的名字，哪怕已经过去了十年、二十年。汪老师说让他印象最深刻的是在新市中学带的第一届学生。平时的考试根本不需要老师监考，学生们都很自觉。科任老师们也都很喜欢那些学生，中午还会义务地为学生们补课。其中有个学生家里很穷，但学习很刻苦。后来汪老师推荐他到成都的一所高中学习，三年学费全免，之后他不负众望留学日本，现在成了一名企业高管。还有个女学生，现在已经35岁了，可说起汪老师，她依然充满感激之情。她告诉记者："那时候家里穷，差点因为没钱而辍学。汪老师得知后和其他几个老师一起每个月从他们的工资里拿出一部分来给我当生活费。每个星期20块钱，从初二开始直到我毕业，对汪老师的感激无以言表。"还有一位已经当了大老板的学生，记者几经联系才得空告诉记者："初中那会儿我在班里算是个有点儿调皮捣蛋的学生了，但是在汪老师的课堂上，就是莫名地很认真。其他科目成绩都不咋样，就喜欢语文，就喜欢上汪老师的课。"汪老师的耐心教导和关心感化了这个学生。汪老师对每个学生都很关心，学生们偶尔还会去他家吃饭，感觉汪老师和学生们更像是朋友。汪老师骄傲地说到第一届学生里有很多发展得很好，有走上教师岗位的，有经商的，有业务骨干，也有当了校长的，还有在北上广乃至各国间往来的高级白领。几乎每年他都会和学生们碰面，保持着联系。是啊，作为老师，最大的幸福或许就是待到桃李满天、竹兰遍苑时吧。

永葆初心，静待花开

作为学校的领导班子成员，汪老师的个人理念是：管理者，就是服务者，同时也是引领者。为师生服务才是管理的核心。而管理的重心就在于为全体师生营造一个安定祥和的环境，只有老师定下心来教书，学生才能静下心来学习。只有大家心态好了，大环境好了，管理者的工作才能如鱼得水。同时，作为管理者，一定要对工作有清晰的、有条理的安排。做事应当做表率，否则就会事倍功半，不得民心；要学会激发他人内心的动力，做到既有精神上的关心，也有物质上的激励，这样才可能有事半功倍的效果。

作为一名老师，汪老师认为应当做到热爱自己的工作。他说："我很喜欢教书，一方面受家庭影响，我的父亲和姐姐都是人民教师；另一方面我认为老师这个职业没有社会上那些世俗的利益追逐。"是的，教师这个职业在很多人眼里是清贫的，和财富永远沾不上边。但是做自己喜欢做的事又何尝不是人生中难得的一笔财富？20多年的教书生涯，只有对教育事业永葆初心，才能让平凡的工作充满迷人的魅力，让平淡的日子散发幸福的馨香。

难能可贵的是，汪老师静心钻研业务，管理能力和学识水平都有极大提高。近5年教学管理奖获市级奖励10余次，个人教学获市级奖励10余次，课题获国家级一等奖、市三等奖。在省级专业期刊发表专业论文30余篇，另有30余篇文章发表或获奖。

风雨同舟，与爱同行

从新市中学到金江中学再到屏山中学，工作总是占据了汪老师大部分的时间，而正是把爱和精力都分到了学生和工作上，和家人在一起促膝长谈的时间就难免屈指可数了。在谈到家人时，汪老师说："这一辈子我最感激的就是自己的爱人樊文娟老师。"（汪老师的爱人，屏山中学数学高级教师、市骨干教师）

去年汪老师得了一场大病，差一点儿被病魔打倒，正是爱人的不离不弃，悉心照料才让汪老师逐渐康复。汪老师在宜宾养病期间，樊老师在不耽误教学工作的情况下，每天来回奔波于学校和医院，从不抱怨一句。换作别人，或许早已撑不下去。正是这份家人的爱，才让汪老师病愈后能马上踏上讲台，把更多的精力放到工作上。而说到自己的孩子，汪老师还是掩饰不住内心的愧疚。由于孩子从小跟着外公外婆在市里读书，一直到开始上初中了才接回来，汪老师认为自己在孩子的教育和成长上花费的时间太少太少。因为学校里有太多的孩子需要自己的关心和爱护，而忽略了对自己的孩子的照顾，这也是千千万万老师们心中难以述说的遗憾。

韶光年华，诗词作伴

"任何一类人，都能在其中找到自己的影子。"这是汪老师对《平凡的世界》这本书的评价。作为一名语文老师，当然少不了对文学的酷爱。汪老师喜欢看文学书籍，如《平凡的世界》这本书他就看了不下10遍。曾经有个女生一度想要辍学，汪老师推荐了这本书给她。她看过之后，决定留下来继续好好学习，并最终考取了一所本科大学。汪老师也爱唐诗宋词元曲，平时没事就爱唱点小曲，例如，《一剪梅》《虞美人》这些加了调的古词，很有感觉。"比酒还芳醇。"汪老师这样形容道。除了唱，他也爱写古诗词，也会教给学生一些励志的或抒情的词，都是很有经典意义的。有空他还会写点小文章，但真要汪老师说说写了多少，发表了多少，他自己也没有统计过。韶光年华，诗词作伴，也算是一种精神的娱乐和享受吧。

作为为数不多的拥有正高级教师、省特级教师两张顶级名片的教育人，汪老师很低调。当记者采访时，他笑笑说："屏山教育系统中，比我优秀的老师多了！他（她）们才像路遥先生那样，为了信念，扎根黄土，唱出了平凡人生的不平凡之歌！"

按：人人都活在这个平凡的世界里，怎样才能创造一种不平凡的人生呢？或许有人想到的是成为亿万富豪，拥有香车别墅就是不平凡；也有人认为只有掌管一切，得到权力才是不平凡；更有人会挤破头让自己一举成名天下知，觉得那才是不平凡。然而又有多少人能真正体会到非凡人生的快乐呢？平凡的世界里，唯有不为物所役，不为名所困，爱工作，爱家人，爱生活，内心向往纯洁、安宁、希冀，才是不平凡的人生的真谛！

内刊：《屏中人》2016年第四期

归　来

四川工商学院音乐舞蹈学院 2015 级民舞　汪垚韵

　　摘要：一名彝族留守儿童为主线，儿童引入，表现孤单寂寞，渴望亲情，渴望母女相聚，在回忆中睡着。梦中是孩子与母亲相处的细节，展现母亲对孩子的宠爱，和孩子对母亲的依恋。梦醒后，纵使到处寻觅，仍然只有孩子一人，孩子更加失落，痛苦。整个过程配以相应情感的音乐，烘托孩子对母亲回归的渴望之情。

　　关键词：留守儿童　渴望　母亲　归来

设计说明

（一）创作思路

在我国有这样一个弱势群体：他们的父母为了生计远走他乡，离开年幼的孩子外出打工，用勤劳获取家庭收入，为国家的经济发展和社会稳定做出了贡献，但他们却留在了农村家里，与父母相伴的时间微乎其微，包括许多内地城市，也有父母双双外出去繁华都市打工的现象。这些本应是父母掌上明珠的儿童集中起来便成了一个特殊的群体——留守儿童。

留守儿童是当前社会上最容易受伤的群体之一，他们常年得不到父母的关爱，陪伴在身边的只有爷爷奶奶或叔叔婶婶，爷爷奶奶叔叔婶婶们只是让他们吃饱穿暖，隔代交流或非至亲交流，让他们得不到更好的教育。他们的玩伴普遍是同村的留守儿童，还有小猫小狗。心灵长时间得不到慰藉，这会让他们容易性格孤僻。

我们不应该让留守儿童成为我们这个时代的牺牲者，他们都是祖国的花朵，本来就应该艳丽夺目健康长大，但是，他们却经历了许多的不平凡。

他们用稚嫩的心灵迎接生活的风风雨雨，他们也只不过是一群孩子，但他们却过早地面对了生活给予的种种压力，因为，他们是留守儿童。留守儿童是乡镇和城市发展的现代产物，是城乡制度下的孤儿。

在这个群体中，落后的少数民族地区特别庞大。尤其是偏远的少数民族地区，农村经济更加落后，外出打工青壮年规模很大，留守儿童的数量颇大，这些留守儿童在监护、学习、心理、品德、安全等方面存在许多的问题。他们过于内向，缺失亲情，在社交能力上弱于其他同年龄段的孩子。他们都用稚嫩的肩膀承担着本不是他们这个年纪应该承担的太多的压力、责任，他们失落过，难受过，无助过……

面对这样的问题，我们希望这些少数民族地区的留守儿童可以得到社会各界更多的关注和帮助。

因此，本组成员以彝族留守儿童为线索，来表现他们现存的问题，以及他们的需求与诉求。用《归来》作为作品题目，表现留守儿童对父母的思念之情，希望父母能早日回家陪伴自己，得到父母的关怀与爱护，让自己不再感到孤单害怕……从而唤醒社会更多的关注和帮助。

（二）作品梗概

本作品分为三个部分呈现：开端（3分钟）、高潮（6分钟）、结尾（3分钟），共计12分钟。以分段的形式，演绎留守儿童的诉求，并衔接整个舞蹈，配以彝族服饰和音乐，让情感逐渐递增，引起大家的共鸣。

（1）开始部分（3分钟）

一个彝族小女孩从舞台一侧小心翼翼地走上来，她孤独，小小的身形让人怜惜，她渴望母爱渴望父爱，从内心深处希望父母可以陪护在自己身边。她在草地上，望着天空，回忆着父母的音容笑貌，回忆着一家人团聚时的其乐融融……可是随着时间的推移，孩子却快回忆不起来父母的模样，父母在孩子的眼中、脑海中逐渐模糊……孩子原地打转，无助、绝望而又无可奈何的神情尽数表现在脸上，表现在她的肢体上。

（2）高潮部分（6分钟）

孩子在回忆中不知不觉睡着了。她的睡梦中，仿佛母亲回来了，陪她一起在山间劳作、嬉戏。（背景中，小女孩身后有三对母子相续上场，接连演绎留守儿童与母亲温馨相处的画面，每当小女孩目光触及一对母子时，这对母子便在前台来继续演绎她们生活中的点滴画面……睡梦中留下的，只有小女孩艳羡的眼神）（2分钟）

此时，其余三对母女同上，同一造型不动，然后逐个表现孩子与母亲在一起时的欢快气氛。其中，第一对母女表现母亲在河水边洗衣，孩子在旁玩水，捧水与母亲嬉闹，母亲嗔怒、假打孩子，表现母亲对孩子百般宠爱，一段 30—40 秒的舞蹈，后回原位停住造型不动；第二对母女上，母亲接孩子放学，帮孩子背书包，辅导孩子学习，表现母亲对孩子教育的重视，一段 30—40 秒的舞蹈，后回原位停住造型不动，造型不同于上一对母女；第三对母女上，母亲给孩子细心梳头，添衣穿鞋，盖被子，表现母亲对孩子的关心，一段 30—40 秒的舞蹈，后回原位停住造型不动，造型不同于前两对母女。(2 分钟)

然后，四对母女一起共舞，展现母亲对孩子无微不至的关心和爱，以及孩子对母亲百般的依恋之情，四队母女共同营造亲人欢聚时的欢快、温馨、热闹场面。具体舞蹈要求：在笛子的和声下，舞者围形成圆圈边歌边舞，队形顺时针、逆时针连续变换，其舞步为两拍，左脚旁迈一大步为重拍，上身微前倾，弱拍右脚向右旁迈一步，上身正直，微后仰，面对圆心或面对前进的方向缓慢而悠闲地循环跳唱，形成彝族舞蹈特有的火焰般"一顺边"特征，以烘托热闹场面。(2 分钟)

（3）结束部分（3 分钟）

其余三对母女下，留下开场的小女孩和她的母亲，两人紧紧相依抱在一起，母亲挣脱孩子，缓慢离开……孩子不舍，希望拉住母亲，无奈心有余而力不足，母亲下……孩子梦中惊醒，四处寻觅，寻寻觅觅……无奈这里还是只有她一个人，没有母亲的影子，再次表现孩子的无助，内心的痛苦，以及对母子相聚的渴望。

（三）主要内容

以一名彝族留守儿童为主线。一开始儿童引入，表现孤单寂寞，渴望亲情，渴望母女相聚，在回忆中睡着。梦中是孩子与母亲相处的细节，展现母亲对孩子的宠爱，和孩子对母亲的依恋。梦醒后，纵使到处寻觅，仍然只有孩子一人，孩子更加失落，痛苦。

整个过程配以相应情感的音乐，烘托孩子对母亲回归的渴望之情。

（四）作品成员信息

1. 覃钰茹饰留守儿童。

2. 庄雪瑜饰留守儿童母亲。

3. 汪垚韵饰第一对母女中的儿童。

4. 徐梦饰第一对母女中的母亲。

5. 付冬梅饰第二对母女中的儿童。

6. 许胜美饰第二对母女中的母亲。

7. 刘茜茹饰第三对母女中的儿童。

8. 马丹冉饰第三对母女中的母亲。

（五）是否原创作品

是原创作品。

（六）角色及表达思想感情

本人扮演角色为第一对母子中的儿童。开始留守孩子独自上场，娇小的身躯，孤单的舞姿，让人疼惜，可以感受到她的孤独，与内心的无助。（1分钟）

翩跹的舞影中，可以感受到孩子渴望得到父母的疼爱，可以感受到回忆起与母亲相处的点滴画面，可以感受到孩子既感到亲切，更感到陌生，因为太久没有见到父母，使她模糊了记忆，她再也记不清父母的容貌，只有一段一段零星的、断断续续的与父母相处的画面。在焦虑的、痛苦的回忆中，孩子不知不觉地睡着了，再次表现了孩子的孤单。（2分钟）

睡梦中，孩子的母亲翩翩归来，母亲陪孩子一起在山间劳作、互相追逐嬉戏、打闹……好一派温馨暖和的场面。（2分钟）

随后，三对母女相续上场，用优美的舞姿分别表现：①母亲对孩子的宠爱；②母亲对孩子教育的重视；③母亲对孩子的关心。（2分钟）

接着，四对母女一起共舞，表现相处的欢乐氛围，由此，展现母亲对孩子的爱，和孩子对母亲的依赖。（2分钟）共舞的基本动作排比、对比、反复，动作简单明快，跳跃性强。跳时舞者左脚跳跃，右脚抬起自然弯曲，同时双手击掌，动作反复循环；胯部左右自然摆动，四队母女交错互换位置，并变换队形，时而顺时针转动，时而逆时针转动；此时，在笛子的和声下，舞者尾随并逆时针方向形成圆圈边歌边舞。其舞步为两拍，左脚旁边迈一大步为重拍，同时上身微向前倾，弱拍右脚向右旁迈一步，同时上身正直，微后仰，面对圆心或面对前进的方向缓慢而悠闲地循环跳唱，形成火焰般"一顺边"的优美艺术造型。总之，尽力烘托欢乐气氛。

2 分钟后，另外三对母女退台，小女孩一对母女表现分离场景：孩子依依不舍，用手尽力想拉住母亲，母亲此时心情十分矛盾，一步三回头……最后，一狠心毅然离开。此时，孩子突然梦醒，回到当初的一个人，孤独、失落、绝望的舞姿再次展现，凸显孩子一人的无助、失落和痛苦，渴望母亲归来，感情升华，引起大家对留守儿童问题的关注。（3 分钟）

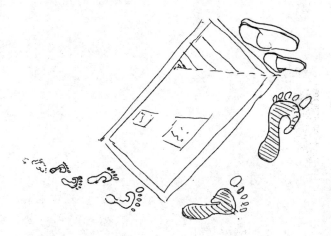